壬辰年春月

玉英擷粹

龙華寺海晏

作者简介：

彭凌燕，男，祖籍江苏江阴，硕士学历

- 国内著名玉器收藏家、鉴赏家
- 中国珠宝玉石首饰行业协会会员
- 中国收藏家协会会员
- 上海市收藏协会副秘书长，青年委员会主任
- 上海海派收藏文化交流中心主任
- “博燚玉石会馆”创始人
- “东方财经”频道特邀嘉宾
- “IPA 国际认证白玉鉴定课程”特聘讲师
- 《昆仑寻梦—精品白玉鉴赏与投资》、《盛世藏玉—精品白玉鉴赏与收藏》作者

内容简介：

本书为指导读者鉴赏、投资和田玉的专业工具书，集作者前两本书籍之大成，并加入最近五年市场上出现的新现象和剖析。

本书为广大和田玉爱好者提供翔实可靠的讲解，深入浅出，图文并茂，从玉材的分类、玉材的鉴定、工艺的鉴赏、题材的介绍以及和田玉的投资各方面，做了全面的系统的介绍，为广大和田玉爱好者踏上和田玉的收藏与投资鉴赏的成功之路提供了奠基石。

编者的话

2011年5月，老狼的第一本和田玉鉴赏类工具书《昆仑寻梦—精品白玉鉴赏与投资》正式出版。

出版此类小众的专业书籍，老狼是生平头一回，经验不足。而且由于种种客观原因，导致新书出版以后，发觉原作尚有诸多错误未曾更正。原本老狼内心患得患失。但是没想到，这首部老狼十数年来收玉、藏玉的经验集合，在如此草草出场的情况下，居然受到了市场广泛的认同，诸多相关的电视购物媒体，更是将此书奉为经典工具书。

前书偏重于和田玉的投资，于高端鉴赏方面，未曾有周详的解读。为了弥补前书的技术短板，2014年初春，老狼的第二本和田玉鉴赏类工具书《盛世藏玉—精品白玉鉴赏与收藏》也顺利面世。

作为精品和田玉品鉴的姐妹篇，两书基本概括了老狼这些年对和田玉的认识与个人收藏见解。原本老狼认为至此为止，出书这种出力不讨好的活，可以画上圆满的句号了。

事与愿违，短短三年时间，和田玉市场瞬息万变，原本认为应该述无可述的和田玉鉴赏心得，又冒出了不少新的要领。同时，和田玉的作伪手段，更是层出不穷，新招迭起。于是，老狼不得不萌生出版第三本工具书的念头，一来可以将前两部书籍的重要知识点做个全面的汇总，同时将近几年新出现的一些知识点增补进去。希望能为广大和田玉收藏爱好者在认识和田玉、解读和田玉和收藏和田玉的时候，提供些许有效的帮助。

于是，便有了老狼的第三部拙作《玉英撷粹—老狼教你玩转和田玉》……

新疆和田籽玉，仿古龙凤佩挂件

目录

第一章
中华玉文化概述

玉，几千年来，作为中华文明的一种强大精神寄托，深深的融合在华夏子孙的血液中，流淌不息、传承不息。

精品新疆和田籽玉，天然皮色

“玉，石之美者兼五德”（东汉许慎，《说文解字》）。短短八个字，将玉的精神内涵，淋漓尽致的概括了出来，并赋予其谦谦君子温文尔雅的人性。

五德者，仁、义、智、勇、洁。“温泽以润，仁之方也；理自外而可以知中，义之方也；其声舒扬专以远闻，智之方也；不挠不折，勇之方也；锐廉而不忮，洁之方也。”

“君子无故，玉不去身”，我们的祖先对玉，崇拜至深，将人类所有美好的品德，都毫无保留的加到了美玉之上。随着时代的发展和文化的变迁，玉文化也不断充实着新的含义和价值。玉文化的内涵和外延，也深入到人们生活的方方面面。

“玉”字，也是我国最古老的文字——商代甲骨文和钟鼎文字。《辞海》中，以“玉”为部首的字达五百多个，而用“玉”字组的词更是不计其数。汉字中描述珍宝的文字都与玉有关，“玉”字在古人心目中是一个美好、高尚的字眼，这在汉字中得到了充分体现。

几千年华夏文明，多少帝王将相，希望自己能永久驻世，甚至发出“向天再借五百年”的感叹，却无一例外，被一波又一波滔滔历史长河所淹没。而玉文化，却作为炎黄子孙文化殿堂里的艺术奇葩，带着深远又深邃的内涵，始终贯穿于整个中华文明，经久不衰，并且不断迸发出新的流光溢彩。

几千年来，玉作为装饰品、作为信物、作为礼器、作为葬器、作为法器、作为礼物、作为艺术品乃至作为投资品，与人们生活息息相关，不管是王公贵族，还是布衣草芥，“玉文化”渗透到了人们日常生活的方方面面。“玉”是寄托，“玉”是精神，“玉”是意念，“玉”是梦想，“玉”更是中华民族对美的追求和升华。

在传统玉器的理解中，经济价值和礼饰用器是玉器的两大自然属性。时至今日，两者在现代玉器身上依然得到顺利的延续。

除此之外，玉器尚有诸多其他内涵。

比如“医用价值”。古人认为，“玉乃阴阳二气之精纯”，千百年来，都相信它对人体健康有着神奇的辅助保健作用。而且玉器作为医疗保健的作用，古而有之。历朝历代的皇室贵族，除去佩玉、礼玉、拜玉之外，甚至还有服食玉粉的习俗。

玉石用来入药，也是自古便有，它对于疗疾和保健具有极好的作用。

古书记载，玉石有“除中热，解烦懑，润心肺，助声喉，滋毛发，养五脏，安魂魄，疏血脉，明耳目”等疗效，我们的祖先还整理了一百零六种玉石用于内服外敷的各种治病方法。（《神农本草经》）

“玉屑，气味甘平无毒，主治胃中热，喘息烦懑，止渴，屑如麻豆服之，久服轻身长年。能润心肺，助声喉，滋毛发。滋养五脏，止烦躁，宜共金银花、麦门冬等同煎服，有益。”（《本草纲目》）

事实上，不光古人研究玉石的医药作用，现代科学也曾对玉器做过深入的解析。研究发现，玉石中含有对人体有益的多种微量元素，它们能起到健体强身、延年益寿的效果。

例如：玉石中含锌，不但可刺激新陈代谢，增强免疫力，促进婴幼儿智力发育，还具有抗癌、防畸形、防衰老等功能；玉石中含锰，可促进血液循环，加速新陈代谢、抗衰老，防骨质疏松、血管硬化等；玉石中含硒，可提高免疫力，增强抵抗力，催化有毒的过氧化物还原为无害的羟基化合物，还能解除有害重金属对人体内的毒害，具有防癌治癌的辅助作用。

有相关资料陈述，东南大学生物工程系在二十世纪九十年代，使用现代技术研究发现：人体本身会产生温度场和电磁场，从而产生一个“生物静电场”，进而产生光电效应。科学仪器测试，玉石也具有这种特殊的“光电效应”，在施加一定的压力、切削以及在精加工的打磨过程中，玉石会产生这种效应，并聚集蓄能形成一个“电磁场”，释放出一种能被人体吸收的远红外线波，进而诱发人体内细胞水分子的强烈共振，使之起到轻微按摩的作用，改善微循环系统，从而使人体血液循环加快和新陈代谢提升，并活化细胞组织，调节经络气血的精确运行，增强快速反应，提高人体的免疫功能。

近代高科技测试发现，玉石在把玩盘摸时，可以聚热蓄能，形成电磁场，类似于电子计算机中的谐振器，使人体静电场产生共振，从而促进人体器官和各大穴位的运转，达到平衡生理机能、延年益寿之功效。

玉器除了健体祛病外，同时还兼具美容之功效。相传晚清慈禧太后，就有一套奇特的美容大法。她让宫女每日用玉尺在面部按照一定手势进行搓、擦、滚。此玉尺是用珍贵的特种玉石制成的一根短短的圆柱形的玉棍。据说，慈禧年近花甲而貌似四十美妇，就是拜此美容方法所赐。（《御香缥缈录》）

总之，玉在我们华夏民族的延续与发展中，比比皆是、处处可见，玉文化是流淌在千千万万炎黄子孙的血液中间擦不去、磨不灭的不朽传奇。

新疆和田籽玉，天然红黄皮

第二章
和田玉市场概况和远景分析

随着科技的发展、时代的进步，随着我国经济的蓬勃推进，老百姓的生活水平越来越高，手中的闲置资金也越来越充裕。大家辛苦挣了点钱，在银行存定期的回报，往往连每年的经济平均增长水平都达不到。换句话说，辛苦挣来的钱，在不断贬值。于是“投资与保值”，早已成为大家耳熟能详的话题。

但是国内能够被普通百姓用于资产保值、升值的渠道，其实并不太多。放眼望去，国人相对热捧的投资方式，也只有股市、楼市、艺术品收藏三大渠道。最近几年，随着国家对楼市的调控，房地产行业光辉不在。同时，全球经济大气候不佳，金融股市也相对萎靡不振。剩下的，也就是艺术品收藏一途了。

“艺术品收藏”门类繁多，而“玉器收藏投资”，在众多艺术品收藏门类中，因为易于上手、便于携带、神秘感十足，以及浓厚的文化底蕴支撑等原因，在过去三十年里，独树一帜。原本玉文化在收藏投资中就占有不小的比重，而且随着主流媒体、相关部门和专业市场的大力推广，玉器收藏投资的受重视程度，也愈演愈烈。

千禧年至今，玉石价格一路飙升，而且始终居高不下，有望继续攀升。玉器，已经成为人们用来使自己的既有财富保值、升值的重要投资项目之一。

回顾过去

全世界各地，有许多国家和地区，出产这以透闪石、阳起石为主的多晶矿物集合体，也就是业内俗称的“软玉”。（目前我国现行国标统一将它们定名为“和田玉”，但老狼认为此做法欠妥，但现实情况如此，令人十分无奈。本书之后的章节会有详细阐述。）

在这众多的软玉的玉种之中，中国新疆的和田玉以其独有的质地浑厚、料性纯糯、色泽上佳等特性，当之无愧地成为了世界“软玉之王”。新疆和田玉中的和田籽玉（关于“籽玉”的定义，请看软玉分类相关章节），则是软玉之王中的王者，精华中的精华。

最近几十年，和田玉的市场价格走势一路飙升，市场需求量也是几十年来一路放大，总体分析来看，和田玉的市场行情，用一个词语来形容是最贴切不过的——供不应求。

二十世纪七八十年代到千禧年，和田玉的市场价格与增幅还是比较理性的和稳健的。市场单价基本上每年都是合理的稳步增长，价格增幅也相对稳定。此时的和田玉市场，相对还是比较理性的。

因为当时的新疆和田玉的收藏人群，相对比较固定，主要有两类：一类是资金实力雄厚、文化素养较好的高收入人群；另一类则是年龄较高的，关心传统文化，喜爱收藏文化的中老年人群。但是不管是财力雄厚的富豪，还是小富即安的布衣，他们搜集、收藏新疆和田玉，主要都是受个人兴趣爱好的支配所致，纯属个人喜欢。

和田玉在中国有着数千年的历史，这些和田玉爱好者们对于和田玉的收藏，更深层次蕴含的，是一种对博大精深的中华文化的追求、理解和收藏。当时的和田玉收藏市场，应该说，是相对理性和相对良性的。

坦白说，“和田玉”自古以来，便是达官贵人、文人墨客的专宠。普通老百姓，是不太有机会接触此类文玩宝贝的。古代中国作为农耕大国，大部分寻常百姓都是过着日出而作、日落而息的简单而充实的生活。广大布衣百姓，许多都目不识丁，衣食温饱尚且成问题，自然不太会去关注那些附庸风雅之物。

但是，中国的封建社会在延续了几千年后，也终究走到了寿终正寝的一天。随着清末鸦片战争的爆发，中华民族在荣耀了数千年后，经历了前所未有的百年浩劫。社会动荡、民不聊生之余，人们追求最低限度的温饱生活尚且是个难以企及的奢望，当然更加不会有余力来从事“收藏”事业。“玉文化”自然也随着不堪的时事，跌入了前所未有的低谷。

于是乎，“兹本洁来还洁去”，新疆和田玉，这天地精华孕育而成的自然奇葩，在战火硝烟和时局动荡中，被彻底还原成了无人问津、不值一文的璞石。

新中国建立了，百废待兴之余又穷十年之功，走过了让人不堪回首的动荡。终于，华夏子孙在经历了近两百年的内忧外患之后，又重新过上了安居乐业的生活。

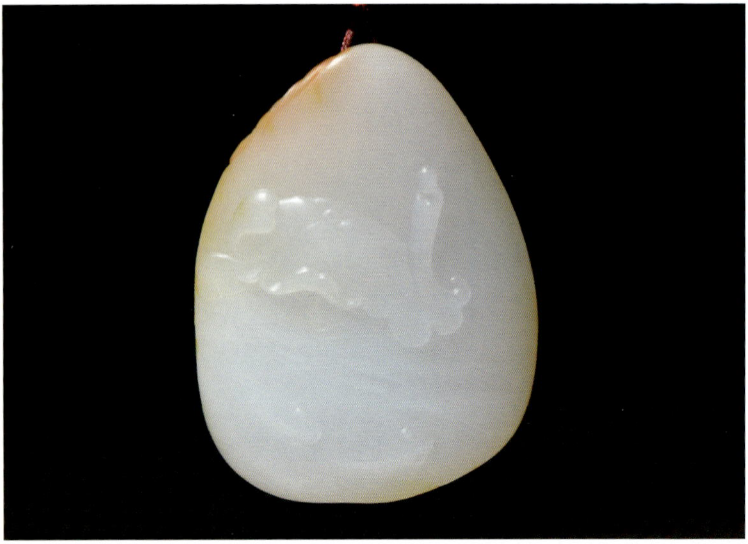

新疆和田籽玉，天然皮色悟道挂件

彼时彼刻的中国，所有一切都从零起步，所有一切都从原点重新开始。此时的和田玉依旧是顽石一块，绝大多数时候，是无人问津之物。可以说自中华民族诞生之日起至今的数千年来，除了在旧石器时代，古人不识玉，只是将其作为最原始的工具之外，和田玉的价格从未像今天这样，与普通老百姓如此之亲近！

“时势造英雄”，此时此刻的客观时局，让绝大部分和田玉爱好者生而逢时，能够与这千古神奇瑰宝，做一次古人只能奢望并且无法想象的“亲密接触”。

千禧年后，随着中国经济的突飞猛进，国内经济与世界经济日趋接轨，普通百姓的生活水平也飞速提高，手中闲钱也日趋增加。在物质文明提高到了一定的水准之后，精神文明自然就越来越受到大众的重视。“收藏文化”在华夏大地上传承了几千年，自然重新受到热捧。

事实上，“文化艺术品收藏”的种类繁多、博大精深，每一个项目都是值得藏友们穷极一生去钻研的。和田玉因为其方便保存、易于交流、文化土壤浓厚等非常亲民的特点，在诸多收藏种类中脱颖而出，成为近年来最为热门的收藏项目之一。

于是和田玉的收藏人群，又注入了全新的生力军。大批社会上的中产阶级和年轻的白领，加入到和田玉收藏的行列。藏友的人数每年还在呈几何级数的增加，并且已经远远超过了原有的和田玉爱好者的人数。

与此同时，为了满足急剧膨胀的市场需求，“昆仑寻玉”也开始了全新的开采方式——从以前简单低效的手工挖掘，改成了大规模的机械化开采。现代化高效的和田籽玉的开采方式，在短短数年的时间内，便对现有的新疆和田籽玉的矿藏保有量，产生了毁灭性的打击。新疆和田地区的植被大量被破坏，生态环境的急剧恶化姑且不论，古人用五千年时间手工采挖，都未曾伤及分毫的“玉龙喀什河和田籽玉矿脉”，在短短数年之内便几近枯竭，现有的和田籽玉的矿藏濒临绝迹。

和田地区生态环境极度恶化，沙尘暴不断

同时，在和田玉收藏市场上，伴随着个人收藏爱好者的数量不断增加的同时，还频频出现大财团、大企业家等纯粹的投资客的身影，许多胡润财富榜上有名的大人物，也频频现身和田玉收藏市场。大家耳熟能详的浙江炒房军团，山西煤矿业的巨头等等，更加是趋之若鹜。

“蝴蝶效应”，和田玉看涨的行情急速扩散，一拨紧接着一拨。在中国老百姓一贯的“追涨不追跌”的风格影响之下，又有数量惊人的普通百姓投资客，投身到“和田玉收藏”的滚滚洪流之中。此消彼长，在短短十年不到的时间内，新疆和田籽玉的市场保有量，突然间，“供”远远“不应求”。

近年来，新疆和田籽玉供求关系的严重脱节，导致了其市场价格的直线飙升。和田玉又开始离广大普通百姓渐行渐远。随着和田玉的市场价格的日益走高，许多藏友们迫于经济能力有限，也逐渐开始无法负担如此价格高昂的藏品了。

十年前只需要花数千元便能购得的顶级新疆和田籽玉的玩料，到如今飙升了百倍，实在令人咋舌。

着眼现在

市场概况

时代在发展，人们的诸多价值观也在变化。老狼对最近二十年和田玉市场分析，许多新兴的和田玉收藏爱好者们，在选购新疆和田玉的相关藏品时，关注藏品的市场价值、关注藏品后期的经济价值和升值空间的比重，要远高于从前的和田玉收藏爱好者。

相比较而言，早年的和田玉收藏爱好者们，在新疆和田玉收藏时，更多还是着眼于和田玉收藏品的文化价值、艺术内涵与工艺鉴赏。

事实上，和田玉市场在短短十多年的时间里，随着官方的支持，主流媒体与网络媒体的双推动，市场需求量急剧放大。其市场价格是突飞猛进，一日千里。因此看待和田玉的收藏，除了基于老百姓经济水平的逐步提高之外，还需要从社会大方面来分析。

新疆和田籽玉，红皮巧雕脂白骑龙观音

我们改革开放已经几十年，综合国力的提高也是世界所公认的。但是新中国毕竟是个新兴的发展中国家，小平同志当年提出"摸着石头过河"，许多经济机制还在不断探索、发展和完善中。

社会经济发展到一定时候，通货膨胀是不可避免的。老百姓辛苦了半辈子攒点血汗钱，存银行回报的利息少之又少，实在赶不上通货膨胀的货币贬值幅度。尤其是一二线的大城市的居民，见多识广，对于这一点，看的都比较透彻。因此但凡财富有所积累的老百姓，都想通过别的办法，把自己辛苦积累的财富转化成相对保值甚至升值的投资理财产品。

但是，在国内的投资市场上，能够供老百姓选择的比较好的投资项目非常之少。历数可以考虑的投资手段，最常见也是比较容易上手的项目，除了楼市、股市，也就只有艺术品收藏了。

众所周知，曾经火爆一时的楼市，最近若干年在政府调控的大力干预之下，已经彻底失去了往昔的繁荣。一拨又一拨的热钱，大规模地从房地产行业中撤退。当年热衷炒房，红极一时的温州客商，在全国各大楼市中基本不见踪影。当年门庭若市、挤破脑袋也拿不上号的房产售楼中心，如今也洗尽铅华，门可罗雀。绝大部分靠工资过活的普通百姓，需要祖孙三代辛勤劳作并省吃俭用，方能购买一套属于自己的房子，已经不再是保值、升值的最佳首选。

再来看看股市。遥想当年沪市的大盘指数，从几百点扶摇直上六千点的灿烂，也早已光辉不再。当年买啥涨啥，即便买个垃圾股也能收益颇丰的时代，那个人人都自以为是“股神”的时代，也已成为了茶余饭后，股友们聊以慰藉的谈资。毕竟中国的股市，只是极少数冒险家的乐园。若试图在中国的股市中游刃有余，赚得肠肥脑满，那需要股市玩家们具备极强的心理素质，缜密的市场分析能力，当机立断的决绝果敢，以及相对庞大的现金流……这一切令人羡慕的天赋，并不是人人都会与生俱来的。

那么，唯一剩下的值得关注的投资项目，就只剩下至今依然热度不减的“艺术品收藏”了。

诚如前文所述，在众多艺术品收藏门类中，相比难于保存的字画，易于破损的瓷器，体积庞大的木器等等，玉器既容易上手，又方便保存，同时还便于藏友们交流。再加上有那在华夏大地上传承了数千年的中华文化做奠基……这一切经济因素、文化因素的相互作用，成就了现今的新疆和田玉收藏市场的火热氛围。

黄皮新疆和田籽玉项链

更为重要的，是“和田玉收藏”在经历了百年动荡，沉寂了两百年之后，刚刚重新开始抬头。仅从经济价值来说，和田籽玉的市场价格，起点相对还比较低，相比同为玉中翘楚的缅甸翡翠而言，和田籽玉的上升空间还十分之大。这也是国内许多财团和投资人，为何在中国新疆和田频频现身的原因。

乱象分析

当然，风险与利润永远是成正比的。与楼市和股市有所不同的是，“艺术品收藏”需要有相当的辨别真伪的眼力。其介入的门槛比之楼市与股市，相对要高许多，不是有钱便能轻易入市的。正因为如此，艺术品收藏市场上滋生的乱象，也是最多的。

老狼针对和田玉收藏市场上的乱象，略作举例分析：

乱象一

新疆和田籽玉的市场，开始火热的最初几年，有些商家为了牟取暴利，用低档的软玉玉料来冒充高档的软玉玉料。“以次充好”，是和田玉收藏市场上最常见的市场乱象之一。

事实上，全球各地产出的软玉多种多样，和田料、俄料、青海料乃至韩料……不一而足。虽然同属软玉范畴，但是产地种类不同，玉质品相差异大，市场价格也相去甚远。最顶级的软玉与最低级的软玉之间，每克的市场单价的差异，可以高达数千倍甚至数万倍。

在高额利润的驱使下，和田玉收藏市场与字画、瓷器市场一样，自然也会有许多不法商贩，以次充好，用低廉的玉材来冒充新疆和田玉，借此谋取暴利。

最初几年，和田玉收藏市场上，最常见的用来冒充新疆和田玉的软玉玉材，主要是俄罗斯软玉和青海软玉，也就是业内常说的“俄料”与“青海料”。因为基本上，俄料、青海料与和田玉都出自昆仑山脉或昆仑山脉的衍生段，料形相对比较接近。

但是，由于玉料的生成矿点不同，玉料在亿万年前生成时的客观环境、后期保存环境与和田玉也略有不同。这些看似不甚重要的差异，却造成了它们与新疆和田玉在色泽、油份、糯性等参数指标上的差异。

但是总体来说，俄料与青海料还是众多软玉玉料中比较接近新疆和田玉的玉材。再加上早些年，这两种玉料的料价低廉，用来冒充和田玉，利润空间也比较可观。因此，这两种软玉的玉料自然成了冒充新疆和田玉最理想的玉材。

随着新疆和田玉藏品的市场需求量急剧膨胀和扩大，甚至在中国主办的 2008 年奥运会上，由于新疆和田玉的原材料稀缺，无法满足供货量的要求，转而采用青海料作为奥运奖牌的原材料之一。

于是“一人得道，鸡犬升天”，俄料与青海料的市场价格也日新月异，突飞猛进。渐渐地，俄料与青海料，如果继续作为冒充和田玉的玉材，已经没有足够的利润可图了。于是乎，无良商家又把目光投向了更加低档的软玉玉材，例如价格更加低廉、玉质更次的韩国软玉等。

但不管如何，这些冒充新疆和田玉的材料，都同属软玉的范畴，都是属于“玉”。

其实，老狼个人认为，精品的俄罗斯软玉与青海软玉，一样也有收藏与投资价值，藏友们大可不必因为这段文字，就排斥俄罗斯软玉与青海软玉。只是在收藏时，分清楚各类软玉的产地，这是关键，也是必需的。

乱象二

从2010年开始，“相关国家标准优劣不分，眉毛胡子一把抓”，是新疆和田玉收藏市场上，又一让人哭笑不得的市场乱象，尤其令初学和田玉收藏的新人们无所适从！

根据最新的相关推荐用国家标准——《国标 GB/T 16552-2010 版》规定：所有的全球各地出产的软玉，在中国，都用“和田玉”来统一命名。换句话说，国家标准明确地将“和田玉”一词，统一作为所有软玉的代名词。

老狼曾经就此事质问过相关业内人员。他们的牵强附会的解释是：“新修改的国标如此操作，是为了更好地推广‘和田玉文化’，为了让和田玉的外延更加广泛。这样修改标准，仅仅是让‘和田玉’只是个名字，不再带有地理位置的概念”。

问题是，广大老百姓不知道这个内幕！绝大多数初学和田玉收藏的爱好者，也不知道这个事实！

新国标罔顾事实，如此颠倒黑白，这会导致一大批和田玉收藏爱好者错误地购买自己不想要的玉材，多花许多冤枉钱，贻害匪浅！

紧跟着国家标准的修改，国家认证的权威鉴定机构，出具的产地不在和田的软玉的“和田玉证书”，有意无意中，便成了诸多不法商家欺骗广大百姓，欺骗和田玉收藏爱好者的“护身符”。

因为在国家权威的检测机构中，所有的软玉玉材，不管是和田玉，还是俄罗斯玉，乃至青海料、韩料等等，都可以出具定名为“和田玉”的权威鉴定证书！

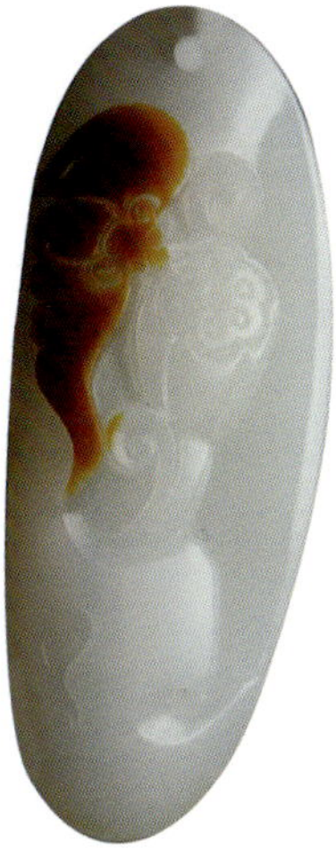

俄罗斯籽玉，按照现行国标，合理合法的被命名为“和田玉”

不明就里的人们，通常买和田玉，都是认为自己买的是产自新疆和田的玉。没想到在不经意间，自己花了大价钱购买的，经过国家权威机构鉴定的带有“和田玉证书”的所谓“和田玉”，却根本就不是产自新疆和田的玉料。罔顾“各类软玉的市场价格差异巨大”的客观事实，定出如此误人的所谓“标准”，对于那些制定该标准的标委会的专家们，老狼无法苟同，却无奈。

乱象三

“以假乱真”，则是和田玉收藏市场上又一个最常见的市场乱象。

在新疆和田籽玉的带动下，俄料、青海料乃至韩料等几种常见的软玉玉材，市场价格也是今非昔比，大幅度攀升。用这些软玉玉料来冒充新疆和田玉，利润空间日趋压缩，无法满足不良商家的利润需求了。

于是乎，便出现了用肉眼观察时，类似软玉玉料的石料甚至料器作为原材料，来冒充新疆和田玉。

阿富汗石头，人工滚圆冒充和田籽玉，硬度低，吃刀，见图上刀划痕

这类仿玉材料大体上分为两类。一类是看上去外形酷似新疆和田玉的天然石材，例如阿富汗玉，卡瓦石等等。

常见的以假乱真的材料

酷似和田玉的天然石材

人工合成的料器

请读者们注意，“阿富汗玉”并非玉。狭义的阿富汗玉，是专指碳酸盐类的天然石材，不管是硬度、密度还是折射率，与宝石学上的软玉都有着本质的区别。

当然，目前的玉器收藏界，“阿富汗玉”已经成为诸多冒充软玉的白色天然石材的代名词。

至于卡瓦石，也与阿富汗玉有点类似。“卡瓦”一词本是音译，出自维语，最初应该是南瓜的意思，后被维语隐喻成傻帽之意。

最初的卡瓦石，是指出自新疆地区的藏量巨大的一种蛇纹石质地的卵石。现在这个概念也早已外扩，卡瓦石在业内早已成为各种外形酷似和田玉的石料的代名词。

戈壁滩上出的黑色卡瓦石，硬度高，密度小、手感轻，无油份

另一类则是料器。所谓料器，就是人工合成的冒充和田玉的人造玻璃。早些年，人造的仿冒和田玉的料器，做工粗糙，器中常见类似玻璃制品中可见的气泡，硬度也十分低。

现在的作伪工艺则大幅提高，人工合成的料器能做到硬度高，色泽也非常接近和田玉，而且用聚光手电观察，内部纹理也非常类似软玉的纤维交织结构。

更让老狼惊叹的是最近两年的料器制造工艺。老狼曾经做过一个试验，将一个高仿的料器的白色手镯抛出去五米远，然后重重地摔在地上，手镯居然丝毫未损，完好如初。真要是和田玉手镯，这样摔法，早已断成几节了。

后来为了看看到底韧性有多好，老狼用大钳子夹住，然后再用铁榔头猛砸几下，才将这料器镯子砸断掉。

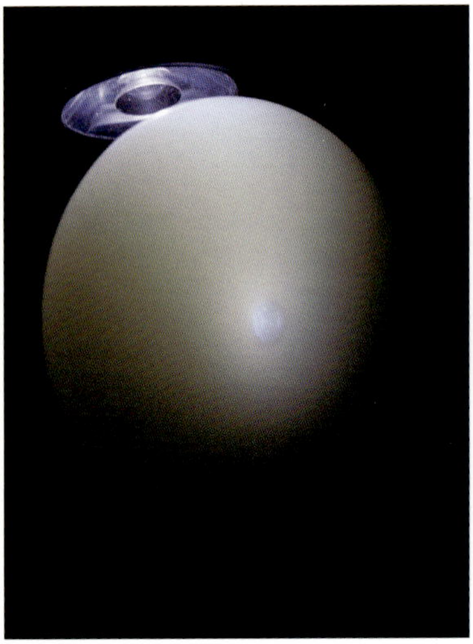

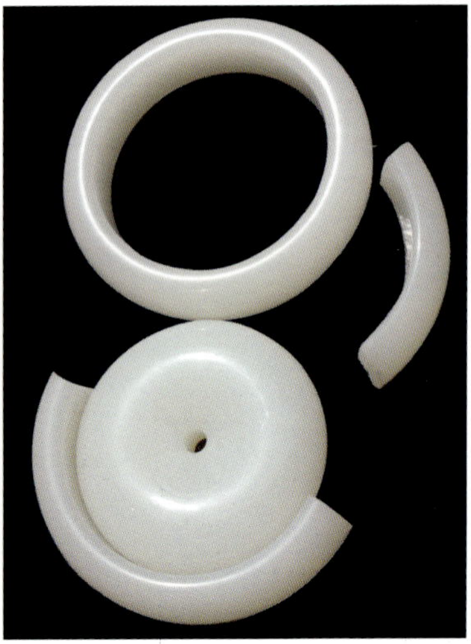

料器（人工合成的玻璃），硬度高，白度好，
内部结构若隐若现，韧性远高于真玉料

不过，假的毕竟是假的，它们的各项理化指标，与和田玉也有较大的差别，稍有经验的朋友，便不难区分“玉与石”差异。即便是完全不懂软玉的门外汉，也可以通过相关的仪器检测来辨别真伪。

乱象四

“‘专家’‘大师’满天飞”，是和田玉收藏市场上的又一个巨大乱象，也是整个“艺术品收藏”市场的普遍乱象。

众多新兴的和田玉收藏爱好者，由于初入门不久，玉器的专业知识相对比较缺乏。因此有部分和田玉收藏爱好者，在试图购入和田玉藏品时，受自身眼光的限制，时常患得患失、踯躅再三。当断不断的最终结果，往往是坐失良机，与梦萦魂牵的宝贝失之交臂。

或者还有部分和田玉收藏爱好者，收藏风格豪放，一路高歌猛进，热情似火的同时，自然就伴随着频频购货。盲目出手的最终结果，往往是得不偿失，购入的藏品之中时常不乏赝品。

现在的艺术品收藏，通常单笔交易额都不小。精品的和田籽玉动辄以数十万、百万元计。对于寻常百姓的收藏爱好者来说，轻易出手购买藏品，只要看走眼，买错一次，便会伤筋动骨、物材两空。

因此，一批批头顶“专家”“大师”光环的所谓专家们便开始崭露头角，登上了收藏与鉴宝的历史舞台，在各大宣传媒体中竭尽所能的“表现”自己。

这些专家团队之中，自然良莠不齐，有些是真材实料、眼光独到的资深“专家”；有些却是鱼目混珠、沽名钓誉的“砖家”。若遇上的是那些不负责任的“砖家”，吃亏的自然就是那些偏听偏信，迷信“大师”的可怜的爱好者了。

有些专家源于自身眼光不到位，致使鉴定产生严重失误，给追随者们造成经济损失，这些也就算了。最低限度，只是专业技能欠缺，个人的良知尚存。更有甚者，一些所谓的“鉴赏专家”、“鉴定大师”，在金钱面前，完全迷失了自我。这些“砖家”为了蝇头小利，埋没良心、胡说八道，甚至勾结奸商，刻意设局，故意指鹿为马，颠倒黑白，害人害己！此类故事在收藏圈比比皆是，老狼就不在书中详细阐述了。

“常在水边走，难免不湿脚”，不断的坑蒙拐骗，总有被人揭穿的时候！好在“艺术品收藏”，许多都是无法用仪器检测的，没有绝对的权威之言的。遇到这种情况，那些可恶的“专家们”，便来个抵死不承认，“一条道走到黑”，最多落个“眼光不到位，道德品质还是无碍”的骂名。近年来，有些知名的老专家，古稀花甲之年，行将入土之际，却因类似事情，毁了自己一身的清誉。老狼个人认为，辛苦了一辈子积攒的那点威望，为了那些蝇头小利，一夜之间付诸东流，实在是不值得。

综上所述，在乱象丛生的艺术收藏品市场上遨游，若要使自身立于不败之地，藏友们必须戒骄、戒贪、多看少买，冷静而理性，不盲从市面上所谓的“专家”。

同时，建议藏友们通过大量的实战，积累大量的实践经验，把自身的眼光提高上去。收藏时自己懂、不求人，才是最实用之道。

新疆和田籽玉的未来良好的收藏上升空间，是绝大多数藏友们都能看到的。但是能否有实力坐享“收藏和田玉”所带来的高额回报，就要看藏友们各自的造诣了。

新疆和田籽玉，黄皮巧雕鹏程万里

展望未来

从2000年后至今，和田玉的市场供求关系之间，差距急剧扩大，远远供不应求。和田玉收藏，也从“以文化收藏为主体”，演变成了现在的“以投资保值为主体”的现状。新疆和田籽玉的经济价值，在“和田玉收藏”中所占的比重也大幅增加。

老狼个人认为，软玉的收藏市场的未来趋势，依然上涨空间巨大。藏友们可以从两个方面来进行剖析，“经济收藏”与“文化收藏”。

- 展望未来
  - 从“经济收藏”上分析
  - 从“文化收藏”上分析

从“经济收藏”上分析

软玉（尤其是新疆和田籽玉）的市场价格在经历了十多年的突飞猛进后，渐渐开始超出普通中产家庭的经济承受能力。早年藏友们只要准备一小沓人民币，便可以换回一大堆和田籽玉原石；现今藏友们准备一大堆人民币，时常换不来一小块和田籽玉原石。和田籽玉再也不是当年普通工薪阶层们想买，便能轻易购入的“天生顽石”了。

那么，是不是说，和田玉，尤其是新疆和田籽玉的市场价格，已经到了一个顶峰，短期内将不再会有上升空间了呢？以老狼个人的观点来看，新疆和田籽玉的市场价格，虽然在过去的十多年里突飞猛进，一日千里，但是总的来说，还存在较大的上升空间。依据主要有以下四点：

其一，源头的枯竭

软玉的矿藏保有量有限，而且开采难度很大。有兴趣的读者，可以上百度找一下过去二十年，各类软玉玉料的开采量的数据，下行趋势十分明显。尤其像新疆和田籽玉矿藏，已经基本告罄。玉料矿脉的不可再生性，注定了当和田玉的市场需求量急剧放大的时候，求购者唯一能做的，就是从现有的市场上按照“价高者得”的原则，买进自己心仪的和田籽玉藏品。

数千台挖掘机夜以继日地开采，和田籽玉矿脉开挖殆尽

其二，市场的需求

国人一向有“追涨不追跌”的习惯，再加上各大主流媒体的积极报道与大力炒作，导致和田玉的市场需求依然在放大。同时因为政府的大力度调控，楼市与股市都相对低迷，原本在楼市与股市中的热钱，一部分转而借道海外，还有很大一部分则直接冲进“艺术品收藏”市场，和田玉收藏首当其冲。

其三，缺乏政策干预

与楼市、股市截然不同，“艺术品投资与收藏”方面，政府行为的政策性干预非常之少。从和田玉（尤其是新疆和田籽玉）的整个产业链上来分析，玉料开采的源头，是为数众多的赖以为生的新疆维族同胞，周转与生产过程中，又包含着方方面面的不可控性。政府即便想适度干预，也缺乏面面俱到的相关细则。各种定性乃至定量的相关制度，受客观条件影响，极难制定和出台。

到目前为止，老狼能够看到的相关行业与机构能做的最大的政策性干预，便是制定了一个行业内的非常粗线条的“和田玉市场指导价”。而且这所谓的“指导价”，也往往因为市场不认同而直接被忽略。

其四，同类比较

“软玉”与国内玉器市场上另一个王者——“翡翠”相比较，老狼个人认为，两者之间的市场价格差异还十分之大。这里老狼曾经做过一个对比分析。在近年的大型拍卖会上，顶级的老坑玻璃种、阳俏绿满色的翡翠玉镯，单根的拍卖成交价高达人民币两亿多元。而软玉中最顶级的新疆和田籽玉手镯，在同期，市场价格才区区百万人民币。读者们可以看到，两者之间的差距有数十倍之多。

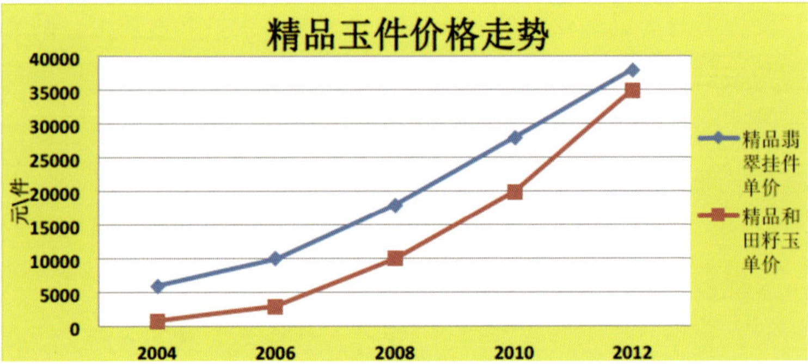

两条K线图分别代表了历年来精品和田籽玉挂件与精品翡翠挂件的市场价格走势。读者们不难看出两者之间的价格空间

从“文化收藏”上分析

人们对文化的追求与提高，是基于经济基础达到了一定的高度之后才会有的需求。国家一直倡导“物质文明”与“精神文明”两手抓也是基于这个原因。国力强盛、衣食无忧的同时，精神意识形态的东西，自然就会自发的被人们所关注。若衣不蔽体、食不果腹，名家字画也只不过是废纸一张，羊脂白玉也只不过是顽石一颗。

民族在经历了百年沧桑与沉沦之后，重新开始休养生息，恢复元气。祖国的经济发展初有成效，国际影响力日趋增强。我们正在逐步再现古代中国曾有的辉煌。东方巨人正在徐徐站起，相信不久的将来，又将重新屹立在世界的东方。

顶级红皮和田籽玉玩料，“天然去雕饰”

近百年来停滞不前、几乎失传的中华传统文化，也随着国力的逐步恢复，渐渐正在重回炎黄子孙的关注之中。

作为新一代华夏文明的传承人，许多专家学者正在诸多古籍善本中，重新发掘和整理着知识宝库。那些曾经因为战乱和动荡，几乎被世人遗忘和忽略的中华文化，又开始重新被大力的倡导和推广。在老狼周围，就遇到过许多致力于传播中华文化，倡导中华文明的真人真事。我们有理由相信，当一个国家经济实力抬头的同时，文化也一定会紧随其后。两者是形影不离的。

观音，永远是传统玉雕文化中最受追捧的题材

那么，在传统文化重新起步的同时，作为中华传统文化传承的重要方式之一的“艺术品收藏”，自然肩负着非常至关重要的重任。回望中华民族上下五千年的历史，在诸多“艺术品收藏”

门类中，与炎黄子孙一起诞生并延续至今的，可以说寥寥无几、屈指可数。“玉文化”就是这凤毛麟角的古老收藏门类中的一项。

事实上，从人类历史上的第一件玉制砍斫器算起，“玉文化”迄今已经有七八千年的历史。老狼个人认为，“玉文化”在诸多“文化收藏”的门类中，是暂时被现代的人们价值低估了的。老狼也相信，文化抬头的同时，“玉器的收藏”一定会再现其应有的影响力。

再者，老狼在前文比较分析过“翡翠”与“和田玉”的经济价值。作为明末清初才大量流传到中国的翡翠，在慈禧太后的钟爱下，受重视程度到达了一个前所未有的顶峰。

翡翠真正在中国广为传播的时间，不过区区两三百年，居然在现今的收藏市场上能有如此高的市场认同感和市场价值。老狼相信，在中国传承了七八千年的“和田玉文化”终究会有迎头赶上、并驾齐驱的那一天！

应该说，和田玉的市场经济价值的提升幅度在过去的三十年中，尤其是过去的十年中，曾经十分之辉煌。老狼更相信这段“辉煌”依然会延续很长一段时间。“和田玉文化”也必将随着国力的日渐强盛而重新拥有其在“文化收藏”界的王者地位。

新疆和田籽玉，精品枣红皮把件玩料

第三章
软玉（广义和田玉）的分类

软玉的定义

软玉英文名称是Nephrite，这一单词源于希腊语，有“肾脏”的意思，在古代，欧洲人认为玉石佩挂腰部可以治愈肾病。

软玉是一种具有链状结构的含水钙镁硅酸盐，是由角闪石族中透闪石—阳起石类质同象系列的矿物所组成，并含有其他微量矿物成分的显微纤维状或致密块状多晶矿物集合体，属单斜晶系，晶体常呈纤维状、叶片状或针柱状。其化学通式为：$Ca_2(Mg,Fe)_5Si_8O_{22}(OH)_2$，其中Mg，Fe间可呈完全类质同象代替。

软玉的主要组成矿物为透闪石，次要组成矿物有阳起石及透辉石、滑石、蛇纹石、绿泥石、绿帘石、斜黝帘石、镁橄榄石、粗晶状透闪石、白云石、石英、磁铁矿、黄铁矿、镁铁尖晶石、磷灰石、石榴石、金云母、铬尖晶石等。

软玉一般呈油脂光泽、蜡状光泽或玻璃光泽；半透明至不透明，绝大多数为微透明，极少数为半透明，折光率 1.606 – 1.632，无荧光或磷光。摩氏硬度 6–6.5，密度 2.9–3.1g/cm³。

根据国际矿物协会新矿物及矿物命名委员会批准角闪石族分会推荐的尼克（B.E.Leake）的“角闪石族命名方案”，透闪石与阳起石的划分，按照单位分子中二价镁和铁的占位比率不同予以命名，即：

$Mg/(Mg+Fe^{2+})=0.90\sim1.00$ 透闪石

$Mg/(Mg+Fe^{2+})=0.50\sim0.90$ 阳起石

$Mg/(Mg+Fe^{2+})=0.00\sim0.50$ 铁阳起石

依据软玉矿物颗粒的大小、形态及颗粒结合方式来区分，大致有以下几种常见结构：

- 毛毡状交织结构（显微隐晶质结构），矿物颗粒细小，在偏光显微镜下无法分清其轮廓，犹如毛毡状交织在一起，均匀无定向，密集分布。
- 显微叶片变晶结构，在偏光显微镜下，矿物颗粒呈片状，大致定向分布。
- 显微纤维变晶结构，在偏光显微镜下，矿物多呈纤维状，定向分布。
- 显微纤维状隐晶质结构，在偏光显微镜下，由纤维状矿物和显微隐晶质的矿物所组成。
- 显微片状隐晶质结构，由片状和显微隐晶质矿物所组成。

● 显微放射状或帚状结构，矿物呈放射状或帚状分布。

软玉的颜色多种多样，呈白、青、黄、绿、黑、红等色。当主要组成矿物为白色透闪石时，则软玉呈白色；随着亚 Fe 离子对透闪石分子中 Mg 的类质同象替代，软玉可呈深浅不同的绿色，亚 Fe 离子含量越高，绿色越深，当透闪石含细微石墨时则呈黑色。

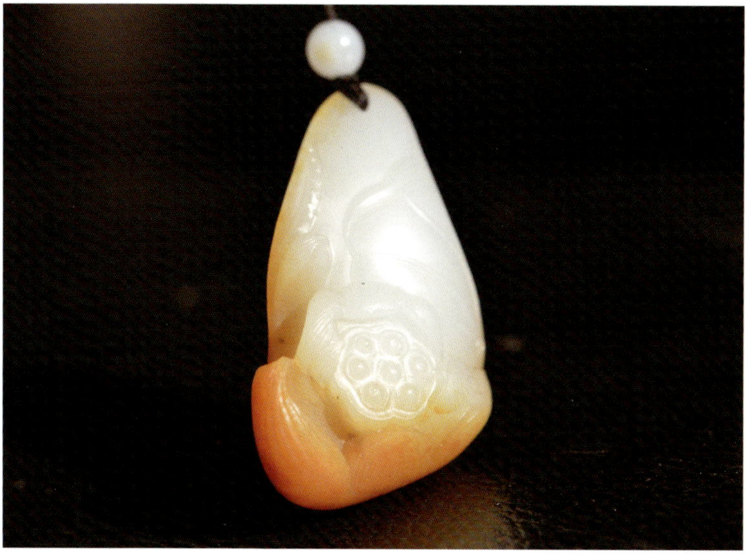

新疆和田籽玉，黄皮巧雕喜事连连

软玉的分类

各位读者请注意，按照目前国内的现行标准，软玉在广义范畴上，已经被国家标准定名为“和田玉”。但是，老狼认为此做法有需要商榷的地方。因此，老狼在本书中依然还是沿用 2010 年 9 月以前，国标修正之前的通俗叫法——软玉。

软玉常见的分类方式，有三种：按照开采位置分类，按照产地分类，按照颜色分类。

- **按照产状分类**
- **按照产地分类**
- **按照颜色分类**

按照产状分类

按照原矿玉料开采位置的不同，软玉可以分为山料、山流水料（戈壁料）和籽料。

山料

山料，是指形成于山体之中，直接在山脉中母体成矿，并由人工开采出来的原生玉石矿料。

例如，新疆和田山料，开采自昆仑山脉；新疆玛纳斯的碧玉山料，开采自天山山脉；韩国的韩料，产自朝鲜半岛南部的春川地区的蛇纹岩中；加拿大碧玉山料，开采自温哥华以内的高山上；再比如产自青海格尔木地区的青海料，其开采位置实也是昆仑山脉的延伸段。

新疆且末山料软玉

山料通常块度大小不一，分量重的可以重达数吨，分量轻的小到可以信手拈来。而且山料表面通常凹凸不平、棱角分明，没有籽料那样的毛孔状外表皮。

相对籽料而言，山料的质地略显疏松，玉料结构的颗粒感较强；同一块料子上，时常呈现明显的料性差异，阳阴面十分明显。许多山料的原料外侧部分，常带有或浓或淡的红糖色。资深的和田玉收藏爱好者，对糖玉的钟爱程度都不高。

现代和田玉山料开采，为了图省事，时常利用炸药做定向爆破来辅助开采。此类方式开采出来的山料，虽然常见体积大块的玉料，但是由于炸药剧烈震动而产生强大应力，导致玉料内部产生许多内裂，而且裂痕通常较多。这样的玉料利用率也相对较低，浪费非常严重。

另外，好的山料矿脉常分布在高海拔的山区，空气稀薄、环境恶劣。同时原料开采受季节限制十分厉害，开采难度也非常大。

山流水料

山流水料，指山体中的原生矿料（山料）因为风化、崩落，从母体剥离下来，并由雪水、泥石流等地质搬运作用，被移动至河滩之上或者河流中上游，再被人为开采、挖掘出来的玉料。

新疆和田山流水料

从山料慢慢形成山流水料，需要几千万年乃至上亿年的时间。相对山料而言，山流水料经过了地质搬运作用和水流经年累月冲刷，棱角稍有磨圆，表面也相对光滑些。山流水料的玉质也较山料有所提高。

总的来说，山流水料的棱角还是相对清晰。但通常情况下，山流水料的质地比山料的要细腻，油份较好，结构要细密。

戈壁料

戈壁料，是山流水料的一种特例，属于山流水料。

山体中的原生矿料（山料）因为风化、崩落，从母体剥离下来，并由雪水、泥石流等地质搬运作用，被移动至河滩之上或者河流中上游。然后由于地质变化或者河流改道，原有的河床干涸，成了茫茫千里戈壁荒滩。于是，这些玉料便暴露于外。又经历了千万年的沧海桑田，这戈壁滩上的风沙砾石代替流水，对这些玉料进行经年的冲蚀与打磨。最终，这些玉料被人工开采挖掘了出来，便是戈壁料。

漆黑如墨的新疆戈壁软玉

通常的山流水料，主要受雪水、流水冲刷而成，从成因上分析，属于水蚀料，也叫水成料；而戈壁料主要在戈壁滩上受沙砾冲刷而成，从成因上看，属于沙蚀料，也叫沙成料。

由于戈壁料是沙成料，流沙是固体，侵蚀作用比流水强很多，玉料被冲刷的更彻底。所以通常戈壁料油份都非常不错；戈壁料表面呈现出高高低低的坑洼状坑点，也是长年累月流沙侵蚀的结果。

戈壁料通常颜色以青色、碧色、墨碧色和糖色居多。颜色纯白的戈壁料不多见，市场价格也非常惊人。

目前和田玉收藏界，按照开采位置给软玉分类，还有另外一种分类方式，就是将戈壁料另外单列出来，作为第四个大类，与山料、山流水料和籽料并列。老狼个人认为，既然是按照开采位置分，戈壁料的开采位置与山流水料雷同。因此将戈壁料作为山流水料的特例更恰当一点。当然，分类方式，并不影响我们对玉料的鉴赏，因此，没有必要在这个点上做过多的纠结。

新疆戈壁料，纯白的戈壁料比较稀有

籽料（也叫籽儿玉、籽玉）

籽料（也叫籽儿玉、籽玉），指山体中的原生矿料（山料）因为风化、崩落，从母体剥离下来，并由雪水、泥石流等地质搬运作用，被移动至河滩之上或者河流中上游，然后又经历了千万年流水的冲刷与搬运作用，移动至河流下游，最终被人工挖掘开采出来的玉料。

通常来说，籽料在上述的三种玉料中，质地最为细腻，品质最为高档，收藏价值也最高。

新疆和田籽料，原石

从成因上分析，籽料因为其原料经历了流水的长期冲刷剥蚀和在水中的自然滚动磨砺，经过了大自然亿万年的搬运、冲刷和分选，留下了质地最细腻、结构最致密的精华部分。因此，籽料也最值得收藏。

籽料通常块度较小，料形常为卵形，表面光滑。

由于籽料在河床中经历了亿万年的流水冲刷，湍急的水流中，带有非常多的细小的石英颗粒，对和田籽玉体表不停地冲击作用，导致了和田籽玉表面，带有类似人的皮肤毛孔状外表皮，业内俗称“汗毛孔”。珠宝玉石学上，汗毛孔的学名叫“砂眼麻皮坑”。这是从河床中开采出来的籽玉所独有的特征，也是籽玉区别于山料和山流水料的典型特征。

另外，和田籽玉的表皮，常带有各种艳丽的天然颜色于其上。

火山喷发说

对于和田籽料的成因，业内还有一种理论——火山喷发说，支持该理论的人，相对比较少。老狼也为大家稍作介绍。

国内有一部分专家和从业人员依据和田籽玉的部分现象，比如石包玉、比如在开采源头发现的玉料的颜色，还有玉龙喀什河的河床中间某段暂时尚未发现山流水料等等现象，从而质疑和田籽料与山料之间的必然联系。因此他们提出了和田籽玉是火山喷发而形成的。

老狼是工科出生，平时习惯都着眼于运用之上，原本对和田籽玉的形成此类理论性东西，并不感兴趣。因为和田籽玉如何形成，是地质学家的事，并不影响我对和田玉的鉴定和鉴赏。

但是在一次偶然的机会中，老狼在一位朋友处，碰到一块非常奇特的和田玉料。个人感觉，对于和田籽玉的火山喷发起因说，起到了有力的反驳作用。因此在本书中，做些介绍。

请读者们看照片。这是一块非常有意思的和田玉原料。从一面看，这块原料质地细腻，原生毛孔清晰，皮色伤痕天然，油润感极佳，绝对的毫无疑问没有争议的，是一块和田籽玉原石。

再看另一面的图，就让人大跌眼镜了。玉料另一面的表面结构形态，完全不是和田籽玉常见的砂眼麻皮坑。不管毛孔的粗细、纹理，还是冲流水冲刷后形成的表面形态来看，都完完全全是一块纯山流水料的状态。也就是说，完全可以通过这个表面形态，判断其为一块和田山流水料原石。

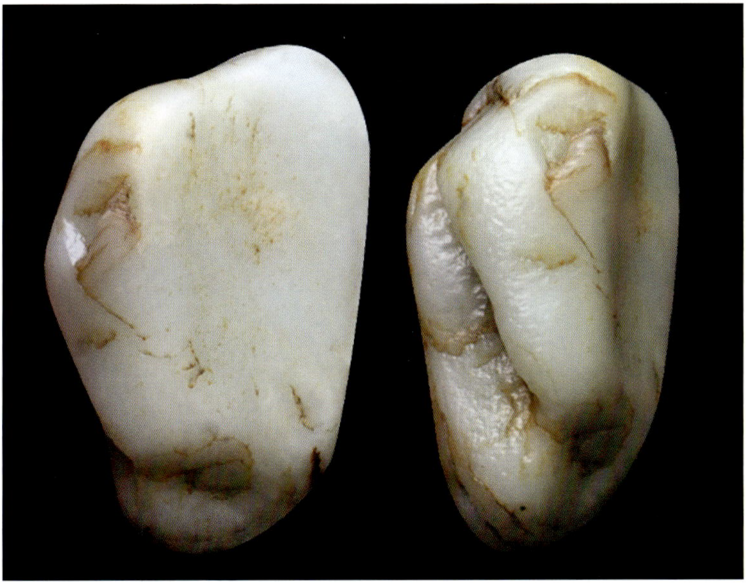

半籽料半流水图

说实话，玉料在玉龙喀什河里要经过亿万年的冲刷和磨砺。这期间玉料绝对不是在河床某个位置固定不动的。随着时间的推移，玉料也会被湍急的水流带动、翻滚、碰撞。那么这块玉料在经历了这么久大自然的洗礼后，怎么会形成一半山流水料，一半籽料的外观形象？老狼是百思不得其解。

不过，这些疑问，不是老狼想去求解的。老狼只是想说：这块玉料，正好处于和田山流水料向和田籽玉过渡的结构形态中。这一点，有力地证明了和田籽玉是由山料被流水冲刷成山流水料，再经由山流水料向和田籽料过渡而形成的观点。

同时，咨询了这块玉料的开采位置，是在玉龙喀什河的中游的位置，而非河床下游。这个开采位置，也是处于山流水料向籽料过渡的地理位置，更有力的证明了以上观点。天工造物，真是神奇之至。

按照产地分类

软玉的产出地非常多，全球各地有很多矿脉都出产软玉，其中较为著名的如中国新疆软玉、俄罗斯软玉、中国青海软玉、东北河磨玉、加拿大软玉、韩国软玉等。

新疆软玉

新疆软玉就是我们业内常说的新疆和田玉。自古以来，昆仑山便有“万山之祖”的雅号，它高大雄巍，而且物产丰富，自古以来便受到人们极大的崇拜。新疆和田软玉的存在，则使昆仑山的名声更加蜚声中外。

新疆软玉的原生矿产地，东起且末县南阿尔金山北翼的肃拉穆宁塔格，中经和田地区南部的桑株塔格、铁克里克塔格、柳什塔格，西至喀什地区塔什库尔干县之东的安大力塔格及阿拉孜山，多集中在新疆昆仑山脉延绵一千五百多公里的河流河床中的二十多处矿点。

新疆和田山料，白玉节节高方牌

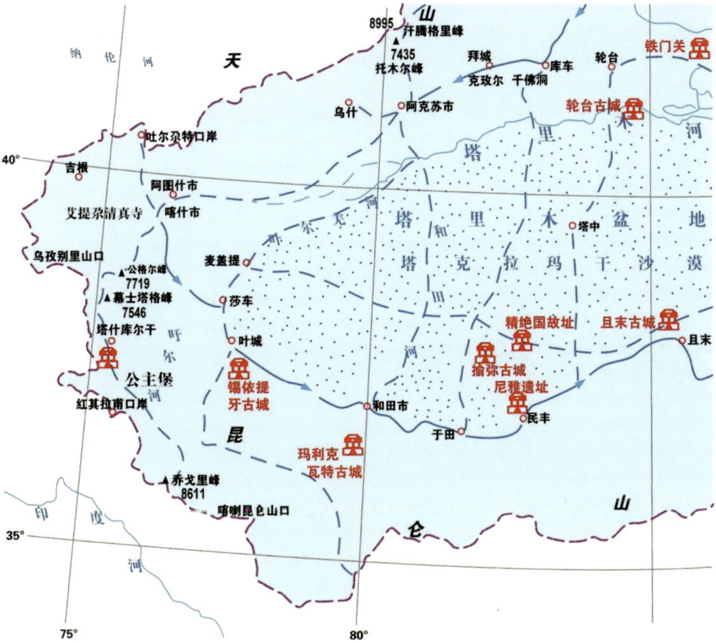

新疆软玉矿脉分布

几千年来，新疆和田玉一直是中国玉器制作的主要传统用料，质地上乘，块度不一，色泽多样。可惜近二十年来，人们对新疆和田玉的大规模机械化开采、挖掘，导致新疆和田玉的资源几近枯竭。新疆和田玉的市场价值也直线飙升，远超同类软玉。

挖玉人在挖掘机起出的乱石堆中找玉

新疆和田玉是全球所有软玉玉料中最为耀眼的明珠，尤其是新疆和田籽玉，其独有的料性，质地细腻，色泽多样，油脂感强，温润凝重，是其他软玉玉料无法比拟的。

俄罗斯软玉

俄罗斯软玉，业内俗称“俄料”，主要产自俄罗斯西伯利亚地区的贝加尔湖地区，矿脉附存于辉长岩类接触带中。俄料常见的以白色、黄白色、菠菜绿等颜色居多。

数十年来，由于新疆软玉的矿藏被大规模机器挖掘，几乎消弭殆尽，而俄罗斯软玉在全球出采的各类软玉中，整体玉料的综合品质仅次于新疆软玉，料性也相对比较接近新疆软玉，于是便成了新疆软玉最好的替代品。当然，由于俄罗斯软玉的市场价格相对新疆和田玉要低廉，也成了诸多不法商家用来以次充好，牟取暴利的途径。

在各类颜色的俄罗斯软玉中，俄罗斯白玉的质量相对较好，白度甚至时常超过新疆和田玉。但大部分市场上常见的俄料通常质地干涩，色白而无力，缺乏和田玉的凝重浑厚质感，就是业内常说的“瓷白”“死白”。

俄罗斯软玉的成品通常被人工抛光成玻璃光泽，表面看上去略带瓷感，通体发干，有时经过人工盘摸质地还会更显干涩、水透。俄罗斯软玉亮度好于新疆软玉，但由于结构粒度较粗，手感较轻，佩戴时间久了还会微微发黄、变灰。同时，俄料的韧性相对新疆和田料而言，也较差，玉料通常容易起性（何为“起性”，后续鉴赏章节会有详细讲解），雕琢时，雕件的刻划细微处，常见有“崩口”。

俄罗斯糖白玉

近三十年来，随着经济的提升，软玉的投资价值为越来越多的普通百姓所看重。过去二十年加入到软玉收藏行列的人数，每年更是呈几何级数的增加。伴随着矿藏资源原本不充足的新疆和田软玉几近枯竭，俄罗斯软玉的价格也是一路飙升，青云直上。十多年前数千元人民币一公斤的俄罗斯软玉，现在市场单价要几十万甚至上百万一公斤。

在这里老狼想多叮嘱几句，许多和田玉藏家提到“俄料”、“青海料”，往往都嗤之以鼻，认为这两种玉料属于低档料，不值得收藏，经常不屑一顾。这个观点是比较片面的。

其实，即使是和田籽料中，也有质地奇差、难以入目的材料。上等的俄料跟青海料，不论是从品质还是从色泽来看，都可圈可点。只是一般藏友接触不多，因此不明就里。上等的俄料与青海料，也是有收藏与投资价值的。只不过，同等档次的俄料与青海料，跟新疆和田料相比，质地和价格上还是有着比较大的差异。藏家们在买卖之时，也需要谨慎小心，不要以和田料的价格买了俄料、青海料即可。

青海软玉

青海软玉，也就是业内常说的“青海料”“昆仑料”，产于青海省格尔木市西南、青藏公路沿线一百余公里处的高原丘陵地区。

昆仑山脉的东缘由新疆入青海、四川两省，西距新疆若羌仅三百余公里，因此青海软玉与新疆且末、若羌等地产出的新疆软玉在地质构造背景上有着密切的联系。

青海软玉的玉料以矿采山料为主，偶尔见少量山流水（戈壁）料，至今未见籽料。

青海软玉的玉质虽然比不上新疆软玉，但是产量相对要大很多。而且青海软玉块度相对较大，原料出成品率也较高，矿产资源也相对丰富。

总体来说，大部分青海软玉的料性都是白中透灰，干涩而缺乏油糯感，即使长时间盘玩，也难以出油性，不容易盘活。而且青海料的质地相对粗疏欠均匀，玉料内部的冰晶状颗粒感强，通常看上去地张的轻飘感尤其强烈。青海料由于结构相对粗疏，不易打磨，成品表面也常见橘皮状纹理，经过佩戴色泽还容易暗淡。

上等的老矿青海料玉镯

2008 年中国举办奥运盛会时，奥运奖牌原计划用新疆和田玉为原材料，镶嵌在金、银、铜上，设计并制作出款款完全中国特色的独一无二的奥运奖牌。但是后来因为新疆和田软玉原料不足、原材料成本过高，最终还是选取了青海软玉为代替品。奥运金牌上镶嵌了青海白玉，奥运银牌上镶嵌青海青白玉，奥运铜牌上镶嵌了青海青玉。

虽然只是替代品，但因为2008年奥运会在国内国际上的影响力实在太大，青海软玉在这次奥运会之后，知名度与市场价值也得到了很大的提升。

东北河磨玉

河磨玉，就是业内常说的“河磨料”。请读者们注意，河磨料是“岫玉”的一种。

岫玉，产自被世人誉为“玉乡”的辽宁省岫岩满族自治县。岫岩县地形以低山和丘陵为主，间有小块冲积平原。千山山脉从北部向境内延伸，地势北高南低，平均海拔80米左右。

按照地质学分类，岫玉可以分成两类，一类是北瓦沟出产的蛇纹石质玉（其实是一种大理岩），另一类便是细玉沟出产的透闪石质玉，也就是我们常说的“河磨玉”“河磨料”。

河磨玉主要成分也是透闪石，常含褐铁矿、软锰矿、绿泥石等矿物，密度2.93—3.13g/CM^3，摩氏硬度5—6，河磨玉中常有吃刀的现象。

河磨玉产自岫岩偏岭地区的泥沙砾石层中，玉料自母体原生矿中分化、剥离后，被洪水等外力搬运至河床中，经侵蚀滚磨、去粗取精，原料中结构较疏松的部分又被剥落掉或者磨损掉，剩下质地比较紧密的玉石部分。从成因分析，读者们便不难看出，河磨玉属于籽玉。

河磨玉多以浅黄、青黄、黄绿和青色为主，经常是玉质与石僵共生，呈现“石包玉、玉包石”的特征。再加上石僵上容易天然着色，所以玉料表面的石皮往往呈现深红色、暗红色，非常类似古玉的沁色。所以，河磨玉常作为玉雕仿古件的常用原料，在苏州玉雕市场上也比较多见。

河磨料，外包暗红石皮，内露透闪石质玉

河磨玉虽然出自东北千山山脉，与昆仑山脉的软玉矿脉无关，颜色也比之前介绍的几类软玉要欠缺。但是从质地来看，河磨玉却是可圈可点，有值得称道的地方。因为河磨玉是籽料，也经历了亿万年大自然的选择，因此玉料油分上佳，好的河磨料温润感不输于新疆料。河磨料做成成品后，盘玩、佩戴也容易出油。

就老狼个人喜好而言，在河磨料与青海料之间若选择一样的话，则毫不犹豫偏向河磨料。

韩国软玉

韩国软玉就是我们俗称的“韩料”，产自朝鲜半岛南部的春川地区，产于当地的蛇纹岩中，多显白色、浅黄色、青黄色和棕色。通常韩料的脂分不好，结构疏松，颗粒粗大，质地干涩。而且原料碎性比较重，切割时容易震裂，雕琢时容易起崩，精加工难度比较大。

碎性很重的韩料

韩料也是透闪石质玉，与市场上动辄叫价数十万元数百万元一公斤的新疆和田玉相比，韩料价格要低廉得多。自九十年代引进中国，许多商家便用它来冒充新疆和田玉，谋取暴利。

韩料的大规模引入中国市场，正好是俄料与青海料的市场价格水涨船高，一般买家的经济实力，已经逐渐无法承受的时候。此时的俄料与青海料，作为新疆和田料的替代品，其价格已经不太能被市场所接受了。而韩料产量大，料性差，所以价格低廉，又同属软玉。生而逢时的韩料在自己祖国从来都被当成顽石一块，却阴差阳错作为低端软白玉的原材料，一下子在中国市场上站稳了脚跟。

加拿大碧玉

加拿大软玉产自加拿大不列颠哥伦比亚省和育空地区，矿体呈脉状、透镜状，产于安山岩和蛇纹岩的接触带上，玉料块度较大，每年开采量也比较稳定。

加拿大拥有目前世界上最大的已探明的碧玉储藏量，其三个主要的玉矿发现于二十世纪七十年代初。最早发现于加拿大碧玉，是冰河时期在河床与山谷中留下来的卵石，后经过鉴定为软玉。之后在周边山脉发现了很多玉石矿脉，产量自 1970 年到 2007 年，平均为每年二百吨到三百吨。

由于发现玉石的周边山脉铁矿含量比较大，所以加拿大软玉呈现出自然绿色，目前只有碧玉矿藏，尚未发现加拿大白玉，业内常称加拿大碧玉为“加碧”。“加碧”通常原料体积颇大，是做大型器皿件的上好选材。

加拿大碧玉，原石，块度大，色泽偏暗

除了上述几类产量较大的常见软玉玉料之外，全球还有很多地方也出产软玉玉料，例如：

中国四川汶川县龙溪乡产出的软玉，硬度5左右，以淡绿色、油绿色居多；

新西兰南岛奥塔弋区产出的软玉，生成在蛇纹岩与围岩的接触带上，矿脉沿长轴方向延布；

南澳大利亚州的科韦尔软玉矿床，软玉呈现暗绿色至黑色的细粒块状，透明度比通常的碧玉好；

美国科迪勒拉山脉西部，矿体主要产于蛇纹岩和前寒武纪变质岩中，玉料主要呈淡橄榄绿、淡蓝绿和暗绿色；

台湾花莲县寿丰乡出产的软玉，又称“台湾翠”，玉料多呈草绿色、暗绿色、淡黄色、黄色；

另外还有巴西、波兰、意大利和法国等地，也有软玉产出，但是它们产量都相对较小，料性也相对欠缺，这里我们不再展开细说。

软玉的分类					
按产地分 / 按产状分	新疆料	俄罗斯料	青海料	韩国料	河磨料
山料	√	√	√	√	
山流水料	√	√	少见		
籽料	√	√			√

按照颜色分类

“千种玛瑙万种玉。”天工造物，神奇多彩，软玉的颜色多种多样，中华民族自古就有“家有五色玉，胜过万两金”的说法。宋代张世南在《游宦纪闻》中，提出“玉分五色”，分别是白如脂、黄如栗、墨如漆、赤如冠、碧如翠。这五种颜色恰好又是五行方位布局的颜色，暗合五行相生相克的道理于其中。

但是老狼认为，将软玉的颜色仅仅按照五行方位的颜色来分类，实在有点牵强。因为玉材在质地相对接近的情况下，玉料颜色的差异，直接导致材料单价的价格差异是十分巨大的。

因此，按照现有市场上常见的各类玉料颜色，老狼将软玉按颜色来详细分类，大致归纳了以下几大类：白玉，青玉，青白玉，黄玉，碧玉，墨玉，墨碧玉，青花玉，糖玉等。下面为读者们做详细的讲解。

白玉

对于软玉中，哪种颜色的玉料最为珍贵，争论自古就有，由来已久，现在大众比较公认的观点：通常情况下是白玉最为珍贵。

“白玉”，顾名思义，就是白色的软玉。白玉中通常透闪石的含量达 95% 以上，另外还含有少量阳起石、绿帘石等共生矿物体，色白，光泽内敛而含蓄。

有个现象，值得一提，请读者们注意。目前市场上，许多商家对于他们的软玉产品的白度描述，常有“一级白”“二级白”“脂白”等表述方式。但是关于这些表述的出处，老狼查阅了许多相关资料，不管是行业标准还是国家标准乃至国际标准，只得到一个结论——查无实据。也就是说，这是商家自己凭空捏造出来的。虽然这些表述听上去朗朗上口，似乎也非常专业，但并不是相关标准的规定，也没有权威鉴定机构的认证。

这就导致市场上出现了一个乱象，不同商家对于产品的“一级白”“二级白”的定义参差不齐。有些商家标注的一级白的产品，还不如另一些商家的二级白的产品来的白度高。

因此，读者们在评定藏品白度之时，建议大家不要盲目看产品描述，尽量要上手看实物，同时，最好自己有个和田籽料的白度标尺。这个“标尺”在自然光下的白度，藏友自己要非常明确的把握，以便买卖和田玉藏品的时候，可以拿出来对白度做个比较。这样把握起藏品的白度来，会准确一些。

还有一个知识点非常重要，就是白玉中的极品——“羊脂白玉”。

新疆和田羊脂白玉，黄皮巧雕君子之交挂件

羊脂白玉中透闪石的含量高达99%以上，质地纯正，世所罕见，属于白玉中的极品。

这些只是羊脂白玉的字面描述。到底何为“羊脂白玉”呢？现在的软玉交易的市场上，铺天盖地的数目惊人的，白度超好的玉料，商家都在自称羊脂白玉。到底有没有这么多数量的羊脂白玉呢？显然没有！

羊脂白玉乃玉种极品，少之又少！

各位读者请切记，不是只要玉料的白度高，就可以定名为“羊脂白玉”的。羊脂白玉属于白玉，但仅就白度而言，未必能胜过其他白玉。

羊脂，顾名思义，就是羊的脂肪，也就是羊油。珠宝玉石学定名描述产品时，经常采用“以物拟物”的原则，读者们可以思考一下，羊油是哪种状态？羊脂白玉就应当是这样的。而羊油，不是超白的！

又有读者要疑惑了，市场里买回来的生的羊板油黏黏的、烂烂的，并没有太多美感。如果顶级的和田玉是如此状态，那实在是毫无美感可言，怎么还有那么多人追捧呢？没错，事实的确如此。

到底如何正确理解羊脂白玉呢？

各位读者，所谓“羊脂”，应该是将生的羊板油，经过熬制、提炼之后，去除油渣，再冷凝成固态后的羊油。所谓“白若截脂”，就是说羊脂白玉的性状，应该如同这炼制过的羊油一样的感觉——白、糯、细、油、润、浑厚、凝重、纯净、无暇。

千万注意：所谓“羊脂”，包含了白度、结构、油份、糯性、纯度、老结度、浑厚感等各种指标，缺一不可。不仅仅是玉料的白度高就行！真正的羊脂白玉，业余玩家千载难逢，有钱未必有地方买，绝对是可遇而不可求的，并没有市场上商家传说的那么多。而且即使碰上，其价格也不是一般经济实力的藏友能收的动的。

新疆和田羊脂白玉，撒金皮玩料

另外请读者们注意：目前为止，国家并无权威的和田玉的质量分级标准。“羊脂玉”只是旧时对新疆和田优质白玉的一种称呼，同时也代表着中国和田软白玉中的最高等级。“无论什么料种的玉料，只要够白就称为羊脂白玉”，是不对的！

上等的新疆和田籽玉，白玉原料

青玉

“青玉”主要呈现蓝灰色至青绿色，颜色从淡青色至深青色都有。通常颜色均一，质地也比较细腻，表面呈现油脂至蜡状光泽。

青玉中透闪石的含量在90%左右，内部除呈纤维毡状结构外，偶尔可见斑状较粗的透闪石斑晶。青玉因含绿帘石而显色，常见块度比较大的原矿玉料，原料韧性也上佳。大块度的青玉原料，经常被用来做薄胎的器皿件。

新疆和田青玉籽料

其实青玉中多出料纯质密的原料佳品，除了白度外，结构、油份、糯性、纯度、老结度都非常好，若有“羊脂青玉”一说的话，倒是能找到不少。天工造物，美则美矣，完备者甚少。正所谓“不全、不粹、不足，谓之美矣”。和田玉也正因为这些天然的缺憾，才给人留下了更多遐想空间。

青白玉

“青白玉”，顾名思义，颜色介于白玉和青玉之间的软玉，自然就是“青白玉”了。青白玉颜色不像白玉那样白得至纯，它以白玉为基调，白中显青色、显绿色或者显灰色。

严格来说，青白玉是白玉和青玉的过渡色玉种。自然，青白玉的质地也类似白玉和青玉一样，有好有差。和田玉质地、料形、块度大小等相关指标接近的时候，白度对于原料价格，起到很大的影响的。

值得注意的是“青白玉”这个名字，早年市场上比较常见，但最近这些年，似乎有逐渐退出历史舞台的迹象，慢慢地听到的机会越来越少了。难道是青白玉在市场上越来越少了吗？当然不是。各位读者，老狼认为，前文所提到的市场上很多商家对和田玉白度归纳的“二级白”“三级白”的白玉藏品，就是青白玉。这些藏品仅从白度来看，其实跟白玉已经不沾边了，叫青白玉，更为妥当。

新疆和田青白玉蝉

客观来说，玉石是大自然集天地精华孕育而成的精魄，每块玉都有自己独有的颜色。在自然界中，根本找不到两块完全相同颜色的和田玉原料。就算是白度同一个级别的和田玉，其白度也有闪灰、闪青、闪黄等区别。

前些年，新疆行业内部，给软玉制定了一个原料等级评定和等级定价的相关指导细则，摘选了数十种不同颜色的软玉作为颜色评定的参考。其实自然界软玉玉料的颜色实在无法人为概括分类，这个细则的界定，是相对比较片面的，最终也没有被市场大范围采纳。当然，即使这个“细则”最终落实效果非常不理想，并未得到市场的广泛认可，但从对软玉进行细化、量化并最终形成相关标准的角度来考量的话，还是具有相当积极的意义的。

读者们请注意，老狼的软玉鉴赏理论，只是按照软玉的大致颜色差异，定性的界定软玉颜色分类。其实，“千种类玛瑙万种玉”，读者不必精确的定量的给软玉分类，尤其是初学者，关键还是要学会把握玉料的质地为上。

新疆和田白玉籽料，造型完整

黄玉

“黄玉”是软玉中极为珍贵稀有的品种，黄色通常是玉材内部的三价铁元素致色造成的。真正上好的和田原生黄玉籽料，颗粒感细腻，结构均匀致密，油脂感十足，极为罕见。顶级的熟栗黄色的黄玉，更是可遇而不可求的，稀有程度绝不亚于羊脂白玉。

黄玉的颜色——黄色，大唐以来便成了帝王家的专享特权，因此上等黄玉作为软玉中的天之骄子，数千年来一直备受人们的关注和宠爱。和田玉收藏爱好者中，喜欢黄玉更胜于白玉的，也不在少数。

市场上能够见到的“黄玉”的颜色多钟多样，不一而足，名称也是五花八门，常听见的例如熟栗黄、鸡油黄、秋葵黄、蜜蜡黄、桂花黄等。其中以熟栗黄为黄中极品。

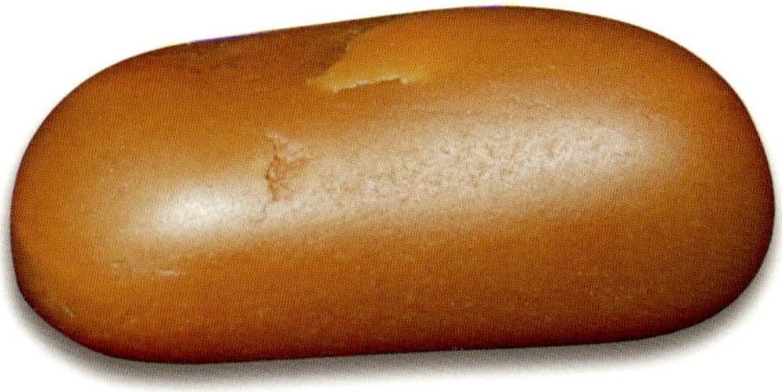

新疆和田原生黄玉，熟栗黄原籽

值得关注的是，市场上常见的“和田黄玉籽料”从致色成因上来分析，有“原生黄玉”和“后天沁黄玉”之分，也是市场上常见的三类黄色玉料中的两类。下文为读者们详细介绍。

目前市场上，常见的被称为“黄玉”的黄色玉料，主要有三大类：

第一类黄玉，是玉料在母体成矿之初，就形成了先天黄色的玉料。而且此类黄色浓郁纯正，颜色以类似煮熟的板栗肉的颜色居多。玉料后经亿万年玉龙喀什河流水的冲刷、打磨，被人工采挖出来，这就是业内流传已久的“原生黄玉籽料”。此类玉料是先天成色，其色纯、色正、质地细腻、温润厚泽，品质上佳，万里挑一，千载难逢，堪与羊脂白玉媲美。

第二类黄玉，是玉料在母体成矿之初，原本是白色或青白色的，然后从母体剥离，在后天自然环境中（主要是在玉龙喀什河的河床中），受所处周边环境中致色元素的沁蚀，黄色慢慢沁入玉料深层，直至颜色完全沁透整块玉料，因而呈现黄色，这也是黄玉。

请读者们注意，此类黄玉的颜色，不是原矿玉料先天成色，而是玉料在后天环境中受沁染而成。另外请读者们注意，这里说的是“玉料被致色元素完全沁透”，如果达不到这个要求，玉料内部依然留白，那么只能算是沁黄料而不是后天沁黄玉了。

新疆和田沁黄籽玉，精品

读者们不难理解，后天沁黄的黄玉，由于通体能被黄颜色沁透，其玉质相对先天黄玉而言，自然要相对疏松一些。一旦质地疏松了，玉料的油份和脂份自然也略逊一筹。因此沁黄玉在市场价格上，相比先天黄玉，是有些差距的。

当然，本书只能归纳一个常规的普遍现象。和田玉千变万化，“凡有规则必有例外”，虽然常规沁黄与比先天黄玉有不足，但是偶尔也能碰到后天沁黄玉中品质上佳的，不管质地还是颜色，都不亚于先天黄玉，自然其价格也是相当不菲的。

细心的读者可能会问了，如何区分先天成色的黄玉与后天沁黄的黄玉呢？两者区分的方法非常简单：

新疆若羌黄口料，黄色山料

首先，先天成色的黄玉，因为不是后天环境侵染颜色，因此通体颜色均匀，没有深浅渐变的颜色过渡。而后天沁色的黄玉，则由表及里、由外而内，颜色是逐步由深变浅的。有些沁黄玉，制作成成品以后，在玉件内部芯子处，依稀还有点隐约泛白色。

其次，先天成色的黄玉，因为质地相对致密，其表面的“汗毛孔”也比较小，摸上去，手感细腻。大部分常见的后天沁黄玉，表面毛孔结构就比较粗大，手感也比较粗糙。

最后，先天黄玉的油润度，一般都比较好，形状温润内敛。而后天沁黄玉由于质地略欠，油润度好的相对比较少，把玩时手感也一般。若长时间不佩戴盘玩，有些后天沁黄玉还有发涩、泛干。

第三类黄玉，是一些以浅黄色、黄绿色为主基调的泛黄色玉料，业内很多人也将其定名为黄玉。比如产自新疆若羌的黄口料，再比如前文提到过的东北河磨料。此类黄色玉料，相对产量较大，颜色也不是特别纯正，比之前两类黄玉，不论收藏价值还是玉材品质，都相去甚远。建议读者们做些了解即可，合适的机会收藏一两件样品即可，大量收藏大可不必。

碧玉

“碧玉”颜色主要呈现绿色基调。碧玉的绿色也是多种多样的，市场上常见绿色有翠绿色、菠菜绿色、青绿色、暗绿色、墨绿色等，其中以质地纯透、油润温泽的菠菜绿色为最。

碧玉质地呈现油脂—蜡状光泽。玉材中经常含黑色的石墨杂质和磁铁矿杂质。这些杂质经常呈条带状或团状分布。因此碧玉中常见条带状或云雾状的黑色斑纹。

碧玉颜色和结构常不如其他软玉均一，碧色如翠、色正质纯的碧玉料比较少见，色泽纯正、少见瑕疵的和田碧玉籽料更是罕见。

碧玉在全球各地许多地方都有产出。但是产量比较大，品质比较高的，主要还是俄罗斯碧玉与加拿大碧玉。尤其是俄罗斯的碧玉，颜色均匀、绿色浓郁。好的俄罗斯碧玉再加上黑色杂质少，做成成品后，效果不亚于满绿的缅甸翡翠。

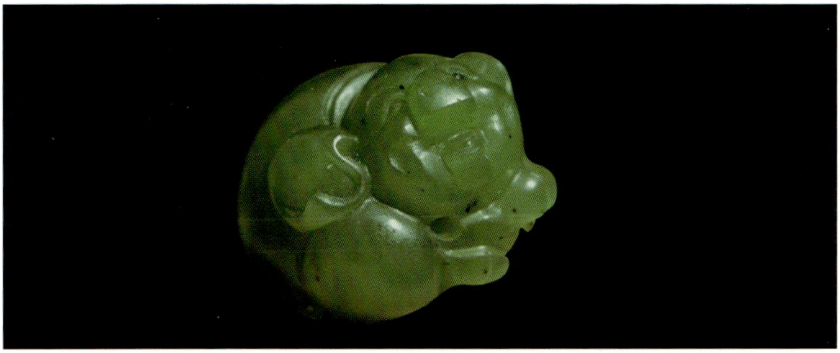

俄罗斯碧玉，富贵猪

中国的碧玉则以新疆玛纳斯河产出的最为著名，但整体玉材的品质，不太比得上前二者。碧玉的原料通常以矿采山料为主。大块的碧玉原料，经常用来加工成器皿件等陈设器。

俄罗斯碧玉，“横斜天下，八方来财（螃蟹）”

碧玉原料的产地分布全球各地，非常广，常见的主要产地有中国、加拿大、俄罗斯等。

相关碧玉的化学成分对比 WB/%

	SiO_2	TiO_2	Al_2O_3	Fe_2O_3	FeO	MnO	MgO	CaO	Na_2O	K_2O	H_2O+
中国玛纳斯	54.33	0.08	0.81	1.17	3.76	0.36	22.48	11.21	0.13	0.11	3.27
加拿大	55.22	0.01	2.05	0.87	3.43	0.15	21.68	12.31	0.07	0.05	3.55
新西兰	56.78		1.08	1.29	2.93		20.52	14.09	0.23	023	
俄罗斯西伯利亚	54.83	0.08	1.67	0.73	4.36	0.06	22.42	12.14	0.24	0.17	1.06
美国阿拉斯加	58.11		0.24	0.38	5.44		21.79	12.01			1.78
波兰西里西亚	57.58	0.10	135	0.15	4.02	0.15	20.65	13.10			2.61

玛纳斯碧玉中有微量的铬、镍、钴，含量分别为：Cr_2O_3 0.2%~0.5%，NiO 0.08%~0.16%，COO 0.004%~0.013%，与和田白玉相比有明显区别。

墨玉

“墨玉”，由于软玉含石墨杂质，而失去其原来的本色，呈现出炭质或石墨的黑色。墨玉必须是漆黑如墨，色重质纯，纹理细腻，由于石墨含量过高，强光下应几乎不透光。

新疆和田墨玉籽料，钟馗把件

早年的和田玉市场，墨玉有“白玉底墨玉”和“碧玉底墨玉”两种，分别由白玉和碧玉为基础，质地中含了足够量的石墨杂质而显纯黑色。但不管是哪种质底的墨玉，都必须是质地纯黑，强光几乎不透。

真正质地纯正的墨玉，十分罕见。

各位读者，老狼认为所谓“墨玉”，应该是通体纯黑，基本不露别的颜色的。如果玉材中呈现出其他颜色，比如白色或者碧色，那么便不应该属于墨玉的范畴。目前市场上和行业内界定的许多所谓的墨玉，远没有达到“墨如漆”的要求。那些美其名曰的“点墨”“片墨”的墨玉，事实上属于青花料，后文有介绍。

墨碧玉

墨碧玉在自然光线下是呈现黑色，用强光灯或聚光灯照射下，则呈明显的绿色、蓝灰色或墨绿色。这是由于石墨含量不够，不足以拦截所有光线造成的，这类软玉应该与墨玉做严格区分，因为市场价格上有较大差异，因此有必要明确加以界定。

事实上，墨碧玉介于墨玉和碧玉之间，可以作为二者的过渡玉料来界定。墨碧玉原料产量巨大，市场价格不高，收藏价值一般。

市场上的墨碧玉再细分的话，又有黑青料、墨碧料和青碧料之分。老狼认为由于墨碧玉相对比较低廉，因此普通玩家没有必要做详细研究。本书就不展开介绍了。

新疆和田山料，墨碧玉仿古方牌图

青花玉

软玉中的青花料，跟瓷器中的青花瓷，没有任何关系。青花玉，是指软玉的白玉、青白玉中含有石墨，形成黑白夹杂的软玉玉料，市场上俗称青花。

白玉底子含石墨杂质的青花软玉，有点墨、聚墨与全墨等等。这些青花玉料，被市场上很多商家和部分行业鉴定机构认定为“墨玉”。由于其石墨含量不够，灯打能透光，有些玉料上露白面积很大，还有一些玉料甚至只是青白玉带着少许石墨杂质。这些料子，都属于“青花料”，跟墨玉是完全不同。

青花玉常见白中杂黑、黑中带白，这样的玉料，由于颜色驳杂，很难制作出上佳艺术效果的雕件，市场价值也不高。但是，青花玉如果黑（灰）白分明，两种颜色黑是黑、白是白，黑白无过渡，界限明显，在能工巧匠手下，处理成俏色工艺品，则化腐朽为神奇，赏心悦目，非常吸引人。此类青花玉原料，还是有一定收藏价值的。

新疆和田青花籽玉，巧雕济公

糖玉

糖玉，顾名思义，玉材的颜色呈红糖色，主要是受氧化铁等致色元素侵染而形成的红糖色软玉玉料。

不管是俄罗斯糖玉还是和田糖玉，市场上见到的绝大多数糖玉都是山料。

糖玉主要以白玉或青玉为基调，外围包糖料，内部为白料或青料，糖色的厚度从几厘米到几十厘米不等，中间多有颜色渐变的过渡带。业内也有说法，糖玉的糖色部分是玉料与土层的过渡带。

糖玉产量巨大，大多数原料收藏价值一般，本书不做详细探讨。

目前糖玉的主要产地有我国的新疆叶城、新疆且末、新疆若羌以及俄罗斯等地。

糖玉的产地与特性

产地	颜色	细度	脂度
叶城糖玉	玉色偏灰，包括白玉和糖玉部分	相对较弱	一般
且末糖玉	玉色白中泛青，糖色偏红	较好	高
若羌糖玉	玉色黄中泛青，黄者为上品	好	高
俄罗斯糖玉	颜色偏红，与且末糖色接近	粗于且末糖，细于叶城糖	一般
和田子料带糖	多数带皮色，糖与白分界不明显，糖色较淡，且有深到浅的渐变过程	较白玉部分较差	高

俄罗斯糖玉佛牌

第四章 玉器鉴别概要

- 古玉的常见作伪与鉴别
- 常用玉石的鉴别小方法
- 和田玉与相似玉石原材料的比较
  - 和田玉与俄料
  - 和田玉与青海料
  - 和田玉与石英石
  - 和田玉与阿富汗料

古玉的作伪与鉴别

中国的古玉作伪，最早始于宋代。宋代的文人雅士尊古、崇古、尚古，故而仿古也成为一种风尚。但是当时的玉器仿古制作，主要还是骚人墨客兴致所致，追求艺术的情感，理解前人的文化是当时玉器仿古制作的主要动因。

现代玉器市场上的仿古作伪，其性质则完全不同。在商业利益驱使下，不管是生产规模还是作伪技术，都盛况空前。国内有些地方甚至形成了伪古玉制作、流转的专业集散地（如安徽蚌埠、河南镇平等地）。

古玉器的仿古作伪，主要是着重于玉材、工艺和形制、沁色等方面的作伪。

- 玉材
- 工艺和形制
- 沁色

玉材

古人用来制作仿古玉的材料的选择，是非常有讲究的。

虽然经历数千年文明的传承，中国历朝历代的玉器，选用的玉材品种多样、产地繁杂，但是各个朝代的玉器，其选材的时代特性还是相对比较明显的。

大体上，某个朝代的用玉选材，不管是材料特征还是材料产地，都是相对比较集中。因此，古玉作伪，常会选择年代特征比较明显的玉材作为原材料。例如，明代玉器仿古常用“苍黄、杂色、边皮、葱玉或带墨色玉，如式琢成”。换句话说，玉器收藏爱好者们如果对不同朝代选用的玉材把握的比较明确，那仅从玉器材料这一个方面，便能排除许多仿古作伪的玉器作品了。

另外，仿古玉材的选用上，通常会用颜色、质地等方面比较类似古玉效果的材料，例如常见的质地不纯、结构粗疏、绺裂多、石性重、颜色杂乱的玉材。前文提到的东北河磨料，就因为其厚厚的红褐色石皮类似古玉沁色的效果，经常被选为现代仿古玉的常用材料。

但是真正的古玉，在当时的时代背景下，制作起来费工费时，自殷商以来通常皆属贵重器物。因此古人在条件允许的情况下，皆是尽可能的选用优质玉料，不管新疆和田玉、河南南阳独玉还是辽宁岫岩玉，都会选择手边最佳的玉料进行琢制。假如我们看到的“古玉”，是用次等玉料甚至石料来制作，那藏品有疑问的可能性就很大了。

工艺与形制

工艺与形制，简单地说，就是古玉器在当时的时代背景下的制作工艺与造型特点。这是随着时代发展和当时人们世界观、人生观的逐渐深化而慢慢形成的。

古玉的工艺与形制，反映了当时代的经济生产力水平、社会人文风尚、国际时代背景、政治军事国力乃至当时人们的艺术创作感染力。它是古玉断代的主要依据之一，也是古玉作伪的主要着重点之一。工艺与形制，是古玉最承载时代文明的主要元素。“管中窥豹，可见一斑”，藏友们可以通过每件古玉所承载的时代气息，与古人进行互通与交流，徜徉在中华古文明的海洋中。

华夏文明自石器时代伊始，至今延续了八千年，统治阶级不断更替、不断改朝换代。但不管时代如何更替，每个朝代都在其同时代的玉器之上烙上了鲜明的时代特征，从器形到图案纹饰，再到制作处理工艺，都具有十分典型的时代风格。

通常来说，现代玉器仿古的制作人，绝大多数都缺乏对古代文化的深入理解，也不会对历朝历代的古玉的工艺与形制做长足的学习与认知。因此现代市场上，仿古玉的形制、纹饰若系人为杜撰、凭空造作，通常有经验的藏家一眼便能看出真假。尤其仿古玉的纹饰，往往随性为之，经常会出现不同时代的纹饰随意拼凑、张冠李戴的现象。

但是现代仿古玉若是按图就型进行精细的仿琢，此类高仿的玉件，则需要仔细观察。作伪玉器制作时，注重临摹仿形，生怕走样，所以仿制的手法通常比较拘谨，形制呆板不生动，与真品相比，常有“貌合神离”之感。而且现代玉器制作使用的工具，与古代的琢玉工具大相径庭。因此若仔细研究玉器制作的碾磨痕迹，藏友也能发现许多不和谐的蛛丝马迹。

也就是说，由于琢玉工艺的世代相袭和不断完善，制玉工艺的时代特征也会呈现较大差异；而玉匠的制玉工艺随着时代传承、变迁，与被仿制玉器的朝代所采用的制玉工艺，也有明显差异，仿品与真品相比，经常似是而非，形似而神异。

玉器的琢制工艺，犹如书法绘画的笔法，饱含个性，最为难仿。“孰知今人所不能者，汉双钩之法。形似稍可伪真。钩碾何法拟古？识者过目自别，奚以伪为？”（明，高濂）

例如，汉代古玉的琢制，是经玉匠手工琢磨而成，刀法流畅，阴线宽窄若一，深浅一致，线边平整无崩裂，外观温润舒适。现代新作的仿古玉器，则时常呈现线条过渡不匀，深浅错落无序，线条过于锋利，同时由于机器砣转速过高，玉器常见有锋利崩口。

沁色

沁色，是古玉在墓穴或相似环境中，受压力、温度、湿度的影响，玉器表面被周围物质所作用、侵入肌理而形成的颜色。通常黄色沁为土沁，白色沁为水沁，红色为朱砂沁，绿色为铜沁，紫红色为血沁，黑色为水银沁。

古玉也因为沁色丰富多彩，绚丽斑斓，故而为历代收藏家、鉴赏家所珍爱。

天然的古玉沁色，受特定环境和形成条件的影响，地域不同，玉的沁色也不尽相同。众所周知，我国地势西高东低，南温北寒，西北土壤多呈碱性，东部土壤则多呈酸性，不同地区，对玉器的沁蚀也不尽相同，常见北方多土沁，南方多水沁的现象。

例如，内蒙古赤峰一带的红山文化玉器沁色较轻，多见红褐、水锈、灰黑色沁，少鸡骨白；浙江余杭一带的良渚文化玉器常见鸡骨白沁，而太湖东岸地区的良渚文化玉器则多见黄褐色沁河水锈。

良渚文化，鸡骨白沁色深入、自然

天然沁色或浮于表面，或侵入僵性，或深入绺裂，但都色泽生动，过渡自然，深浅层次条理，藏友留心观察，还是可以察觉出许多端倪的。

玉器沁色的作伪办法，也十分繁多，下面举些例子：

● 造斑法(狗玉、羊玉):

将狗或羊杀死，趁血未凝固时，将玉器缝入其腹中，埋入地下，数年后取出；也有直接将羊或狗的腿割开，将玉器缝入其中，数年后取出，使玉的表面产生血斑或血丝（方法残忍，后者尤甚）。

● 褪光法（灰提法）：

用强酸（常用氢氟酸、硝酸和硫酸）浸泡玉器，腐蚀取出后，再放入装有草木灰和麦麸子的口袋中盘磨，使其表面凹凸不平，看似像长期受土侵蚀的生坑玉器呈现的白霜。

● 油炸法：

将玉放入油中炸，使玉变红黄色，有些地方还出现蜜蜡色。

● 水煮法：

把食糖炒焦，再放少量水，将玉放在油状液体中煮，使玉沁入糖色。

● 热烤法：

把玉烤热，使玉质疏松，然后再投入带有红褐色染料的液体中，使颜色尽快趁热渗入玉质肌理，呈现出红褐色的丝纹。

火烧法：

把玉放到火中烧，根据颜色的需要，火烧的时间长短可控制，烧后呈现鸡骨白色。玉质没有原来坚硬，油润度也差，还可看到细小的裂纹。

尤其注意：经化学处理过的作伪玉器，是不能收藏、佩戴和盘玩的，常对人体有害，严重的可以致癌。

古玉的沁色千变万化，作伪方法也是五花八门、不一而足，作假时间上，有的沁色只需要短短数小时，有的时间长达数月、甚至数年。不管方法有多么的高明，假沁色的生成环境和生成条件，始终与真沁色是有区别的，这成为有经验的藏家辨别真伪的重要依据。

不同朝代的古玉沁色研究与工艺和形制一样，博大精深。完全把握不同朝代的古玉沁色特点，绝非一朝一夕之功。有兴趣的藏友，需要几十年如一日的学习与钻研。对于古玉的真伪辨析，前辈专家们有不少著作可参考，本书以介绍新玉为主，便不展开讲解了。

新玉的鉴别

质地上乘的玉料和成品玉器，珍贵稀有、价格高昂。尤其软玉，产地、种类繁多，现有的科学仪器都无法准确鉴定其产地。由于巨大利益的驱使，市场上以次充好和以假乱真的“软玉”比比皆是，这也给玉器收藏界蒙上了一层厚厚的阴霾。

软玉的鉴别、鉴赏，技术要求非常高，绝大多数收藏、投资者都难辨其真假优劣，稍有不慎，就高价收进赝品、劣质品，经济损失巨大。

新疆和田籽玉，撒红皮

老狼在这里给读者们介绍一些市场上常用的软玉的直观鉴别办法，用来帮助藏友们鉴别软玉的真假：

水滴法（利用玉器的透水性差特点）

软玉质地纯透，结构致密，透水性极差。因此，滴一滴水在玉石表面，通常真玉上会形成状如露珠的水滴，凝而不散；而冒充软玉的石头则经常因为结构疏松，容易吸水，水滴很快渗透并消散。

当然，这个方法老狼个人持保留意见。因为老狼自己试过几次，感觉水分子在张力的作用下，的确是有些凝而不散的现象，但是距形成露珠状，似乎还远着呢。也不知道是不是操作问题，或者是水滴太小。

触摸法（利用玉器是热的不良导体特点）

所有软玉都是热的不良导体，导热性非常差。因而，真玉初始上手时的感觉是冰凉剔透的，尤其是在气温较低的时节；但是在手中盘玩过一阵，或是贴身佩戴刚取下时的玉件，则是触手生温，油脂润滑，十分舒服。许多冒充软玉的石头，则不存在如此明显的温度差异。

试刀法（利用玉器硬度高的特点）

以摩氏硬度来区分，钻石的摩氏硬度为 10，软玉的摩氏硬度为 6–6.5，玻璃和美工刀、小钢刀的摩氏硬度为 5–5.5。因此，软玉通常是不吃刀的，换句话说，用小钢刀在软玉表面用力刻划，是不会对软玉表面造成损伤的。因此，读者们如果碰上玉石材料吃刀，那么玉件存疑的可能性很大，收藏前要打起精神，千万当心。

但是千万注意，藏品即使不吃刀，也并不代表材料肯定就是软玉哦，例如自然界中有许多冒充软玉的石英岩，摩氏硬度为 7，刀就刻划不动。

另外，在和田籽玉的厚皮色位置，即使是天然皮色，也可能会碰到吃刀的现象。因此，读者们在利用硬度鉴定玉材真假时，应该注意下刀位置。遇到有皮色的玉材，硬度测试的点，尽量避开厚皮色的位置。

手掂法（利用玉器的密度参数）

不同的玉石材料，由于理化成分不同，密度也不相同。有经验的藏家，把玉材置于手掌心，可以凭借手感，区分细微的重量上的差异，从而判断藏品的玉石真伪。

当然，利用这个特性鉴别玉石真伪，需要读者们熟记一些常见玉石材料的物理密度。同时，此方法还需要藏友们大量实战经验的积累，以培养出精确的手感。

软玉的密度为 2.9 – 3.1g/cm^3，翡翠的密度为 3.25 – 3.34g/cm^3，蛇纹石质玉的密度为2.44 – 3.18g/cm^3，大理石的密度为2.65 – 2.75g/cm^3，石英质玉的密度为 2.65g/cm^3。这些都是最常用的材料的密度，有兴趣的藏友，可以背诵在心。

透光观视法（利用软玉特有的内部结构特性）

软玉是一种具链状结构的含水钙镁硅酸盐，内部结构呈显微纤维交织状。当我们用聚光手电侧光观察其内部结构时，可以看到其内部结构呈现的云絮状、毛毡状或冰糖颗粒状的纹理。

通常用来冒充软玉的石材或者料器，是不具备这些纹理的。因此当藏友们用灯光观察玉件内部，却看不到任何纤维交织结构的时候，藏品有问题的可能性还是很大的。

最后，老狼要提醒各位藏友，鉴别软玉的真伪时，请综合使用上述方法中的几种。千万不要只用一种鉴定方法，发觉检查无问题，便草率做出判断！仅用一种方法便做出判断，结果错误的可能性极大。

和田玉与相似玉石原材料的比较

前面的章节老狼已经介绍过，软玉的产地繁多，种类驳杂。但是，在诸多不同产地的软玉中，最值得称道的，除了中国的新疆和田玉之外，不作他想；而在新疆和田玉中，最值得收藏投资的，自然非新疆和田籽玉莫属了。

新疆和田籽玉，撒金皮玩料

不管是从玉材的质地，还是市场价位来看，新疆软玉中的和田籽玉，都是软玉中的王者，也正因为其不可比拟的价值空间，市场上充斥着各种各样冒充新疆和田籽玉的材料。常见的冒充新疆和田籽玉的玉石材料有俄罗斯玉、青海玉、韩玉、石英石和阿富汗料等，其中以俄罗斯玉和青海玉最为常见。

如前文所述，新疆软玉山料的产地，沿昆仑山脉，遍布新疆多个地区，因此，新疆不同地区的山料玉，玉材的质地良莠不齐、出入很大，而和田籽玉，才是顶级玉材商家和藏家必争之宝，也是市场上被仿冒最为严重玉材。

总体来说，相比新疆和田山料，新疆和田籽玉质地细腻，温润如脂，油性十足。由于籽玉透闪石含量非常高，玉质韧性上佳，原料玉材一口气，质地纯度佳。

另外，由于在河床内亿万年流水的冲刷，和田籽玉的表面有类似毛孔状的表皮，这是山料所不具备的。

同时由于矿脉致色元素的影响，许多籽玉表皮上还带有艳丽的颜色，这也是有别于山料的特性。和田籽玉原本就价值不菲，带上艳丽的皮色更是锦上添花，成为商家和藏家争相追逐的对象。

和田玉与俄料的比较

俄罗斯软玉，也有山料、山流水料和籽料之分。众多软玉中，俄料的料性最为接近新疆料，早年一直都是冒充新疆和田料的首选材料。这几年，由于软玉市场的需求量急速放大，俄料的价格也急速飞升。市场上时常看到高档俄罗斯料的价格超过普通新疆和田料的现象。

俄料的山料产量非常巨大，常见白色山料，原料块度大，表面常有糖色或僵性，也就是市场上所谓的糖色俄山料和石灰皮俄山料。俄山料与新疆山料一样，表面棱角分明、参差不齐。原料的表皮粗糙不均匀、颗粒感很强。

俄罗斯山流水料的质地相对山料细腻些，原料表面因为自然外力作用，棱角稍见浑圆。原料质地的蜡状感强，常见明显的大颗粒结构性状。俄罗斯山流水料表面时常有红色或黄色的艳丽皮色。

俄罗斯籽料的毛孔状表皮，相比和田籽料的表皮要粗糙，若有天然皮色，颜色沁入也较深，而且红色过于鲜艳、非常扎眼，不似和田籽料皮色内敛。俄罗斯籽玉的黑色皮则往往皮色部分的玉质不够纯。黑皮时常与僵性石皮共生。

典型常见的俄罗斯山料，玉质粗糙，与石皮共生

总体来说，由于俄料的细粒斑状变晶结构，矿物粒度不均一，因此质地的细腻度欠缺，尤其常见的俄山料，其外观表现油性非常差，温润感欠缺。

透光观察时，相对新疆和田料而言，俄料的颗粒一般都比较粗大，常显毛毡状疏松结构。俄料成品的光泽经常略带瓷性，表面常见抛玻璃光。俄料质地透明度通常高于新疆和田料。

俄料常见纯白色玉料。仅就白度而言，俄料时常赶超新疆和田料。但是俄料的白色，时常白而无神，瓷白感强，没有浑厚感。而且大多数俄料的地张发飘，那么玉料的白色则更显无力，就是业内常说的苍白色、死白色。

当然，俄罗斯软玉的籽玉中，也有上等的极品原料。这些极品俄籽料的白度极高，而且有十足的浑厚感，只是这高白色会略显瓷白光泽。侧光观察顶级俄料的玉料内部，几乎用肉眼无法看到结构。与和田籽玉相比，其缺点是油份不足，长时间佩戴也难出油润的感觉。而且，其被盘玩时的生涩感较强，缺乏滞手感，不像和田料那样手感细腻。

由于俄罗斯软玉与新疆软玉虽然理化成分类似，同为软玉玉料，但是两者在形成条件上的些许不同，导致了内部理化成分和晶体排列的细微差异，从而造成料性上的明显区别。

另外俄料通常质地糯性不足，刚性重，玉料容易“起性”。现代制玉工具高速切削时，由于俄料的韧性比新疆和田玉差很多，琢制过程中，尤其是精细处理或进刀偏快时，常见成品有崩裂痕与暴口。

和田玉与青海玉的比较

青海软玉的理化成分与新疆软玉、俄罗斯软玉基本一致，只是原料产地不同。但恰恰这不同生成地区的类似生成环境的差异，造成了料性上的明显区别。

青海软玉多为山料，目前尚未发现籽料产出。目前市场上常提到的“昆仑玉”，实际上多指青海软玉。

典型的青海料，黑色泛紫

青海料的原石块度大，断口处参差不齐，大面较为平整，表面常见石皮。

相对新疆和田玉而言，青海料质地比较粗疏，不好打磨。而且青海料的成品打磨后易显出橘皮纹。通常青海料的玉材地张颜色发乌，质地发涩。青海料整体通透感强，缺乏浑厚和凝重感，成品做薄后质地尤显轻飘。

相比新疆和田料而言，多数青海料透明度较好，水感比较强，呈半透明状，局部透明度不均匀。尤其是青海白玉，透明度明显高于传统和田玉。透光观察时，青海料的结构比新疆和田料相对松散，常见明显冰糖颗粒状结构。同时，青海料质地相对不均匀、纯度差，常见“水线”和“冻状”纹。

就油份而言，青海料的料性发干显涩，比较缺乏油糯感。青海料把玩时，手感生涩，少有细腻细滑的手感，虽经长时间盘玩也不易出油性。

就颜色而言，青海白玉料大部分也是白中泛灰，地张颜色缺乏浑厚凝重感，久盘颜色还会发灰、发乌，色泽会变黯淡。

青海料常见呈灰白至蜡白色，少量黄灰色，业内也称为“米汤色”，有灰暗不正的感觉。青海青玉常呈灰绿色调或蓝灰色调，色泽闷暗。但是青海青玉的地质比较细腻醇厚，灯光下观察，玉料结构也非常致密。虽然产量比较大，但是玉材质地可圈可点，值得一提。

青海青玉，奥运铜牌使用同类材质

另外，青海料还有翠青色、烟青色玉料，常与白玉共生。

青海软玉，尤其是透明度较高的青海白玉，时常出现硬度偏低约 0.5 个摩氏硬度级的现象。用小钢刀刻划青海料时，可能可见轻微的划伤痕。另外，由于青海软玉多属显微叶片状变晶结构，结晶粒度稍粗，矿物晶体之间排列紧密度略欠，因此玉石的韧性也较低，成品雕件偶见崩口。

新疆、俄罗斯、青海三大常见软玉玉料对比表

特征＼品种		新疆软玉	俄罗斯软玉	青海软玉
外观	细腻程度	细腻	较细腻	一般
	透明度	微透明	微透明－不透明	微透明－半透明
	油脂光泽	强	一般，常见蜡状光泽	一般
显微结构	晶形	以隐晶质为主，含显微片状、显微纤维状	以显微纤维状为主，含隐晶质、显微片状	显微叶片状
	晶粒	小	较大	较大
	排列方式	隐晶质结构、毛毡状结构，常见消光现象	放射状纤维团	放射状，定向排列，杂乱分布
点光源侧向照明		云絮状基底、带乳质感的半透明状基底	较粗糙的微透明基底，不透明白色物料状镶嵌结构	粒状结构，均匀清澈的半透明状

和田玉与石英石的比较

自然界中，有许多石材，其表面部分有类似和田玉的性状。其中最常见的就是石英质的各种石材。比如东林石、西峡玉，再比如戈壁滩上产出的各种石英质的石材。

相比和田玉内部的纤维交织结构而言，石英质的石材，则常见内部等粒状晶体结构。石英质的石材相对质地细腻，成品常可抛成玻璃光泽。侧光观察石英质石材内部，经常能观察到细小的沙砾状结构。这种结构形态与和田玉的内部结构的毛毡状纹理，是完全不同的。

同时，石英质石材的硬度与翡翠类似，摩氏硬度为 7，比新疆和田玉的硬度要高。会使用硬度笔的读者们，可以依靠这个参数，自己实测一下，非常方便区分。

另外，石英石质石材的比重小比新疆和田玉要小，其比重参数只有 2.62–2.66g/cm^3。这个参数的不同，反映在理化性状上，就是手感的不同。体积大小相近的石英石质的石材藏品相比和田玉而言，手感偏轻，用手掂分量时细心体会，可以发觉前者压手感明显不足。

泛绿色的东陵石常见鳞片状云母。由于其结构存在“微孔”，挂件在佩戴后，透明度也就是水头会增加。

和田玉与阿富汗料的比较

阿富汗料，是指阿富汗地区出产的一种白色的变质岩的石料，内部主要成分是方解石和白云石，此外还含有硅灰石、滑石、透闪石、透辉石、斜长石、石英、方镁石等。阿富汗料内部富含各种碳酸盐的成分。其内部为粒状变晶结构，原料呈块状或条带状构造生长。

阿富汗料颜色苍白，侧光观察的时候，基本看不到内部结构。这与和田玉是完全不同的。

跟和田玉相比，阿富汗料的硬度非常低，摩氏硬度只有4。因此用美工刀刻划阿富汗料时，可明显感觉到吃刀的现象。

由于阿富汗料内部含有多种碳酸盐成分，因此遇酸时容易被溶解，经常可以看到被腐蚀的现象。

另外，近些年，“阿富汗玉”一词，有逐渐演变成许多冒充和田玉的白色石料的统称的迹象。而不再是狭义的珠宝玉石学上的阿富汗地区产的白色石头的专用名称。

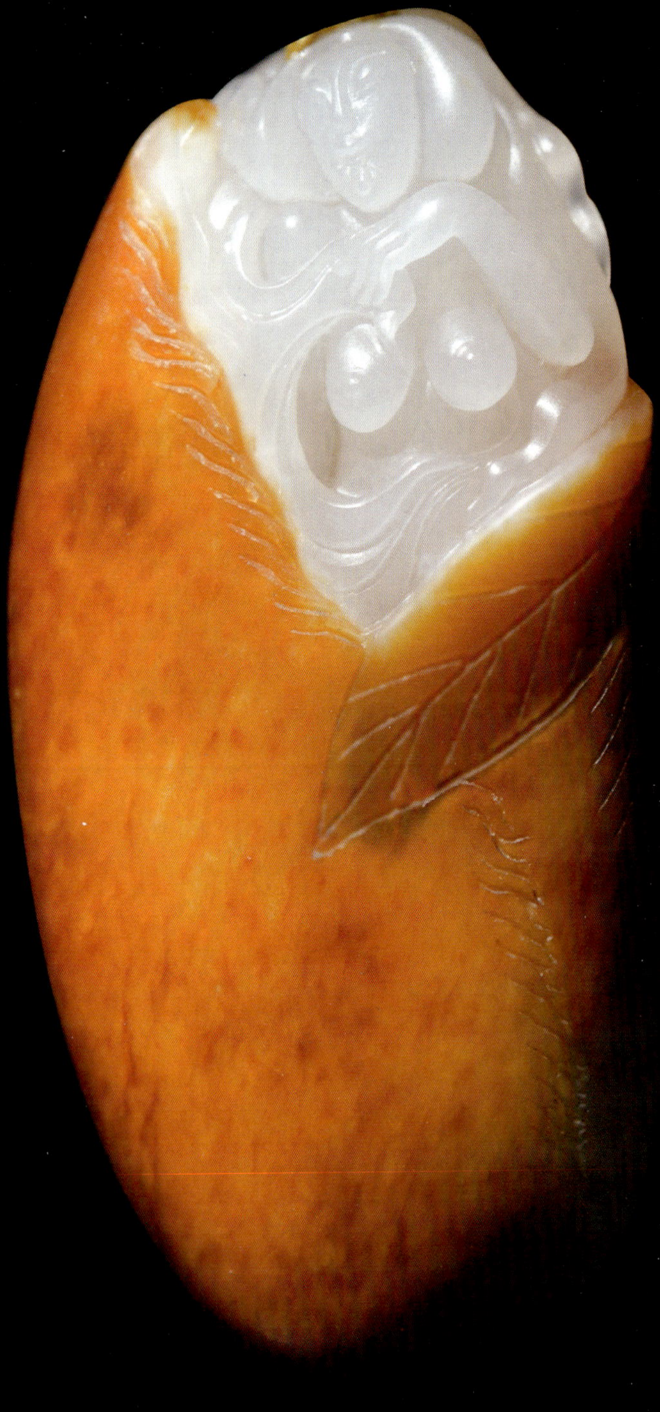

第五章 软玉的鉴赏

软玉首重“德”

本章是全书的重点章节。老狼详细给读者们讲解一下软玉的鉴赏方法与各个鉴赏指标。

我国自秦汉以来，先人前辈们便提出，和田玉的收藏与鉴赏，应遵循“首德次符”的原则。如何理解“首德次符”？从字面意思理解，就是“首先注重德，其次注重符”。德者，质地也；符者，外观也。首德次符，就是说，和田玉的收藏与鉴赏，应该首重质地，次重外观。

软玉的“德”，专指玉件(包括玉石原料与成品雕件)的质地。资深的玉石爱好者，遇到任何一个玉件上手，不管是玉石原料还是玉雕成品，首先关注的，必定是玉件的质地。

但许多初涉玉器收藏的藏友们，普遍犯的一个严重的收藏错误，就是藏品一上手，只关注玉件的白度，而忽略了玉件的质地！一方面，是因为对于初学者来说，玉器的白度比较容易把握，另一方面，这与市场上许多别有用心的商家不停地误导，是分不开的。

实际上，评判和田玉藏品质量的好坏、档次的高低，首先不是看藏品的白度有多高，也不是看藏品的工艺有多精湛，更不是看雕琢玉件的玉匠的名气有多大！玉件藏品上手后，藏友们首先应该关注的，是藏品的“质地”情况。可以说，不管是玉石原料还是玉雕成品，质地（也就是本书所说的“德”），才是玉件的根本。

那么，如何鉴赏玉件的质地呢？笔者认为主要可以从结构、油份（脂份）、糯性、纯度和老结度等五大指标来体现。下面老狼一一进行详细介绍：

- 软玉的“德”
  - 结构
  - 油份（脂份）
  - 糯性
  - 纯度
  - 老结度

新疆和田籽玉，撒金皮玩料

结构

何为“结构”？

在讲解结构之前，请读者们注意一个市场上常见的误区——“结构”并非“密度”。

通常市场上，藏友们时常挂在口边的所谓的和田玉的“结构”，并不是指“珠宝玉石学”上所说的宝玉石的理化成分中的“密度”。两者是完全不同的两个概念，却经常被玉友们所混淆。

请读者们注意，不管是新疆和田软玉，还是俄罗斯软玉、青海软玉，乃至韩国软玉，在珠宝学上，都是以透闪石、阳起石为主的多晶矿物集合体。它们的密度都是在 2.9–3.1g/cm^3 之间。仅就密度而言，不管是产地在何处的何种软玉，一定都在这个范围之内，超出这个范围，便不属于软玉的范畴。

换句话说，不同产地的软玉，其“密度”是没有太大的差异的，不存在“谁的密度高一点，谁的密度低一点”的说法。

但是“结构”则不同，两块不同的玉料，结构可以相去甚远，甚至可以天差地别。

那么所谓“结构”，到底应该如何正确理解呢？其实很简单，不管是玉石原料还是成品雕件，当藏友们对玉件进行观察的时候，通常用肉眼或者在辅助光源的照射下，所能看到的玉件内部的显微变晶颗粒状的纹理，就是玉器业内人士俗称的和田玉的“结构”。

通俗的说，“结构”就是藏友们能用肉眼观察到的，玉料内部的深深浅浅、斑斑驳驳的玉材的纤维交织状纹理。

那么玉件的“结构”，好坏应该如何区分呢？其实非常简单，藏友们用肉眼观察和田玉的结构时，所观察到的纹理越小，则表示玉料内部结构越好，玉材质地也越佳；反之，则玉料结构越差，玉材质地也越次。

读者们试想一下，若观察玉料内部结构时，和田玉的结构纹理小到肉眼几乎无法看清楚，乃至几乎看不见，那自然是玉料的质地极佳了。结构能达到这种程度的玉料，非常难得。这种情况，也就是业内人士常说的“灯打无结构”。

需要小心的是，在用辅助光源观察玉件的内部结构时，有两个非常容易混淆的概念——“透光无结构”与“侧光无结构”。两者一字之差，但是所体现的内容细节却是完全不同的，需要各位玉友，尤其是初学者千万小心，务必加以区分！老狼来给大家详细讲解一下：

辅助光源的用光方法，有两种，如下图所示：

- 使用辅助光源观察玉件结构的方法
  - 透光观察法
  - 侧光观察法

“透光观察法”

如图所示，让光源紧贴玉件表面，以 90 度角垂直玉件表面，光线透射而过，眼睛在被观测玉件的另一面观察，这样的玉件结构观察方法，称为“透光观察”。

“透光观察法”主要用来检查玉件内部是否有明显瑕疵。比如：玉件内部是否存在僵花、棉点、格裂、石墨或者磁铁矿造成的黑点等等，通过透光观察法，可以比较容易被发现。

如果玉件内部有明显的僵花、棉点或者黑点等杂质类的瑕疵，那么读者们在通过辅助光源透光观察玉件时，肉眼便能够比较容易捕捉到，玉件内部有大小不一的阴影情况。阴影越大，说明瑕疵的尺寸自然也就越大。

如果这些瑕疵浮游在玉件的浅表，那更简单，读者们用辅助光源透光观察玉件时，是可以很轻易用肉眼清晰观察到的。

和田籽玉弥勒方牌，结构细腻，“透光观察法”拍摄的照片

如果玉件内部存在有格或者裂等天然瑕疵，那么在玉件中紧挨着格或者裂的玉质部位，光线的穿透与传播情况一定是不同于没有格或裂的正常部位的。

因此在用辅助光源透光观察玉件时，读者们通常都可以明显看到，光线在传播时，裂的两边有非常突兀的变化——“光线的明暗交接过渡”非常突兀、十分明显。藏友们可以轻松地观察到光线传播到玉件带有格或者裂的位置时，其深浅变化是没有渐变的，明暗变化突兀而没有过渡。

而且，不管是玉石原料还是玉雕成品，玉件上的格或者裂越大，光线传播时的明暗交接过渡的突变也越明显。

总结一句话来讲就是，透光看瑕疵。

“侧光观察法”

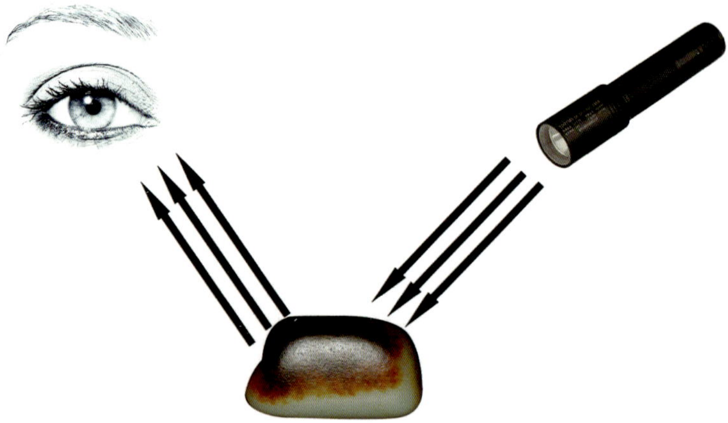

如图所示，辅助光源的光线与被观测玉件的表面成 30 度 –45 度斜角。眼睛与辅助光源在被观测玉件的同一面，光线直射到玉件后再反射进眼睛，用这样的方法对玉件的表面和内部进行观察，称为“侧光观察”。

“侧光观察法”主要用来研究玉件的结构情况和玉料的纯度情况。比如：玉件的结构是紧密还是疏松？玉件材质有无明显阴阳面？玉件各个部位的结构差异大小等等。

总结一句话来说，侧光看结构。

一般用侧光法观察玉件时，辅助光源与被观察玉件之间有8–15 ㎝的距离，距离的远近，则视光源光线的强弱而定。光源的光线过强，观察距离就拉大；光源的光线偏弱，观察距离就缩小。当然，如果光源的光线太弱，通常有两个原因，一个原因可能是光源天生比较暗，另一个原因可能是电量不足。那就请读者们自行考虑是更换光源，或者是更换光源的电池了。

另外，现在有些光源使用的，是光线过度强劲的新型 LED 灯手电。这种手电的光线实在太强，笔者建议初学者慎用。因为光线太强，过于刺眼，会造成无法清晰观察玉件内部结构，导致判断出现失误。万一读者们实在手边没有别的合适的手电，那就只有继续增加辅助光源与被观察玉件之间的距离，让射进玉件的光线尽可能的减弱一些了。

新疆和田籽玉，撒金皮玩料

请读者们千万注意：

不管是玉石原料还是玉雕成品件，用“透光观察法”观察玉件内部时，许多玉件的结构，都可以达到“肉眼观察看不到结构”的要求。换言之，“透光无结构”是比较容易做到的。

但是用“侧光观察法”观察玉件内部时，玉件要达到“肉眼观察看不到结构”的要求，却是非常困难的。藏友们谨记，“侧光观察无结构”对玉料的结构要求是非常之高的，也就是说“侧光无结构”是非常难做到的！

老狼从业十数年，酷爱高档新疆和田籽玉的收藏，接触过的质地上佳的和田籽玉的数量着实不在少数。但是，老狼真正遇见过的，能当之无愧称之为“侧光观察无结构”的和田籽玉的原生玉料的数量，尤其是白度上佳的玉料，实在犹如凤毛麟角，屈指可数。而且即便是这寥寥无几地碰上的几次机会，玉件的价格，也远高于当时和田籽玉的市场同期水平。至于和田山料，则更加鲜有达到类似水平原材料了。

因此，老狼想真诚地奉劝广大的玉友们：和田玉收藏要理性，追求玉材的结构细腻是必需的，但是不必一味盲目追求玉件白度上佳并要达到“侧光无结构”的效果。因为此类情况往往是可遇不可求的。

“收藏”，原本就是一种修身养性，陶冶情操的美事，若过于偏执和疯狂，便失却了其应有的意义。

行文至此，老狼又要提醒读者们注意了：

各位玉器藏友们在市场上淘宝，看中宝物后，出手购玉时，务必小心。现在市场上很多商家，在推销自己的玉件时，动不动就宣称自己的产品用手电光源观察时，可以做到“灯打无结构”。藏友们须知，这个“无结构”说不定已经在不经意间被张冠李戴、偷梁换柱——偷换了个概念。“侧光观察无结构”被偷换成了“透光观察无结构”了！

因此藏友们请冷静分析，到底卖家所谓的“灯打无结构”，是指玉件用辅助光源“透光观察”无结构？还是指玉件用辅助光源“侧光观察”无结构？这是需要严格区分清楚的！因为在玉件的其他指标不相上下之时，这两种情况观察下的玉件，质地上还是有明显的好坏之分的。更何况，即便不谈“收藏”这个概念，只是简单关注其市场价值和投资价值，两者的经济价值差异之大，也是不容忽视的。

新疆和田独籽，脂白貔貅把件，结构细腻，侧光观察很难看到结构

另外，老狼还要提醒各位藏友一点：

由于大多数玉料中，都经常会出现同一块玉料的不同位置，结构质地不均一的情况。所以，藏友们在观察玉料的内部结构时，千万不要粗枝大叶，看过一面便草草了事。藏友们观察玉件的时候，要尽量做到多角度、全方位地观察所执的玉件。

老狼此处给各位读者推荐一个相对全面，不容易有遗漏的观察方法：

任何一个被观察的玉件，都可以想象成一个立体的空间六面体。那么，我们在观察玉件结构的时候，应该尽量做到“面面俱到”。换言之，就是六个面都需要观察到位，不要遗漏了任何一个面。

针对所谓“侧光观察无结构”的正确认识，应该是玉件在被观察的时候，肉眼无法看到其内部结构的面，起码要四个以上，甚至六个面全部满足这个要求，这才真正能称得上“侧光无结构”！而不是简单随意的只观察一两个面，发觉肉眼看不到结构，就轻率的认为玉件已经达到结构致密，“灯打无结构”的境界了。

新疆和田籽玉玩料，天然黄皮，聚皮

同时，老狼奉劝致力于和田玉收藏的藏友们：在收藏玉石原料或玉雕成品时，虽然希望玉件内部能达到“侧光无结构”的标准，是资深和田玉收藏爱好者在投资、收藏和田玉时，素来追求的目标，但是真正能够做到“侧光无结构”的高白度的和田籽玉，实在少之又少。如果玉友们在对玉件结构有如此高标准的前提下，对玉材的白度又加以严要求，那这个“目标”是一般人难以达成的。换句话说，“侧光观察无结构”而且白度上佳的和田籽料极为罕见。

因此，老狼规劝藏友们，在出手购入玉石原料或者玉雕成品时，可以尽量以“侧光观察无结构”和“白度上佳”为目标，但是切莫盲目追求每件藏品都要“侧光无结构”和“白若凝脂”。这样很容易“走火入魔”，走入收藏误区，须知“‘侧光观察无结构’难，难于上青天”啊。

中华玉文化源远流长，和田玉的收藏除了包含自身的玉文化外，更多承载的是数千年博大精深的华夏文明。正所谓“小藏怡情、大藏修身”，执着的、刻意的、片面的“为收藏而收藏”，或者是过分注重藏品自身的经济价值，进而唯利是图的趋之若鹜、过于偏执，则失却了“收藏”的本质意义。

老狼个人以为，收藏文化的精髓在于：

收藏者们应当通过“收藏”，品味、了解和传承中华传统文化的真正奥义，进而不断提高收藏者自身的综合素养，感受中华文明中“诚心、正意、修身、齐家、治国、平天下”的根本内涵。所谓“上善若水”，真正的智者，应遇事荣辱不惊，待人大爱无疆，传道诲人不倦，生活随遇而安。这才是“中华收藏文化”真正的内涵所在！

油份（脂份）

何为“油份（脂份）”？在讲解之前，老狼还是要先着重申明一点：

所谓的和田玉的油份（脂份），绝不是玉件自己能出油；更加不是玉件在经过人为的盘玩以后，人体的油脂深深的渗入、浸润到了玉件的内部，进而造成的所谓“出油”的效果。

前一种观点是毫无根据的。玉石作为天然的矿石的一种，经历了亿万年的大自然的严苛选择。其结构致密，理化成分稳定，自身能出油，听起来就是一件天方夜谭的事情。稍微有些生活常识的人，就能分辨这个观点有多么的荒谬。

新疆和田籽玉，皮色天然，结构一流，一眼看上去，就有种油汪汪的感觉

后一种观点也是完全不合常理的！和田玉的结构致密，些许短时间人为盘玩后在玉件表面所留下的油脂，怎么可能渗透到玉件的内部？这个由天地精华、山川灵气汇集而成的大地精灵，其质地若真的如此疏松不堪，恐怕在玉龙喀什河中，受亿万年的恶劣的大自然条件作用下，早就消亡殆尽了。

一句话，上面的两种谬误的观点实在过于荒诞，完全是人为主观想象、臆造出来的，没有丝毫理论和实践根据。

那应该如何理性的、正确的来理解“油份（脂份）”呢？客观来讲，油份（脂份），仅仅是玉件的一种外观感受。不管是玉石原料还是成品雕件，被盘玩后所体现出来的“油份（脂份）”，仅仅是玉件表面的一种感官效果。这种外观感受，有兴趣的读者们可以从两方面去体会：视觉效果与触觉效果。

视觉效果与触觉效果

- 油份（脂份）的理解
  - 视觉效果
  - 触觉效果
  - 晶莹剔透感

油份（脂份），从视觉效果上看，是玉件表面滋润油腻且浑厚内敛的感觉。这种感觉，非常类似在玉件表面涂了一层动物油脂一样的光线视觉感受。诚如“珠宝玉石学”上的专业术语——油脂光泽。

油份（脂份），从触觉效果上看，盘摸玉件时，迟滞且凝滑油腻的手感。这种感觉，类似在玉件表面涂了一层厚厚的动物脂肪，再用手去盘摸，是一种直观的触觉感受，细细的、黏黏的、滑滑的，但绝不沾手。当然，盘玩者在停止盘玩玉件后，手上是绝对不会因为盘玩玉器而沾有油脂的。

高品质和田籽玉的玉件，经人工盘玩后，玉件的表面，会将这两种感受非常巧妙的有机结合：看上去，油油腻腻的，让人以为玉件是否表面被刷了层油；摸上去，细细滑滑的，还带有明显的滞手感，更加让人确定玉件表面是抹了层油。

但是一旦藏友们放下手中的和田籽玉玉件，手上依然是干干净净，不沾一滴油脂。所以说，玉件的“油份（脂份）”仅仅是玉件表面的外观感受。

上好的新疆和田籽玉，不管是玉石原料还是成品雕件，经过人为的盘玩后，其表面的外观感觉就会显得油份十足。那感觉就犹如某个巧克力的电视广告里说的那样——“牛奶丝滑般的感受”。

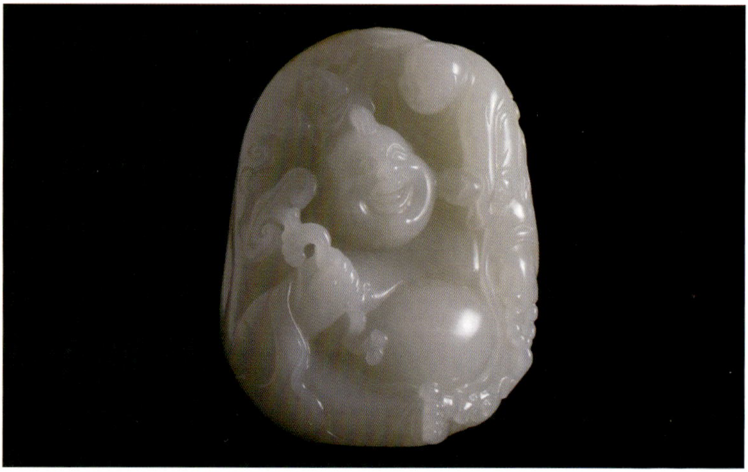

新疆和田籽玉，婴戏弥勒把件，油份十足

另外，还有一个耐人寻味的现象：和田籽玉的玉件经肥皂水去污洗净后擦干，油润感会立刻消失。但是有意思的是，只要藏友们将玉件稍加盘玩，十几分钟后，油脂感即能恢复。这也许就是新疆和田籽玉，独有的神奇诱人处之一吧。

玉件的油份（脂份）好坏的判断，则十分简单，不管是玉石原料还是雕件成品，都以油润度好、油脂感强的玉件为佳。换言之，就是玉件油润感越足，藏品的档次越好，收藏价值也越高。

同时，以老狼多年的从业经验来说，玉件表面带有明显的油份（脂份）感，通常绝大部分情况都出现在新疆和田籽玉的玉件上。

新疆山料的玉件，即便经过人为努力盘玩，但是油份（脂份）依然会相对欠缺些，短时间内很难有明显的突破。

而俄罗斯软玉、青海软玉的玉件，即便经过人工长时间的把玩，也绝少能盘玩出油润感，难见油份（脂份）。

至于韩国软玉的玉件，由于玉料质地先天不足，迄今为止笔者尚未碰上过韩料的玉件经过盘玩后，能产生油润感、能见弥足油份（脂份）的。

东北辽宁岫岩县出的河磨料，其产状是籽料，玉材油份上佳。

其他那些产量有限的地方玉种的软玉，基本都鲜见油分（脂份），老狼就不一一赘述了。

新疆和田籽玉，黄皮玩料

关于“和田玉的晶莹剔透感”，老狼需要着重提一下。

从玉至今，老狼对于和田玉有“晶莹剔透”的感觉，一直是持否定态度的。因为上好的和田玉的特点，是温润内敛、浑厚凝重。老狼认为，和田玉料一旦“晶莹剔透”了，自然就像翡翠那样，水头感就足；水感足了，玉料便不再具备老结凝重的质感了。

但是老狼这个观点，在两年前被颠覆了。

多年来老狼有个习惯，喜欢在手腕上戴一串一佰零八颗的籽料珠串，而且除了换绳子和给朋友上手观看之外，这珠串不管春夏秋冬从不离手，二十四小时从不离身的。两年前，有位朋友相中了老狼的珠串，软磨硬泡了好几个月。终于老狼抵不过朋友的韧劲，珠串被朋友请了去。此后因为工作的关系，双方碰面也不多。直到前阵子与该朋友碰面，看到朋友脖子上挂的珠串，着实让老狼震惊了一下。

朋友将珠串请去之时，珠串已经被老狼戴了三年。老狼在选料时，一贯比较注重玉材的老结凝重度，因此珠串的材料脂份感十足，并且浑厚感极强。又经过一段时间的人为佩戴，因此珠串表面十分油润亮泽。

但是又经过朋友两年的贴身佩戴，珠串的油润感依旧的同时，玉料的浑厚度却不见了。取而代之的，是一种晶莹剔透的感觉。这种剔透感，包含在玉料的脂份中间，既显得晶莹大气，又包含了水润亮泽的感觉，让人一眼看了便大生欢喜之心，拿在手中实在爱不释手。这晶莹剔透感，绝非青海料的水透发飘之感可以比拟的。老狼这些年盘玉玩玉，因为个性使然，很少有同一块玉件，能坚持佩戴把玩超过三年的，更不用说五年十年了。因此关于“和田玉的晶莹剔透感”，可以说这些年来，老狼从未见过这种性状的和田籽玉。见了这珠串的状态，老狼终于理解古人说的“和田玉的晶莹剔透感”了。

总结一下，和田玉的晶莹剔透感，应该不是玉件雕琢完工之初就能体现出来的。它是和田玉件在加工制作完成之后，经历长时间岁月的磨砺，或者经过长时间的人为佩戴，不停把玩之后才会产生的。这种剔透感最后会取代玉件的浑厚度，融于玉件的脂份中间，使玉件既显得温润内敛，又不乏外放的耐人寻味的光泽。当然，这是针对和田玉而言的。俄料、青海料等其他产地的玉料，是否也会同样产生此种感觉，老狼没有实践过，不予评论。

新疆和田籽玉玩料，聚黄皮

打磨工艺对油份（脂份）的影响

同时，对于和田玉的成品玉器雕件而言，其油份（脂份）感，还会受玉雕的后道处理工序——“打磨”的影响。

在玉雕成品件玉质上佳的情况下，如果打磨工艺处理细致到位，通常玉件“出油”所需要人为盘玩的时间很短（几个小时乃至几天）。稍经人为把玩，玉件就显得油润感十足，油份（脂份）跃然眼前。

但即使玉材质地不错，打磨工艺却粗糙简单的和田玉成品玉雕件，想要人工盘玩“出油”，则要花费上相当长的一段时间（数十天乃至数月），去耐心把玩盘摸。如此，玉件表面才能渐渐出现浑厚的油脂感。

有些打磨处理工艺较为粗糙的玉件，甚至需要藏友耗时数年乃至更长时间的费心盘玩，才能够看到令人欣喜的油润感。

因此玉雕件打磨工艺的好坏，对于和田玉成品雕件的油份（脂份）明显与否，是非常重要的。

另外，读者们还有一点需要注意：

通常来说，玉料结构、玉材颜色等指标基本接近的情况下，和田玉成品雕件表面的油份（脂份）感，视觉效果上看，要比原生和田籽玉的原料表面的油份（脂份）感来的强。初期经过盘玩，成品玉雕件也相对较容易产生浓厚的油润感。当然，经过数年的盘摸把玩之后，两者之间，便没有太大差距了。

老狼分析其原因，主要应该是由于玉件雕琢完工后，再经人工打磨抛光，成品玉雕件表面的细腻光洁程度，要优于和田籽料原石的表面。因此，玉雕成品件在初期经过盘玩后，比玉石原料要容易产生油润感。但是，经过数年乃至更长时间的人为把玩盘摸后，就相当于人手将玉件打磨了数年，那么不管是玉石原料还是成品雕件，表面处理又回到了统一起跑线上，因此两者之间油份（脂份）的差异感就不大了。

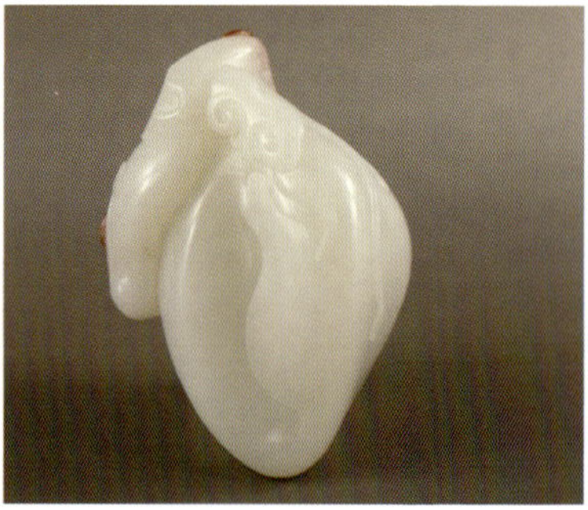

新疆和田籽玉，寿桃把件，结构、油份、糯性俱佳

同时，玉件的结构的细腻程度，也会影响玉件外观的油润感。结构越细腻的玉件，视觉观察时感觉越是油份足，经过人工把玩以后效果尤佳。

当然，也有些质地上乘、表面毛孔细腻的新疆和田籽玉原石，即使未经雕琢和打磨，其表面所体现出来的油份也是显而易见的。这些上好的和田籽玉原石，经过盘玩以后，油份（脂份）十足的视觉效果，绝对不亚于玉雕成品件盘玩过后的效果。

这种现象主要是因为：

玉料原石在玉龙喀什河中经过流水亿万年的洗礼，大自然的作用力在其表面留下了砂眼麻皮坑（也就是我们俗称的“毛孔”），是有大有小的。上等和田籽玉的玉料结构致密，因此玉料表面的“毛孔”非常细小，十分细微。故而从视觉效果上看，虽是未经人工打磨的玉石原料，但其表面的毛孔也非常细腻。因此，质地顶级的和田籽玉原料虽然未经任何人工打磨抛光处理，但其油润度也能不亚于成品雕件。极少数顶级的和田籽玉原石，其表面的油份甚至更胜成品雕件一筹。

新疆和田籽玉，撒金貔貅把件，油脂光泽

最后，读者们还需注意区别两个不同的概念：“油脂光泽”与“玻璃光泽”。

和田籽玉的玉件，通过人为盘玩，在其表面产生的油亮却不刺眼的反光效果，就是业内常说的“油脂光泽”。这是正确的，这种光泽通常都是内敛而略带亚光的。

硬度高的宝玉石，通过人工使用抛光工具，在其表面制造的类似玻璃一样的反光效果，则是业内常说的“玻璃光泽”。这玻璃光泽在红蓝宝石表面，处理在翡翠表面，可以增加火彩或者水头效果，是十分恰当的。但是如果处理在和田玉雕件的表面，则是大大的不妥，成了资深和田玉玩家最为唾弃的“贼光”，这是不可取的。

这两个不同却相像的概念，在玉件表面上体现的时候，初学玉器收藏的朋友非常容易混淆。由于玉件表面油润亮泽的感觉，是和田玉爱好者们在盘玩玉件时所热切追求的，因此，为了达到类似的效果，现在绝大多数低档软玉的玉雕成品件，商家们都会用对其进行抛光处理，以追求类似“油脂光泽”的效果。

软玉的摩氏硬度达到6级，比玻璃的硬度要高，故而玉在高抛光的处理下，显现出的不但不是“油脂光泽”，更有点近似“玻璃光泽”的效果。藏友们要小心，两者虽然同样是光泽明亮，但是“油润光泽”的亮，是油亮，其光线柔和，反光效果也不强，光线不扎眼；而“玻璃光泽”不仅明亮，光线还非常刺眼，反光效果犹如玻璃镜面一般，非常强烈，就是业内人士俗称的“高光”（或者叫“玻璃光”）。其实只要藏友们稍微细心一点，两者的差异是非常容易区分的。

多年来，老狼遇到过许多初学和田玉收藏的朋友，误将人工处理的“玻璃光泽”当成了和田玉的“油脂光泽”，进而吃亏上当。

因此藏友们在收藏与鉴赏软玉的玉雕成品件时，要注意区分“玻璃光泽”和“油脂光泽”的不同，以免造成不必要的经济损失。

天然A货翡翠表面所追求的类似玻璃的高光，明亮刺眼，恰恰是和田籽玉所避讳的

糯性

何为“糯性”？首先说明一点，“糯性”，只是玉件的一种外观感受。“糯性”，往往是很多初学和田玉收藏的玉友们，学习、理解玉料的质地时，碰上的最大难点。

究竟应该如何正确地理解糯性呢？老狼这里有个形象的比喻：

日常生活中，人们经常用糯米煮粥来食用。将糯米淘洗完毕后，我们耐心地花上几个小时的时间，用文火慢慢地熬煮。熬成后的糯米粥，看上去浓浓的黏黏的稠稠的。当我们把粥盛出来后，稍待其冷却片刻，所盛出的粥表面就会冷凝而形成一层黏稠状的、糯糯的粥衣。有些方言中称之为“米油”，老狼认为这个词把“油份”的元素也引入进来，很是贴切。这糯米粥的表面遇冷凝结而成的粥衣，就是糯性的最好体现！有兴趣的读者，可以尝试自行熬煮一下糯米粥，观察一下“糯性”的视觉效果。

值得注意的是，在现实的和田玉收藏案例中，不管是玉石原料还是玉雕成品，藏友们用肉眼观察时，能够轻易观察到“糯性十足”的玉件，为数并不多。这是什么原因造成的呢？按老狼的经验分析，许多结构上佳的和田籽玉原料，会受到玉料的其他指标的影响，而造成“糯性”无法体现。

首先，如果玉料的颜色过深，比如青玉，那么，读者们肉眼观察，是很难看到玉件的糯性的。其次，如果玉料的皮色过多覆盖玉件表面，而且皮色又有一定浓度，那也可能会掩盖玉件糯性的体现。最后，一般“糯性”相对容易在白度比较好的，并且是暖色调的玉料上观察到，因此如果是冷色调的玉件，往往也不容易观察到玉件的糯性。

通常来说，和田玉件的“油份（脂份）”的体现，与玉料的颜色是没有任何关系的。但是，玉件的“糯性”是否能得到充分的体现，却跟玉料的颜色也有着相当密切的关系。这一点，两者是截然不同的。

同时，玉雕成品件的糯性体现，除了受到玉料本身指标的影响外，还会受到打磨工艺处理的影响。老狼从玉这么多年，时常会碰到许多和田籽玉的玉雕成品件，因为打磨工艺不理想，细节处理不到位而造成玉件表面看上去干涩异常，或者贼光四溢的情况。从视觉效果上看，这些处理方式往往会导致肉眼观察不到“糯性”的存在。这也是“糯性”相比油份（脂份）要难于理解和掌握的原因。

总结分析来说，工件要想体现出糯性，玉料的颜色必须是相对比较浅的。同时，偏暖色调的玉料，比偏冷色调的玉料，要更容易体现“糯性”。事实上，不同的玉料在“糯性”的体现上有强有弱。但是真正能够淋漓尽致地展现完美浓厚的“糯性”，则需要玉料质地上乘的同时，其颜色还不能过于偏暗偏深，最好是白色。而且玉料必须是质地浑厚凝重，也就是业内常说的“玉料非常老结”。因为只有这样，才能保证，这个“白色”的外观既不水透、又不发飘，而是内敛沉稳而凝重饱满的“脂白色”。

新疆和田籽料，一路连科挂件，顶级熟栗黄色，糯性明显，油份十足

最近几年的软玉收藏市场上，有很多白度不错的玉料，而且通常都是大块度的和田籽玉切开来的玉料。这些玉料侧光观察结构也还过得去，但是就是看不到玉料的糯性。究其原因，就是因

为玉料太“嫩”，玉材质地不够老结造成的。

上述这些，恰恰也是“羊脂白玉”的一个重要指标。想来这应该也是五千年玉文化流传至今，虽然“沧海已化作桑田，顽石皆布满青苔”，多少爱玉、迷玉、痴玉的文人墨客，对于“羊脂白玉”的孜孜追求却从未改变的重要原因之一吧。

新疆和田籽玉，独籽仿古貔貅牌，暖色调的玉料非常容易看到糯性

当然，仅就“糯性”而言，笔者偶尔也曾经在真正的熟栗黄色的和田籽玉雕件上观察到过。但是受玉料的原生颜色的影响，相对来说，糯性的视觉效果要略逊一筹。

老狼在前文已经介绍过，依照老狼个人的收藏标准来说（目前国际国内软玉市场上，现行的国标与行业标准都过于简单，归纳和定义也过于粗略和笼统，漏洞多，非常不严谨），软玉按照颜色来严格的分类，可分为：白玉、青白玉、青玉、黄玉、墨玉、碧玉、墨碧玉、青花玉和糖玉等九大类。

新疆和田籽玉，弥勒，糯性的体现对玉材的颜色也有一定的要求

这么多玉料中，通常比较容易能够直观地体现出糯性的玉料，则以白玉中色泽凝重内敛的玉料居多，黄玉和青白玉次之。其他类颜色的玉料，则因为玉料本身的颜色过于深、过于暗的原因，非常难以观察到糯性。也就是说，玉料的颜色一旦偏深，视觉效果上看，糯性就偏弱；玉料如果是深色的，那么哪怕是结构再好的和田籽玉，肉眼都很难观察到“糯性”了。但是，玉料颜色不

管有多深，也不会影响我们对其油份（脂份）的观察。

正是因为上述原因，市场上有许多结构细腻、油份上佳的玉料，玉质虽然老结凝重，但是由于玉料的颜色发青，经常肉眼观察不到糯性。不过个人认为，这样的玉料，只是视觉效果观察不到“糯性”而已，并不等于玉料的糯性就差。

事实上，按照玉料的特性去常理化推断，不管视觉效果上是否能看见，“油份（脂份）”与“糯性”应该是相辅相成的，“油份（脂份）”好的玉料，其“糯性”应该也好，反之亦然。之所以很多颜色较深的和田玉的玉料，藏友们通常会过多的探讨其油份（脂份），而较少谈及其糯性，恰恰是因为：我们在肉眼观察不到玉料的“糯性”之时，容易忽略这个概念，进而不提这个概念罢了。但是，“不提糯性”并不等于“糯性不存在”！

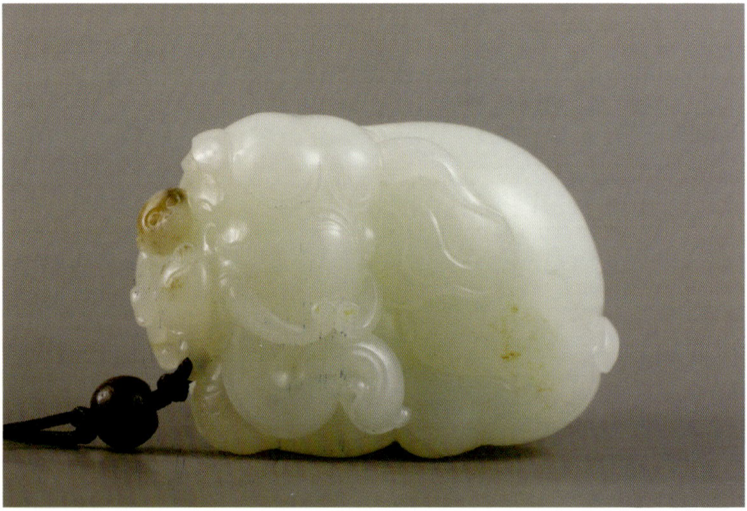

新疆和田籽玉，封侯拜相把件，结构细腻，油份糯性也上佳

那么，“结构”、“油份（脂份）”、“糯性”三者之间有无相关的联系和影响呢？答案是肯定的。

藏友们要千万注意，和田玉的玉件的“结构”好坏，跟玉件的“油份（脂份）”和“糯性”的好坏，不是完全呈正比的。我们知道，不管是和田玉的玉石原料还是玉雕成品，玉件的结构越致密，经过盘玩后，则玉件的油份（脂份）和糯性也越好；反之却不一定如此！也就是说，有些和田玉件，经过盘玩后油份（脂份）和糯性虽属上佳，我们用侧光观察其内部结构时却发觉，结构未必很好！

有些新疆和田籽玉的玉件，用辅助光源侧光观察时，结构很一般，但是经过盘玩后，其油份（脂份）和糯性也可以非常不错。

下图这件“和田籽玉雕代代封侯手把件”，原料采用的是新疆和田的籽玉，白度非常不错，但是玉件内部结构相对比较一般。最初，笔者对这件藏品并不十分看好。但是，玉件经藏品主人数月的随身佩戴、把玩之后，随即变得油份十足，糯性也非常明显。整个玉件通体温润内敛，人工盘玩的变化效果明显，很是喜人。

原生新疆和田籽玉雕琢，脂白代代封侯把件，结构一般，意外的是经过人工盘玩后，油份与糯性都非常到位

盘玉

讲到这里，需要给大家介绍一下如何对玉件进行正确的盘玩，也就是藏友们常说的“盘玉”。

常见的盘玉方法，通常可以分为“文盘”跟“武盘”两种。

- 文盘
  - 缓盘
  - 意盘
- 武盘
  - 急盘
  - 速盘

所谓“文盘”，顾名思义，就是用温文尔雅的方法来盘玩玉件。“文盘”又可以细分为两种方法——“缓盘”和“意盘”。坦白说，对于盘玩上好的和田玉，老狼个人认为，只有用“文盘”是最合适的。

何为“缓盘”？

藏友们将玉件随身佩戴，或者将玉件置于随身的包、袋之中，无暇时，任其自然闲置；在工作、学习或者生活的闲暇之余，得便就将玉件取出，置于手掌中把玩盘摸。长此以往，数小时、数日、数月或者更长些时间持续下来，玉件自然变得油润浑厚，精光内敛，这就是“缓盘”。

新疆和田籽玉挂件，天官赐福，缓盘出来的效果显得沉稳大气，油润凝重

何为“意盘”？

藏友们将玉件随身佩戴，或者将玉件置于随身的包袋之中，然后便听之任之，不经任何手工的把玩，只是让玉件随身天长日久的感受人气。佩戴者（携带者）除了经常用意念、用思想去想象玉件色泽的变化，油润感的变化，浑厚感的变化之外，不采取任何的物理措施和手段去把玩玉件，这就是“意盘”。

新疆和田籽玉黄皮玩料，意盘两年后的效果，沉稳内敛，凝重大方

依老狼的经验来看，使用“缓盘”和“意盘”两种方法盘出的和田玉玉件，色感柔顺，色泽内敛，而且玉件上手后，给人感觉油润饱满，油光十足，并且玉件表面的反光也不扎眼。可以说，用“文盘”的两种方法盘出的玉件，通体温存幽静，外观丝毫没有刺眼的感觉。那天长日久的把玩摩挲，那经久不歇的佩戴，那岁月悠悠在玉件表面逐渐留下的时光烙印，总是那样的幽远而不乏深邃、沉稳而不失大气。所有这些，都与中华民族的谦谦君子们所提倡的“仁、义、智、勇、洁”的美德完全契合。无怪乎古之圣人要“以玉比德”，“君子无故，玉不去身”了。

当然，同属“文盘”的范畴，但是“缓盘”与“意盘”之间，略微还是有些差异的。相较而言，玉件通过“意盘”而出效果所费的时间，要长于“缓盘”。但是玉件经过“意盘”而展现出的效果，要比“缓盘”更胜一筹。只是通过纯粹的“意盘”方法来把玩玉件，需要盘玩者有相当的耐心和忍功，抵受住对玉的痴迷感；盘玩时，真正做到听之任之，做到老玩家口中常吹嘘的“手中无玉而心中有玉”，戒骄戒躁、不温不火，天长日久、持之以恒。

有道是“知易行难”啊，这个方法真正做起来，是有相当难度的。尤其对于初入门的藏友，刚开始接触和田玉文化的那份神秘感，往往会让人热情似火。再加上新手上路，已有玉器藏品的数量相对也不多，面对着手中仅有的几件精美的玉器藏品，那种急于求成，迫切想要盘出喜人的效果的急切心理，不是轻易能够控制的。说来惭愧，老狼自己在推崇“意盘”的方法之时，却由于天生个性急躁，尚未能对自己收藏的宝贝玉件做到完全“意盘”的境界。个人以为，纯粹的“意盘”，是非常考验个人涵养的，也是最能锻炼一个人处变不惊能力的盘玉方法。

另外，有个概念需要澄清一下：

老狼在“意盘”中所说的“随身佩戴”方式，是有别于爱好者们将和田玉挂在胸口的“贴身佩戴”方式的。本书中所介绍的“随身佩戴”，应该是玉件不直接跟人体的皮肤接触的，这才属于“意盘”的范畴。老狼这些年时常碰到玉友们把玉件直接贴身佩戴于胸口的情况。事实上，但凡是质地稍微过得去点的和田籽玉挂件，经过玉友一个晚上的贴身佩戴，第二天清早起床观察，基本就能“出油”了。这类盘玉的方法，则属于“缓盘”的范畴，而非“意盘”。因为不管是贴身佩戴于胸口，还是用手把玩摩挲，都是人为的造成了皮肤直接的接触玉件了。因此“贴身佩戴”玉件的盘玩方法，所带来的玉件的变化效果，都属于“缓盘”的范畴。

新疆和田籽玉，鲤鱼挂件，质感凝重，白度一流，此类玉件最适合贴身佩戴“缓盘”

下面再来说说“武盘”，顾名思义，就是用比较激进的方法来盘玉。“武盘”又可以细分为两种方法——“急盘”和“速盘”。

坦白说，由于“急盘”和“速盘”这两种盘玉方法，都过于急功近利、急于求成，因此老狼个人是不太认同“武盘”的盘玉方法的！尤其是盘玩那些玉质上佳的和田籽玉玉件，不管是“急盘”还是“速盘”，笔者非常反对使用这类的盘玉方法来把玩玉件。

- 急盘工具
  - 毛刷
    - 植物棕毛刷
    - 动物鬃毛刷
      - 猪鬃毛刷
      - 马鬃毛刷
- 毛巾（纯棉材质，干净，白色为佳）

何为“急盘”？

为了尽快使玉件呈现出充足的油份，展现出弥足的包浆，盘玩者就用刷子或毛巾等工具，对玉件进行不断的摩挲和盘刷（有些玉友喜欢平时在说话聊天、电视休闲的时候，不停地摩挲盘刷玉件），使玉件在很短的时间之内，就变得油亮光泽，以达到所谓“油份十足”的效果，这就是“急盘”。

“急盘”最常用的工具就是毛刷和毛巾。

毛刷的“毛”主要选用植物棕或者动物鬃。

植物棕毛刷的棕毛取材常见的是棕树的棕丝，棕丝成本低廉，且其内富含植物蛋白。但是棕丝因为是植物质地，使用后随着水分的蒸发，棕丝的韧性相对会变差。因此棕丝刷使用久了，刷子上的棕丝容易断裂，细小的毛刺留在玉件表面，还要做二次清理，十分麻烦，最近几年基本上被藏友们弃用了。

动物鬃毛刷的取材常见的是猪、羊、马的鬃毛或者尾毛。这些鬃毛制品造价相对低廉，动物鬃毛韧性好，刷子制作成本也不高，同时鬃毛中富含动物蛋白，市场上非常多见。动物鬃毛刷用来刷玉盘玉，比较多见的是马鬃毛。因为就硬度而言，马鬃毛的软硬正合适。羊毛刷比较软，使用起来费劲，不太容易出效果。猪鬃毛的刷子又比较硬，盘刷起来手感差，同时玉件容易刷成贼光。

毛刷在不断盘刷摩挲玉件的时候，相当于对玉件进行不断的打磨，而且高速摩擦必然带来摩擦接触点的温度相对增高，再加上毛刷本身的植物蛋白或者动物蛋白作用，玉件便很快就能油光锃亮，油脂感也非常明显。

用马鬃毛制成的刷子，盘刷玉石效果很快，但是笔者建议不要频繁使用

以老狼个人经验来说，仅就盘刷后的出油效果而言，动物鬃毛制成的毛刷比植物棕毛制成的毛刷效果来的要明显。不过刷子

成本相对比纯棉质地的毛巾要高些，而且有些毛刷制作工艺粗糙，质量低下，使用时间稍长，立即就开始掉毛，所以很多玉友并不太喜欢用毛刷。

毛巾的选用方面，也略有讲究。通常来说，最好选用纯棉质地的毛巾，因为纯棉质地的毛巾植物蛋白含量高，盘刷的效果会好些。另外，毛巾的颜色最好选用没有染色过的白色，以免盘刷玉件时毛巾掉色，造成不必要的麻烦。当然，毛巾肯定是选用干净的毛巾，这一点，应该无须老狼反复提醒了吧？

相对来说，最近几年，使用纯棉毛巾对玉件进行盘玩的玩家，数量越来越少了。分析其原因，主要有三点因素：

其一，因为现今市场上常见的鬃毛刷的质量越来越好，制作工艺也越来越精致，鬃毛刷一改以往制作低劣的情况，渐渐耐用起来。

其二，纯棉毛巾刷玉，时间一长，就会在玉件的细微转角部位或者玉件镂空的部位，留下很多细小的毛毛，还需重新清理，比较费事。

其三，也是最大的一个原因，就是成品玉雕件的一些雕工精细的部位，使用毛巾盘刷时，经常无法触及。

受局限于以上一些客观原因，选用毛巾盘刷摩挲玉件的藏友，自然就日渐稀少起来。

何为“速盘”？

为了在最短的时间内，使玉件表面尽快达到油泽光亮的效果，常见一些老玩家们，会定做各种大小不一的锦囊，然后在锦囊里灌满麸皮或者砻糠屑等材料，接着将需要盘刷的玉件按照不同大小，放入不同的锦囊中，收紧囊口，最后随身携带。随身携带还不算完，一有空余，锦囊的主人便不断的盘捏、揉搓那装有玉件的锦囊。稍微假以时间，玉件表面很快就能变得油光锃亮，其光泽甚至能赶超机器带动下牛皮辊子打磨的效果，这就是“速盘”。

记得很多年前，老狼有个小兄弟，就曾经使用“速盘”的办法，把一块价值不菲的上等和田籽玉“玩料”，盘玩得油亮刺眼、贼光四溢，令人大生烦恼之心。后来没办法，只好忍痛割爱，请玉匠雕成了个貔貅把件，然后以一个很不情愿的价格，低价出让给了别人。

老狼个人以为：

“急盘”和“速盘”两种盘玉之法，所造成的玉件表面的光泽效果，“油”固然是油了，但是却不“润”，当然更加谈不上“内敛、浑厚”了。换句话说，“急盘”和“速盘”所带来的玉件表面的光泽效果是非常之刺眼，非常之不柔和的！用老行家的话来说，这种油光的“火气非常重”，完全不具备和田籽玉所应有的沉着且浑厚、内敛的凝重之感。

青海软玉黑青细料，机工关圣牌。机器抛出的“玻璃光泽”，往往被误导为“油脂光泽”

但是，对于初学和田玉收藏的朋友来说，“凝重内敛的油”与“贼亮刺眼的油”是非常难以区别的。老狼在闲逛花鸟市场和古玩城的时候，时常看到很多店家的老板坐在店堂之上，手执鬃毛刷拼命的盘刷手中的玉件。读到这里，个中缘由，相信读者们不需要老狼明说了吧？

现在是21世纪信息时代，网络上面流传着各种各样盘玉的方法和指导细节。初学藏玉的朋友，对于网上传播的许多玉器相关的知识，分辨是非对错的能力不是很强，往往不加思考、不经分析和筛选，对这些方法全盘接受，照搬照抄并付诸实施。最终的结果，很多上好的玉件被盘玩得大失水准，表面的色泽贼亮虚浮，毫无凝润之感，十分可惜。

读者们须知，玉件一旦被盘玩出刺眼的贼光，则需要藏友花上很长的时间，数年如一日（甚至更长时间），耐心的细致的慢慢地用缓盘的办法去补救，才能够重新恢复其应有的光华。当然，还有一个快速恢复的方法，就是花上一笔冤枉钱，重新请工人打磨，恢复成新雕玉件的质感效果，这自然也是不可取的。

因此，老狼认为采用“武盘”之法盘玉，实在是南辕北辙，相当不妥。

请各位读者注意，本书是介绍新玉的鉴赏与收藏，这里的盘玉方法，也是仅仅针对新玉而言的，与古玉的盘玩方法无关。

其实盘玉之法万变不离其宗，建议藏友们要有耐心，多实践多思考，要真正把握和田玉的质地，才能真正理解五千年中华玉文化的精髓。

综上所述，对于新玉的盘玩，老狼只提倡“文盘”之法！尤其是对于质地上佳的和田籽玉，老狼强烈建议藏友们盘玩时，尽量不要选择“武盘”。“石不能言最可人”，自古以来，君子秉性温润如玉，这“大地之精”的博大深厚，是万万不该被那飞扬跋扈的谬误光泽所错误掩盖的。

纯度

“纯度”这个指标，不管是藏友还是商家，提的相对都比较少。包括老狼自己早年收玉石原料的时候（尤其是收原生和田小籽料）的时候，也不太在意玉料的“纯度”。分析原因，主要有以下三点：

其一，早些年市场上，收藏新疆和田玉的玩家数量相对较少，而新疆和田籽玉原料的存量又相对比较多。品质高的籽玉原料，自然也为数不少。这些上好的玉料的“纯度”通常都是比较出色的，收购玉石原料时，根本无须过于关注“纯度”这个指标。

其二，千禧年后，新疆和田籽玉的矿场——玉龙喀什河河床，开始了全面的大规模机械化挖掘。新发掘出的高档的和田籽玉原石的数量，相对也比较可观。这些玉料大部分是比较高品质的，依然无须过多的关注其“纯度”。

其三，早年和田玉的市场，专业收藏和田玉的玩家数量屈指可数，很大一部分和田玉收藏的人群，主要都集中在那些上了一定年纪的离退休男性收藏爱好者身上。由于收入有限，大大限制了他们对和田玉的购买能力，故而这些爱好者们收藏和田玉的风格是不温不火、可有可无的，完全不似现今市场如此狂热。因此，市场上流通的和田玉藏品的数量绰绰有余，已经足够早年的玩家们去追逐。

简单地说，早年的和田玉收藏市场，是供过于求。早年和田玉的市场需求量远远小于现在的市场需求量，因此和田玉市场上，销售的高档和田籽玉十分常见。这些上好的玉料，是基本不用考虑“纯度”这个鉴赏指标的。

因此，早年老狼在收购和田籽玉的原料时，可供选择的高档玉料很多，玉料的纯度大体上都不错，习惯性的也就不太在意玉料的“纯度”了。

但是近些年来，随着新疆玉龙喀什河的和田籽玉的矿脉开采殆尽，采玉人的挖掘机从玉龙喀什河的下游一路往上游开挖、推进。随着玉料挖掘点的海拔逐渐升高，开采出来的高档的原生玉料数量越挖越少，玉料的块度却越挖越大，发掘出的玉石原料的质地也越来越差，“纯度”这个原先往往为人们所忽略的玉料鉴赏指标，也就水到渠成的浮出了水面，逐渐提上了议事日程。

新疆和田籽玉，黄皮貔貅

何为“纯度”？

简单地说，纯度，就是玉件内部的质地均匀程度。“纯度”的鉴赏，需紧扣“匀称”二字。毫无疑问，玉件的纯度越高，自然档次越高。那么，“纯度”的好坏，应该如何来评判呢？藏友们可以从以下三个方面来鉴赏：结构情况、颜色情况、杂质情况。

- 纯度
  - 结构情况
    - 阴阳面
    - 疏密情况
- 颜色情况
    - 同料色差
    - 穿糖
- 杂质情况
    - 僵花
    - 黑点或黑斑
    - 格、裂与起性
    - 水线

结构情况

主要是观察玉件内部，结构的匀称度。

不论是玉石原料还是成品玉雕件，“纯度”越高的玉件，其内部结构越均匀，结构的纹理大小也越均一，结构纹理越没有尺寸大小的差异。换句话说，就是“纯度”高的玉石原料或者成品玉雕件，在其内部任取两个不同位置的点比较，基本上结构纹理的尺寸大小都是非常接近的。

肉眼观察“纯度高”的玉件，不管是侧光观察还是透光观察，都是不容易观察到玉件的内部不同位置明显的结构差异之分的。换句行话，也就是业内人士常说的玉件的结构“阴阳面”很小，非常不明显。

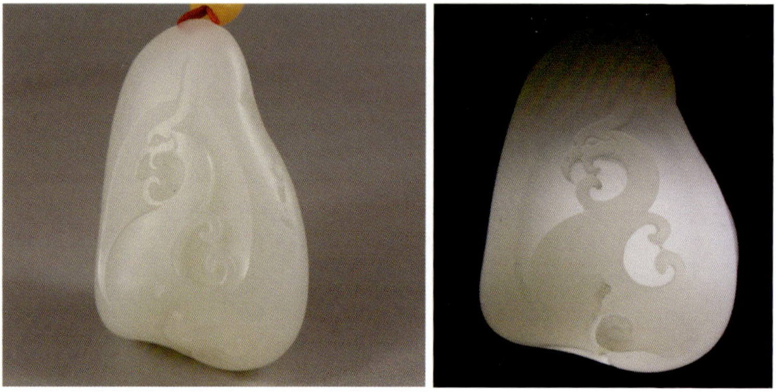

新疆和田独籽，脂白苏工凤凰挂件，侧光无结构，纯度极高

可惜时至今日，市场上此类上等的和田原生玉料，已经难觅了。这样的玉石原料，给人感觉通体的料性一致。即便是用光源侧光观察，也能发觉整块玉料浑然一体，没有明显的突兀的结构纹理上的交接过渡。业内人士常用三个字来形容这种玉料的这种结构情况——“一口气”。

何为“阴阳面”？

有些朋友会问，什么是结构的“阴阳面”呢？

结构的“阴阳面”其实非常好理解：通常来说，一块天然的玉石原料，不论大小，不管是山料还是籽料，也不管是和田料还是俄罗斯料，抑或是青海料，总有结构相对细致、紧密的部位，也有结构相对粗大、疏松的部位。那么，我们就把结构细致的部位称为玉石原料的“阳面”，结构疏松的部位称为玉石原料的“阴面”，这就是玉件的“阴阳面”。

那么，当玉石原料“阳面”的部分与玉石原料“阴面”的部分，两者之间结构差异基本上不大，整体结构上保持很高的一致性，很难用肉眼轻易区分玉石原料的“阴阳面”时，我们就说这块玉石原料的“阴阳面很小”，也就是说这块玉石原料的结构“纯度”很高。

除了结构的“阴阳面”外，还有些玉石原料或者玉雕成品，总体上看结构均匀，结构纹理的“阴阳面”也不是十分明显。但是仔细观察，却时常会在玉件上的某些位置，突然发现一小块甚至一大块结构相对疏松的部位。由于结构疏密情况差异比较大，在光源侧光观察的时候尤为明显。这种视觉效果上观察所呈现的突兀的结构差异，看上去非常像人们日常生活中食用的“肉皮冻”。当然，此类情况自然会导致玉料结构的“纯度”降低。

最近几年，由于原生新疆和田籽玉矿脉的开挖殆尽，玉料开采挖掘的矿点，沿玉龙喀什河下游一路往玉龙喀什河上游推进。由于海拔越来越高，高纬度矿脉中开采出来的和田籽玉原料，在大自然中经受的洗礼时间也不够充分。因此，不仅开采出来的和田籽玉的原石数量日趋减少，玉料的质地、颜色等品相也远不如前。正因为上述原因，自新疆各地的玉料源头市场，流向全国各地的和田籽玉玉料的块度，也逐渐越来越大，玉料的质地也越来越得不到保证。

因此，不论是原生玉料还是雕件成品，藏友们在出手欲收藏时，一定要仔细观察玉件的结构情况。玉件的每个面都要用辅助光源侧光进行全面的观察，务求仔细到位，千万不要草草了事。因为现今市场上的和田玉件，不管是结构纹理的“阴阳面”，还是突兀的结构“肉皮冻”的情况，都非常之多见。

上述两种结构情况，都是影响玉石原料或者玉雕成品的纯度，对“纯度”有害无益的。

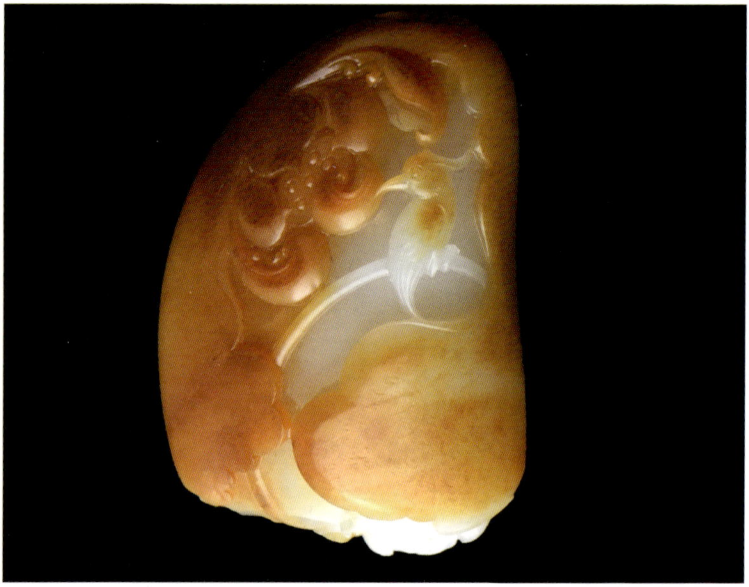

新疆和田籽玉，黄皮喜事连连把件

颜色情况

颜色情况，主要是看玉石原料或者玉雕成品的材质颜色的整体性、一致性。通俗地讲，就是看玉件整体的颜色差异程度。

事实上，现在市场上有许多玉石原料的不同部位，颜色的明暗程度、灰白程度都是不同的，老狼将此类情况称为“同料色差”。

有些同块料上的不同部位色差大的玉石原料，甚至其明暗程度和灰白程度的差异可以相差一个乃至几个档次。最近几年，随着新开采出来的玉料质地等指标的逐年下降，这种同料色差的情况在大块度的玉石原料上，尤为明显。碰上夸张点的情况，同一块玉石原料的不同部位上取下的两块小玉料，其颜色上的差异可以相差几个数量级！一小块是白玉，另一小块却是青玉，完全无法相信两块小料是从同一母体原料上切下来的。

当然，判断玉料的“颜色情况”的标准毫无疑问，是同一块玉石原料上颜色差异越小，也就是“同料色差”越小，则玉石原料的“纯度”自然就越高。

事实上，玉石原料在结构和颜色上，都存在“阴阳面”的情况。“阴阳面”比较明显的情况，通常在大块度的玉石原料上比较多见。在小块度的玉石原料上，类似情况不是没有，但是要相对好一些。这就是“原生小籽料”与“大料切成的小籽料”本质上的差别。这一点，老狼在本书后文的章节中，会有详细的讲解。

同时，藏友们还需要注意，现在市场上很多块度较大的和田籽玉原石，原料自身是带有或深或浅的红糖色的杂质的，这种情况就叫“穿糖”。目前的和田籽玉市场上，有相当一部分数量的和田玉成品雕件，是用大块度和田籽料切开后，分别雕琢而成的。业内人士常称这种玉雕成品件为“大料开的”，意思就是说，此件玉器，是大块度和田籽玉切开，并切割成多个小块后，分别用这些小切料琢制而成的！

此类玉件就时常会看到有一块块或者一片片红褐色。这种红褐色，非常类似我们日常生活中红糖的颜色，因此业内人士很形象的把这种现象称为“穿糖”。

这些“糖色”或深或浅，深的可直逼巧克力色，浅的则薄如赭烟、似有还无（业内人士俗称“糖气”）。毫无疑问，不管是玉石原料还是玉雕成品，一旦带有这些糖色，肯定是影响玉件“纯度”的。糖色越多越深，玉件的“纯度”自然就越差。当然，不管是哪种糖色，都是对玉件的“纯度”有害无益的，一句话，玉件不“穿糖”，才是玉石原料或玉雕成品应该具备的理想状态。

新疆和田籽玉，枣红皮

杂质情况

杂质情况，主要是看玉石原料或者玉雕成品件内部的洁净程度。杂质情况大致可以从僵花、黑点或黑斑、格裂和水线等几个方面来分析。

很多玉件内部如果含有白色的“僵花”，这些僵花或大或小、或深或浅，大者状如麻豆，乃至连成片状覆盖整个玉件；小者形如芝麻，乃至细如碎屑，犹如银河挂悬一般，星点条带状分布。

这些僵花，自然对玉石原料或者玉雕成品的“纯度”有害无益。玉件中僵花的体积越大，玉件的纯度则越差，玉件的收藏档次也越低。

还有些玉件内部，含有很多大大小小的“黑点或黑斑状的瑕疵”。这些瑕疵有的呈点状，有的呈条带状，有的呈云雾状，也有的呈片状，各式各样，不一而足。这些黑点或黑斑，通常是由于玉石原料或者玉雕成品件的内部，含有石墨或者磁铁矿等杂质而造成的。毫无疑问，玉件上，若带有这些黑点或黑斑，肯定是对玉件的“纯度”有害无益的。

在新疆和田籽玉上，还有一种较为常见的黑点。它们不是石墨或者磁铁矿的杂质，而是一种类似水草状的深深浅浅的黑褐色的沁色。这些沁色通常都有一定的深度，自外而内，由表及里的生长。因此市场上有很多藏友也把它们归结到和田籽料的皮色里面，并且形象的称其为“草甸皮”。

老狼对于这类“草甸皮”的存在并不感冒，因为它们的存在，好歹能够更加说明玉料应该是和田籽玉。但是老狼绝对不欣赏此类黑点，因为毕竟它们深深的生长进玉料内部，或多或少的总是妨碍了玉件的“纯度”。

格与裂

格与裂，格与裂直接看字面意思就能理解，老狼就不多加解释了。只是常规理解上，格，比裂要小一点。格通常肉眼能观察到，但是手感触摸时，格相对不是那么明显，而裂则是明显能摸出来。如果玉件内部有很多的格裂，对玉件的质地造成的负面影响自然很大，当然是藏友们非常忌讳的了。

玉石原料带有格与裂，如果碰上经验丰富的玉雕师傅，尚能够在玉料的毛坯设计阶段，凭着老道的经验和巧妙的设计，尽量把格与裂通过精湛的玉雕技艺给予借除。但是若遇到玉雕师傅创意匮乏，技艺一般，或者是玉料上格与裂实在太大又较多，那除了将料子沿着裂切割开来一途之外，就只有感慨回天乏术，望料兴叹了。

起性，何为起性?

业内说的料子里的“性”，其实也是裂的一种。不过这种裂有两个特点，通常既细弱发丝，又多如牛毛。玉料上出现这些大规模大面积的牛毛细裂，我们便称这个料子“起性”。

资深的专业人士都知道，相对料子有格或者有裂而言，料子起性是最令人头疼的现象。因为通常料子含格或者裂，这些格和裂的数量相对都是比较少的，后期切割、设计与雕琢处理也比较方便。但是如果料子起性，那时常会像千层酥一样，稍受震动，料子就是四分五裂，难以收拾。因为玉料在切割整形时，金刚石的锯片高速运转的过程，就是一个琢磨玉料、高速震动的过程。因此起性的料子，经常在整形时，就会出现原料大量崩裂的现象，极大增加了工艺设计与处理的难度。再加上玉料崩落后损失的经济价值，一般碰上起性的玉料，业内行家都纷纷敬而远之。

什么是“水线”？

下面再来说说玉料上的水线。

关于水线，这些年老狼在外讲学时，不止一次听到这么一种说法，甚至部分资深的业内人士都表示赞同的说法：

水线，顾名思义，就是水流冲刷过后留下的痕迹，是流水在河床中冲刷玉料时所留下的轨迹，也就是业内的“水冲留痕说”。

老狼个人完全不赞同这种解释。原因有二：

第一，若说“水线”就是流水冲刷过玉料而留下的痕迹，那水线就应该只能是浮留于玉石原料的浅表，绝不可能深入肌理，更不可能直达玉件内部。但是玉石原料中常见的水线，绝对多数都是深入玉料内部的。因此“水冲留痕”一说，显然站不住脚。

第二，老狼从玉这么多年，看到过很多软玉的山料，例如青海料、韩料等等，其内部也时常能见到水线。读者们要知道，山料是没有经过流水冲刷的玉料。那么山料的内部也含有水线，“水冲留痕”说就更加无法解释其成因了。

水线，仅仅是玉件内部形似流水的结构形态而已

老狼个人对“水线”的理解：

“水线”，应该是玉石原料内部，类似流水流过的样子的结构形态。“水线”，应该只是因为某段玉料的结构纹理看上去状似流水，而根据其在玉料结构中所体现的物理形态，形象而取的名称。

以老狼的经验来看，在玉石原料上，水线部位的质地（包括硬度、结构等），应该和其周边没有水线部位的略有差异。因此才会出现在打磨玉件的时候，经常会在玉件表面有水线的部位留下略微凹凸不平的痕迹的现象。当然，即使手感上无法感知出差异，从视觉效果上看，“水线”对玉件“纯度”的影响肯定也是有害无益的。因此玉料上最好是不要含有水线。

但是，现实是残酷的。面对和田籽玉的不可再生性，随着和田玉矿脉资源的开发殆尽，越来越多的玉友们，正慢慢无奈地接受和包容“水线”这个瑕疵的存在。

新疆和田籽玉，苏工黄皮貔貅

至于“水线”是如何形成的？这类对于“收藏和鉴赏精品和田籽玉”没有太大帮助的纯学术性的问题，老狼认为还是交给地质专家们去研究、去分析比较合适。我们作为和田玉的藏家，把握玉料最根本的质地才是重中之重，就不必浪费大把的时间在这种非原则性问题上了。

还有一种与“水线”有关的谬误观点，请读者们注意：

许多人认为水线是青海料独有的特征。认为看到玉材上带有水线了，基本上就可以判定玉材是青海料了。这是不对的。不管是和田料、俄罗斯料、青海料还是韩料，其原材料都有可能带有水线。水线绝非是鉴定玉材是否是青海料的依据。

老结度

“老结度”这个指标，在老狼的前两本书中，从未提起过。因为多年前，出前两本书的时候，当时的市场行情，藏友们所接触到的和田籽玉，根本无须考虑这个指标。就像“纯度”这个指标一样，当时的市场上，充斥着大量价廉物美的高档新疆和田籽玉原料。这些玉料的老结度都是相当不错的，压根不需要去考虑。

但是随着时间的推移，收藏、投资新疆和田籽玉的藏友越来越多，市场上对和田籽玉的需求量越来越大，同时在源头新疆，高档籽玉原料的产出量却几乎停滞为零。于是许多原本不为人们所关注的玉龙喀什河中上游的大块度玉石原料便逐渐走进藏友们的视野。这些玉料的质地档次要相对欠缺些，与玉龙喀什河下游产出的精品料子有着相当的差距。因此我们不得不开始关注一下玉料的“老结度”了。

新疆和田籽玉，红皮佛引福来

何为“老结度”？

老结度，通俗点讲，可以理解成玉料的浑厚、凝重程度和玉料的韧性、耐碾磨程度。毫无疑问，玉料的老结度越高，玉料越高档。读者们可以从视觉效果和切削效果两个方面来理解老结度。

从视觉效果上看，老结度高的玉料，通常其表象的表现为玉料的凝重感强、浑厚感强。材料地张的底气足，不轻飘。

老结度好的玉料，地张既厚重又沉稳，不会有水透感，也不会有发飘的感觉。有意思的是，通常一眼看上去，感觉质地老结的籽玉原料，时常白度都不是特别高的。其颜色或是白中泛黄、或是白中发青、或是白中显灰。当然，颜色高白而老结的和田籽玉的玉料不是没有，但是极少，而且往往在羊脂白玉的籽玉上，才能体现出来。

质地老结的玉料，唯一的共性是：

不管玉料颜色如果走向，都呈半透明状态并且没有丝毫水透感，不会有类似俄料的发干发涩的感觉，也不会有青海料的发乌发涩发飘的感觉。

从切削效果上看，老结度高的玉料，通常韧性十足，耐碾磨程度高。

这些玉料由于韧性好，延展性强，因此在切削的时候，非常耗费金刚石的工具，不太容易被切割。通常切割一块老结度高的玉材原料，需要花费的时间比老结度一般的玉料要长好多。不仅切割时间久，老结度高的玉料在被切削时，对金刚石锯片的损耗程度也相对要高，通俗地说就是造成工具磨损比较厉害。

读者们也许要犯嘀咕了，老狼解释切削程度有何用？一般藏友家中也不可能有能切料的玉雕机器。其实不然，现在淘宝上有销售许多几百块钱一台的小型的台式家用玉雕机。机器的主体只有两个肥皂盒大小，便于携带、操作方便。有兴趣的读者，可以自行淘宝上购买一台，尝试一下在不同玉料上打孔。通常打孔速度越是慢，越是损耗金刚石钻头厉害的玉料，老结度越是高。这样的尝试，可以帮助藏友们更好地了解和掌握玉料的老结度，有条件有兴趣的读者，不妨一试。

另外，老结度高的玉材原料，由于韧性上佳，对其进行精细雕琢时，也不容易起崩。所以此类原料加工好的成品的精细雕刻处，经常可以处理到细若毫发的极致程度，而且造型完美无缺。但是如果老结度不够的玉材，还没等处理到精细，玉料就可能开始崩落，造型图案的极致精细是不可能做到的。藏友们可以依据这一点，来辅助判断玉材的老结度高低。

新疆和田籽玉，黄皮玩料，聚皮

行文至此，和田玉鉴赏的原则——“首德而次符”的“德”，基本就讲解告一段落了。现今玉器市场上，各种软玉的玉料铺天盖地，玉材也是好好坏坏、真真假假，令人眼花缭乱、目不暇接。很多尚未入门乃至已入门但是修行尚浅的玉友们，一不小心便吃亏上当。

老狼个人以为，和田玉收藏的根本方法，其实是“万变不离其宗”的。藏友们只要真正把握好和田玉的质地鉴赏，把握好结构、油份、糯性、纯度和老结度这五个重要的指标，不去盲从市场上很多片面的误导，脚踏实地，重德重质，那么在精品和田玉鉴赏和收藏的道路上，一定能越走越宽，开拓出属于自己的一片广袤天空。

软玉次重“符”

讲完了软玉的“德”，再来介绍软玉的“符”。前文老狼已经叙述过，不管是鉴赏玉石原料还是玉雕成品，首先必须关注的是软玉的质地。因为软玉的质地——也就是软玉的“德”，是玉件的根本和基础。那么除了基础之外，鉴赏和田玉还需要把握哪些要素指标呢？——软玉的“符”。

软玉的“符”，本书专指玉件的外观，是指玉件除了质地以外的其他一些重要的指标。这些指标对于软玉，尤其是新疆和田玉来说，不管对其市场价值还是收藏价值，都是影响非常巨大的。可以说，对于软玉的质地的把握，是收藏玉石的根本；而对于软玉的外观的把握，则是收藏玉石的彻底完善和提高。没有对软玉质地的把握，就没有象征“仁、义、智、勇、洁”的君子五德；没有对软玉外观的把握，则对于和田玉的收藏永远都无法彻底深入和了解。

真正顶级的和田玉，必须是质地上乘，外观完美。玉件的“德”与“符”两者之间，相辅相成，缺一不可。“德”是“符”的基础，没有质地，外观就不可能真正完美；“符”是“德”的升华，没有外观，质地再好，也是美中不足。

那么，玉件的外观可以从哪些指标来进行鉴赏呢？老狼总结了颜色、皮色、料形和工艺四个指标。

这里要说明一下，最后两个指标，各有分工：

若是玉石原料，我们赏析“料形”；若是玉雕成品，则赏析“工艺”。下面进行详细介绍：

● 软玉的“符”

● 颜色

● 皮色

● 料形（玉石原料）

● 工艺（玉雕成品）

颜色

何为“颜色”？

老狼这里说的“颜色”，就是指玉料本身所体现的色彩。

“颜色”这个指标，是最迷惑新手的。很多玩玉的初学者都错误地认为白玉（和田玉），便是以白为尊，似乎玉件只要色白，就价格不菲。这个观点非常片面！

软玉的颜色五花八门，按照博燚的企业标准，按照市场上最常见的软玉颜色，我们将软玉分成九大类：

白玉、青白玉、青玉、黄玉、碧玉、墨玉、墨碧玉、青花玉和糖玉等九大类。

在这些不同颜色的软玉玉料中，都存在许多质纯色正、价值不菲的玉料。同时，天工造物神奇多彩，除了这些常见的大类颜色之外，还有很多软玉，其颜色都是介于两者之间，甚至介于几者之间，很难用文字去精确界定。而这些玉料中也有许多玉料，市场价值相当不菲。

新疆和田籽玉，貔貅把件

新疆和田青花籽玉，荷塘雅趣

那么，如何来判定玉料的“颜色”的档次高低呢？换句话说，在玉料的其他指标大致相同的情况下，哪种“颜色”的玉料档次高，哪种“颜色”的玉料档次低呢？其实一直以来，这一点都难以界定。即便是目前国内国际上，也没有任何一个权威机构或者权威标准，对此有过明确的、准确的、精确的表述。

“和田玉到底以何种颜色为王者？”——这个话题，自古以来便争论不休，八千年中华玉文化传承至今，这个话题一直众说纷纭，莫衷一是。最终，按照五行方位颜色的理论，先人圣贤们给和田玉，界定了与五行方位相吻合的五种基本色——黄居中，碧属东，赤坐南，白归西，墨立北。也就是古书上记载的“黄如栗、碧如翠、赤如冠、白如脂、墨如漆”五种颜色。

这五种颜色既是五行方位布局的代表颜色，也各自涵盖着美好的寓意。黄色是大地的颜色，代表着沉稳，代表着万物滋生和生命起源，唐宋以来黄色更是皇家御用独占的颜色。碧色是草木生长的颜色，代表着茁壮生长与生命的欣欣向荣。红色是血液的颜色，代表着热情奔放与意气风发，“中国红”一直都是华夏民族的精神所在。白色代表着纯洁神圣与完美无瑕，代表着超凡脱俗与高雅时尚。黑色则是铁面无私与正直善良的代表，宋代名臣包拯便被世人赞为“铁面包青天”。

虽然古圣先贤给和田玉归纳总结出了这五种软玉的基本颜色，这“五色”以谁为尊却依然没有定论，依然众说纷纭了几千年。这和田玉的“五色之争”，自远古时代伊始，争论了几千年后，直至大清帝国，归结到了和田玉的“黄白之争”。由五色的争执集中转化为了两色的争执。酷爱和田玉赏玩的乾隆皇帝，最后提出了“和田玉，还是以白为尊”的观点。一场持续了几千年的大争论终于尘埃落定。

自此，众多和田玉的藏家便开始了追逐玉件白度的藏路历程。

那么，和田玉的那么多颜色，到底哪种颜色才是最好，最值得人们去称道的呢？老狼个人以为，藏友们不应该片面的把和田玉的颜色做墨守成规的定性分析。

收藏和田玉，尤其是收藏上等的新疆和田籽玉，不理解和田玉文化，不了解和田玉市场，千篇一律地生吞活剥、生搬硬套，非常容易走入误区。

判断和田玉各种颜色的贵贱高低，应该遵循两条原则：

- **遵循“物以稀为贵”原则**
- **遵循“符合传统文化”原则**

遵循“物以稀为贵”原则

“物以稀为贵”原则，实际上更准确地说，应该是“色以稀为贵”原则。和田玉的颜色要美，同时还要少见，才能广泛被认同，上至王公贵族，下到布衣百姓，“市场接受，才是硬道理”。

其实，任何一种和田玉的颜色好坏，并非一家之言可以定性的，不管是何种颜色为尊，最终都必须经受住市场的考验。市场的接受程度，藏友们的认同程度，才是对和田玉颜色王者之争最好的考验。

事实上，和田玉的颜色虽多，但是真正色泽纯正精奇的玉料，却较为罕见。不管是何种颜色的和田玉，若其颜色真正纯澈无暇，达到了收藏级别，都是具有相当高的市场价值和市场认同感的。和田玉收藏市场上有许多种和田玉的颜色，尤其是和田籽料的颜色，当这些颜色的浓度、纯度都到了相当的程度后，都是很少见的，是非常值得收藏、非常值得传承的。例如，白若截脂，黄若熟栗；又如碧色如翠，漆黑如墨；又或者如黑白分明的青花色。这些带有至纯至正颜色的和田玉，在各自所属颜色分类的玉料中，都是实属难得的，都是市场上相对比较少见的。自然，它们的市场价值也不菲。

前文说了，在诸多颜色的和田玉中，有两种颜色的玉料，是市场上最为稀有难得，也是藏友们都欲得之一二而后快的。其一，是“羊脂白玉”；其二，是“熟栗黄玉”。

“羊脂白玉”，这个传说中的顶级新疆和田籽玉中的稀世珍品，自古以来，她的宝光四溢，她的大气雄浑，她的沉稳凝练，便为历代文人墨客所称颂，所推崇，所追逐。自然，羊脂白玉所体现的颜色——羊脂白，也就成了各种白玉颜色的标杆。

新疆和田籽玉，独籽脂白金蟾挂件

要注意，“羊脂白”不是超白，不是白得无法比拟。也就是说，不是只要玉料的颜色够白，就能称之为“羊脂白”的。“羊脂白”，是浑厚的白，是内敛的白，是白中微微透出粉黄感的白。有些高白的软玉玉料，仅就白度而言，完全能超越羊脂白。但是，它们缺乏羊脂白的凝重感，缺乏羊脂白的浑厚感。

初学的藏友请注意，老狼再重复一遍，白度仅仅是羊脂白玉的诸多指标之一而已，除此之外，羊脂玉还有质地方面的要求。

“熟栗黄玉”，是新疆和田籽料中的又一个神话，也是传说中唯一能够与“羊脂白玉”一较长短、一争高低的顶级和田玉料。现今市场上，被藏友们称为“黄玉”的玉料有很多种。仅仅是针对黄玉的各种不同的黄色，收藏界就有很多说法，例如：熟栗黄、鸡油黄、秋葵黄、桂花黄、虎皮黄等等，不一而足。但是，真正名副其实的顶级黄玉，只有在玉料原生成矿时，就是“熟栗黄”的和田黄玉籽料。这“熟栗黄玉”籽料，结构细腻、油份上佳、糯性十足、纯度一流，其罕见稀有程度，绝不亚于和田羊脂白玉籽料。“物以稀为贵”嘛，这也是“熟栗黄玉”能与“羊脂白玉”日月同辉的重要原因之一。

相对来讲，玉料的其他类黄色，例如市场上常说的鸡油黄、蜜蜡黄、秋葵黄、桂花黄等，这些颜色虽然同属黄色系，但是比之“熟栗黄”，在色泽的凝重感、浑厚感等方面，都相形见绌。而且市场上时常都能碰到这些颜色的玉料，就稀有程度而言，其他这些黄色，也无法与“熟栗黄”相媲美。理所当然，“熟栗黄”凭着其得天独厚的先天条件，在众多玉料的黄色之中，奠定了其霸主地位，也具备了与“羊脂白”争一时之乾坤的实力。

就目前市场的认同感而言，所有软玉的玉料颜色中，以“羊脂白”与“熟栗黄”最受藏友们热捧。

当然，玉料的诸多颜色中，除了这最厉害的“黄白之争”外，还有其他别的颜色，虽然不如“黄白之争”来的火热，但是也有很多爱玉的“好色”之友趋之若骛、推崇备至。比如真正漆黑如墨的纯黑色，再比如纯正阳俏的翠绿色，或者是黑白分明的青花色，这些上等颜色的玉料，自古以来，都受到历代文人墨客的青睐和追逐。究其根本，这些颜色至纯至正的玉料，非常之稀有，市场保有量十分低，便是重要原因之一。

总而言之，不管是何种颜色的玉料，一旦颜色的纯度指标和浓度指标达到了一定的高度，其市场保有量必然不大，必定非常之罕见，自然，其价值也就不菲了。还是那句话——物以稀为贵！

新疆和田籽玉，黄皮巧雕喜上眉梢挂件

遵循“符合传统文化”原则

“符合传统文化”原则，就是玉文化要与传统文化相吻合，才能广为接受和传播。在软玉的众多颜色中，越是与传统文化契合到位的玉料颜色，也越是受到藏友们的热捧，其收藏与投资价格也越高。

事实上，这一点也是和田玉在中国能够传承几千年的重要原因。坦白地说，外国人不懂和田玉，更没有几千年的玉文化！在国际大专院校普遍采用的珠宝玉石学课程中，对于软玉的介绍和界定，也不过只是从理化成分和物理特性上做非常简单的表述，基本上属于一笔带过，未见过有针对性地对软玉分门别类地进行详细的阐述。究其原因有两点：

其一，外国人不懂和田玉，全球各地出产的各种软玉的理化成分基本是一致的。西方的价值观使然，西方人喜欢给事物定量分类，一板一眼、一丝不苟。在现有仪器无法识别软玉的其他特性；无法区分各地产软玉的差异的前提下，这些专家们束手无策，就算要分析，也无从下手，自然陈述观点、编写教材时，也只能轻描淡写、草草了事。

其二，玉文化包含着整个中华民族兴衰荣辱的泱泱五千年中华文明史，恰恰就是一部博大精深的中华玉文化发展史。自旧石器时代伊始至今，随着社会生产力的不断发展和提高，中华文明也不断进步与完善。这些变化，都可以在不同时代的玉件上，通过不同的玉料选材、不同的玉雕风格和不同的制作工艺，翔实的反映出来。

华夏子民对于和田玉的认知，除了玉件本身之外，早已提升到了精神层面。“古之君子必佩玉”“君子无故，玉不去身”，和田玉寄托着亿万万中华儿女的民族之魂，她是中华文明一个不可分割的组成部分，她是中华文化最直观的体现之一。而西方列强国祚时间短，文化传承少，文明继承缺乏，很难体会个中真意。

那么古人“以玉比德”，玉有五德——仁、义、智、勇、洁；“温泽以润，仁之方也；理自外而可以知中，义之方也；其声舒扬专以远闻，智之方也；不挠不折，勇之方也；锐廉而不忮，洁之方也。”

新疆和田籽玉，平安无事圆牌

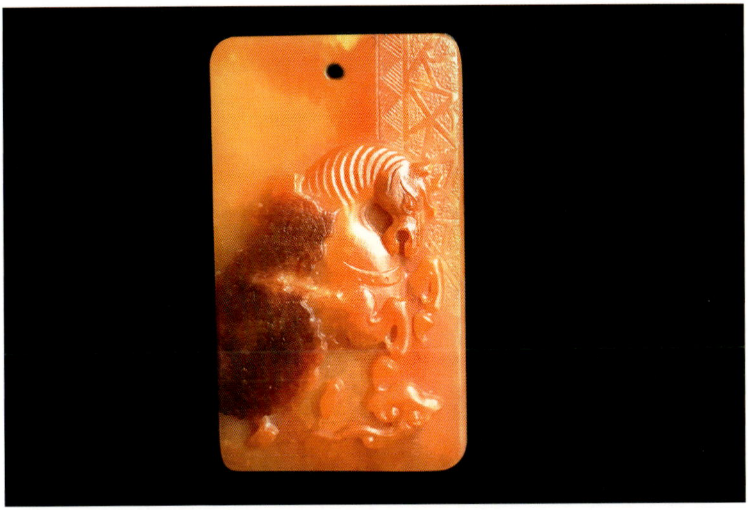

新疆和田籽玉，黄沁马踏江山

我们来看看，在众多颜色的和田玉中，哪种最契合这“五德”呢？答案是很明显的——羊脂白玉。唯有羊脂白玉，结构、油份、糯性、纯度、颜色，所有的指标都是最好的，也最能体现中华民族几千年的儒家思想和圣人之道。自然，在和田玉的众多颜色中，“羊脂白”也是最受热捧的颜色之一。

然而，天地间万事万物，自混沌初开就是阴阳共生，相生相克的，绝少能有一方独大的情况。“羊脂白”最能体现圣人君子的高风亮节；而“熟栗黄”则最能展现万物滋生的根基本源。

黄色，是大地的颜色。万事万物，都是在大地上孕育，在大地上滋生，在大地上成熟，最后又回归大地。不论开始是艰辛还是顺利，也不论过程是坎坷还是辉煌，所有的大结局，却永远都是在大地上归于最后的沉寂。人生犹如南柯一梦，“如梦幻泡影，如露亦如电”，而大地母亲则用她博大的胸怀，默默注视着人间的沧海桑田，守候着天下的时事变迁。因为她知道，再强盛的精彩，再耻辱的怯懦，在她的弹指一挥间，都是要重回大地怀抱的。

再从这本源继续升华，自古以来，黄色就作为五行居中的方位代表色。居中，就代表着正统，代表着权威，代表着根本的所在。自然，黄色，也就成了历朝历代的统治阶级公认的、皇家御用的专有颜色，成了皇权的象征色，成了地位和身份的象征色。只有皇室贵胄、皇亲国戚，才有资格、有权利享用这至高无上的颜色。

因此在和田玉的众多颜色中，黄色理所当然地占据着不可替代的重要席位。“熟栗黄”作为玉料的各种黄色中最纯最正的颜色，当仁不让的受到藏友们的疯狂追逐。五千年来，其受热捧的程度，绝不亚于“羊脂白”。

还有前文所提及的其他至纯至正的玉料颜色，比如真正漆黑如墨的纯黑色，如纯正阳俏的翠绿色，黑白分明的青花色等等，都有其各自的深远内涵和意义所在，老狼就不一一展开了。

总而言之，经得起历史和时间考验的玉料颜色，必然收藏和投资价值都极高。

再着重提醒一下各位读者：

和田玉鉴赏，千万不要过分片面偏重于对玉料颜色的把握。和田玉的鉴赏，需要综合把握每一个指标。老狼是为了便于读者理解，才对每个指标分解开来，逐个进行讲解。但是藏友们在鉴赏和田玉的时候，一定要把玉件的每个指标都考虑到位，争取面面俱到，相互之间融会贯通。只有这样，和田玉收藏，才能理性与客观。

皮色

所谓“皮色”，是指籽料在玉龙喀什河的河床中，其表面受周围的致色元素的沁染，进而在籽料表面形成的天然的颜色。新疆和田籽玉的皮色，是最近几十年来，众多资深玉石收藏爱好者们兵家必争的点。读者们注意，这里所说的“皮色”，是指纯天然，没有任何人工作假成分的。

有朋友可能要疑惑了。前一段文章不是刚介绍了“颜色”嘛，为何此处又出现一个“皮色”。这两者是否一个意思？若不是，那两者差异在哪里呢？

新疆和田籽玉，羊脂黄皮独籽玩料

显然，“颜色”与“皮色”是两个不同的概念。前文所介绍的颜色，是指玉料内部的质地所具备的天然的颜色，是在玉料矿脉形成之初，玉料就具备的最初的颜色。在软玉按照颜色分类的时候，这个“颜色”直接影响软玉的定名。玉料内部质地显白色的，被称为白玉；玉料内部质地显绿色的，被称为碧玉；玉料内部质地显黄色的，被称为黄玉……

但是，请读者们注意，在我们新疆和田籽玉中，质地白色的白玉表面，是可以后天附着天然黄皮色的，也可以附着天然红皮色或者天然黑皮色的。以此类推，和田籽玉中，其他颜色的玉，其表面一样也是可以后天附着各种天然“皮色”的。而且，不论籽玉表面附着何种皮色，都是不影响其颜色分类的。

下面来介绍一下和田籽玉的“皮色”。

和田玉以其独有的魅力承载着数千年华夏文化流传至今，和田籽玉的皮色巧雕应用，就是我们俗称的“俏色应用”，早在汉代便已有之。但是传统的和田籽玉收藏，除了巧雕运用之外，和田籽玉的皮色在诸多收藏指标中，并不特别出众，也不太受藏友们热捧。

新疆和田籽玉，天然皮色

究其原因，因为五千年来，昆仑采玉人的传统采玉方式，除了手挖，便是锄铲。这种低效的生产工具用于和田籽玉的开采，可以说，对于和田籽玉的矿脉保有量，连皮毛都未曾伤及。因此，在过去的数千年里，和田玉的美，只是用“犹抱琵琶半遮面”的态势，向人们展示了冰山一角。正因如此，古人对和田籽玉的皮色也缺乏全面的了解和认识。

但是自二十一世纪初开始，重型机械化发掘设备进驻玉龙喀什河，几千台挖掘机日夜不停地连续作业，挖寻精美的新疆和田籽玉原石。不仅把新疆和田地区的生态环境彻底破坏，弄得和田地区沙尘暴的天气比比皆是，而且昆仑寻玉几千年都未曾伤及皮毛的玉龙喀什河和田籽料矿脉，更是在短短七八年的时间里面便基本消耗殆尽，濒临枯竭。

但也正是这区区十年不到时间的毁灭式的开挖，才让这些“集天地之精华、聚山川之灵气”的大地精灵们，彻底、全面地展示在了世人面前。世人才得以完全的洞察和田籽玉所蕴含的美。而这和田籽玉的美轮美奂的天然皮色，也淋漓尽致地展现在世人面前，一瞬间变成为了广大和田玉藏友们趋之若鹜的对象。

那么，和田籽玉的天然皮色，应该如何鉴赏呢？和田籽玉皮色千变万化，纷繁芜杂，要得心应手的鉴赏和田籽玉的皮色之美，最好能条理清晰，分门别类地进行一下归纳和总结 。

藏友们经常在市场上听到许多关于籽玉皮色的名称，例如枣红皮、橘红皮、秋梨黄皮、洒金皮、油烟皮、梓花皮、虎皮黄、豹纹皮等等……各种各样的名字应有尽有，不一而足。

现今和田籽玉的收藏市场上，对皮色的追求非常火热，这导致很多商家为了牟取利益，非常牵强地胡乱地给和田籽玉的皮色冠名。老狼就曾经看到过许多知名的大商家，刻意地给许多毫无美感的和田籽玉皮色，冠以各种不知所谓的名称，进而凭着店员的三寸不烂之舌，将之以令人咋舌的价格销售出去，牟取暴利。

和田籽玉的皮色，最直观地从颜色类别上来分析，“万变不离其宗”，总是跳不出几大色系的拘囿。老狼把和田籽玉的皮色，按照色系，分成四大类：红色系、黄色系、黑色系和褐色系。

● 和田籽玉的皮色分类

红色系皮色

黄色系皮色

黑色系皮色

褐色系皮色

事实上，在众多带皮色的和田籽玉中，纯粹单一的仅带有一种皮色的和田籽玉相对比较少见。藏友们常见的带皮色的和田籽玉，通常都是同时含有两种皮色，甚至三种皮色都有，比如红中夹黄，黄中带黑，黑中泛红，或者红黄黑三色兼而有之。

那么我们在界定皮色类别的时候，应该如何处理呢？很简单，我们看在这些颜色中，哪种颜色占主导地位；也就是说，我们看在这些颜色中，哪种颜色的比例最高。如果籽玉的皮色中，红色占的比例最高，我们就称其为“红色系的皮张”；如果是黄色占的比例最高，我们就称其为“黄色系的皮张”；如果是黑色占的比例最高，自然就是“黑色系的皮张”了。

红色系皮色

先说说和田籽玉的红色系的皮张。一块和田籽玉的天然皮色，若红色占的比例最大，占了主导地位，那么这皮色便属于红色系的皮张。

在和田籽料的各种皮色中，红色系的皮张，最为娇艳动人，耐人回味。毫无疑问，在自然界的众多颜色中，红色对人类的视觉冲击力当仁不让，绝对是最强的。她的艳丽多娇、她的热情澎湃，是最吸引人眼球的。

同时，我们国人数千年来，对于红色就有一种特别的偏爱和执着，红色一直都是忠义、正直、热情、善良的代表。过五关斩六将、千里走单骑的关二爷是红脸，寓意忠义千秋的红脸；新中国国旗的基色是红色，象征革命先辈们用鲜血染红的红旗，铸就了驰名中外的“中国红”。大家口中经年传唱的歌曲中，红色比比皆是，“闪闪的红心”“东方红”“山丹丹花开红艳艳”…… 甚至连“怒其不争、哀其不幸”的中国国家足球队的主队服，也采用红色。毫无疑问，最能代表亿万炎黄子孙赤子之情的，无疑只有“红色”。

新疆和田籽玉，枣红皮挂件玩料

同时，带有天然红色系皮张的和田籽玉经过人为把玩盘摸后，颜色上的变化尤为喜人。可以说，和田籽玉的红色系皮张，堪称皮色之翘楚。不禁让老狼想起白居易的千古名句——“回眸一笑百媚生，六宫粉黛无颜色”。和田籽玉的红色系皮张，恰似那花魁牡丹，雍容华贵，气吞天地。

籽玉红皮尚有深浅浓淡之分，随后的章节会有详细讲解。

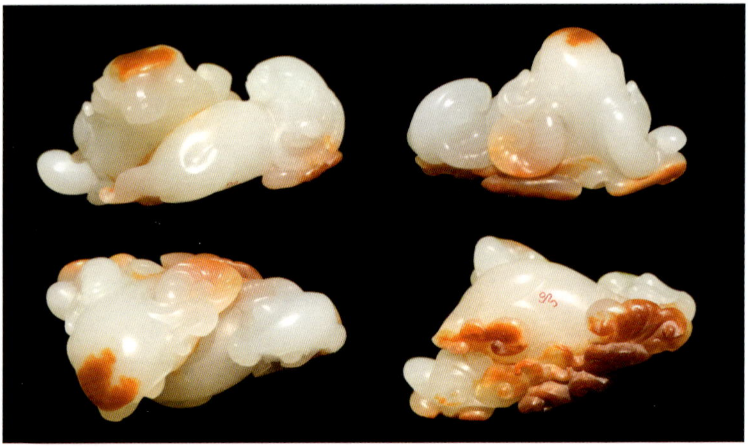

新疆和田籽玉，红皮挂件羊羊如意

黄色系皮色

再说说和田籽玉中黄色系的皮张。一块和田籽玉的天然皮色，若黄色的比例最大，占主导地位，那么这皮色便属于黄色系的皮张。

在和田籽料的各种皮色中，黄色系的皮张，最是沉稳内敛，娇而不艳。黄色不似红色那么豪情奔放、那么华丽超群；取而代之的，是黄色的沉稳内敛，孤芳独赏的高洁，正所谓“采菊东篱下，悠然见南山”。黄色是深邃悠远的，“可以调素琴，阅金经，无丝竹之乱耳，无案牍之劳形”；黄色又是博大精深的，诚然是“谈笑有鸿儒，往来无白丁”。

同时，带有这些皮色的和田籽玉经过人为把玩和盘摸后，油份、糯性上的变化更加令人赞赏。可以说，和田籽玉的黄色系皮张，堪称皮中天骄，笔者还是引用一句古诗——“冲天香阵透长安，满城尽带黄金甲”。和田籽玉的黄色系皮张，恰似那花中君子——傲霜秋菊，超凡脱俗，朴实风华。跟红皮一样，黄皮也有好坏高低之分，后文的章节会详细阐述。

新疆和田籽玉，黄皮我如意挂件

总的来说，和田籽玉的各种皮色中，以红色系皮张和黄色系皮张最受藏友们热捧，也最为珍贵，市场价值也最高。

黑色系皮色

再来介绍一下黑色系的皮张。一块和田籽玉的天然皮色，若黑色比例最大，占主导地位，那么这皮色便属于黑色系的皮张。和田籽玉的黑皮，早年并不是非常受人重视的，追捧者也非常之少。主要原因有两点：

首先，黑色从视觉效果上来看，相对红黄二色而言，美感要差些。黑皮总的来说，不够出挑，不够美艳，不如红黄二色的皮张夺人眼球。

新疆和田籽玉玩料，少见天然纯黑皮，不带一丝杂色

其次，自古以来在中国的传统文化中，黑色除了寓意正直、铁面无私之外，许多引申的含义都是令人不愉快的。因此，在2005-2006年以前，藏友们对黑色系皮张的和田籽玉，并不十分看好。甚至有些老玩家对于黑皮和田籽玉的价值定位，还远不如一颗光白和田籽玉的价值来得高些。包括老狼自己，对于和田籽

玉的黑皮，就一直不是十分喜欢。时至今日，老狼对黑色系皮张的和田籽玉，依然相对看地。因为上述原因，和田籽玉的黑皮市场追捧的人少，故而皮色作假也相对较少。

但是，最近十多年的时间里，软玉（尤其是新疆和田籽玉）市场的一路白热化，尤其是2005-2006年以后，和田玉的市场价格直线飙升，其每年价格的涨幅令业内人士也咋舌不已，叹为观止。在这急剧膨胀的浩浩荡荡的和田玉收藏大潮的猛烈推动下，加入到和田玉收藏大军的藏友们的数量也呈几何级数的急剧上升。

新疆和田籽玉，黄皮巧雕连年有余把件

由于初学和田玉收藏的藏友数量的大比例增加，作为和田籽料的重要判定依据的毛孔和皮色，便开始越来越受到重视。玉匠们在雕琢和田籽玉之时，原籽表面的红皮、黄皮、黑皮乃至无色光白的毛孔，只要能留，一定想方设法地留下。再加上老玩家们最近几年对和田籽玉的红皮和黄皮的热捧，新手们也不明就里的对籽玉的皮色盲目跟风。在如今的和田籽玉收藏市场上，甚至发展到不管是何种颜色，只要是真皮色，藏友们便会趋之若鹜的状况。所谓“一人得道、鸡犬升天”，黑皮和田籽玉的价值也今非昔比，身价百倍。和田籽玉的黑皮，已“非昔日吴下阿蒙”也。

同时，随着大量初学和田玉收藏的玉友的加入，原本无人问津的和田籽玉的黑皮色，也开始盲目的受到追捧了。原本价格一直看低的籽玉黑皮色，也开始水涨船高了。于是乎，原本无人愿意尝试的和田籽玉黑皮色人工作假，也开始慢慢地大行其道。

老狼头一次碰上和田籽玉的黑皮色作假的情况，要追溯到2005年左右。当时由于和田籽玉的黑皮色作假不多，藏友们在收藏黑皮籽玉时的警惕性，远不如红皮色与黄皮色那么高。记得当时那整块玉料从黑色到表面的毛孔，做的惟妙惟肖，周围的资深行家们都没有在意，直到最后动刀开雕以后，才被雕工师傅发觉玉料有问题，是俄罗斯糖白玉山料染色后，再人工做的毛孔。

总的来说，和田籽玉的皮色，都能归结到综上所述的三大类中。

现今的玉器市场上，和田籽玉的皮色定名千奇百怪、应有尽有，商家们为了各自的商业目的，只要可以，但凡能想象到的名字，都生搬硬套的往各种皮色上加，真正的“语不惊人死不休”！所谓“千种玛瑙万种玉”，和田籽玉的皮色，就算寻一万颗原籽，也没有两块的皮色会是一模一样的。因此，和田籽玉皮色的分类，应该遵循“定性不定量”的原则——只需按照红、黄、黑、褐的色系分大类，无须纠结个案的名字。

藏友们（尤其是初学和田玉收藏的玉友们）在鉴赏和田籽玉的皮色之时，根本没有必要一定要给每个和田籽玉的皮色定量的取名字，什么枣红皮啦，什么秋梨黄啦，什么烟青黑啦等等，实在大可不必。对于皮色，上手区分一下，该皮色属于哪个色系，足矣！

讲解到这里，有两个皮色类和田籽玉收藏中常见的误区，需要读者们注意的。

误区一：真正的黑皮

藏友们在和田玉收藏中碰到的黑皮的和田籽玉，通常有两种常见情况。

一种情况，完全是纯黑色的皮张，这种黑皮是没有任何争议的。

另一种情况，皮色是因为红色的致色元素太多太浓而显黑色，这类黑皮则应该归结在红皮一类中。因为这类皮色在经过人为盘玩以后，假以时间，会慢慢变红，恢复其本来的颜色。换句话说，这个黑色，是因为红色实在太多造成的，并不是真的黑色，只是“红得发紫，紫得发黑”，红的太浓而发紫发黑，并非真的黑色。

如果玉件的其他指标都大致相同，那么后者的收藏价值要远高于前者；盘玩的过程和皮色变化的现象，也远比前者要精彩，实在不可同日而语。

误区二：真正的秋梨黄皮

现在的和田玉收藏市场如火如荼，和田玉藏家们都为自己能拥有一块质地上佳、皮色上佳的和田籽玉藏品而自豪。在和田籽玉的皮色中，除了最受热捧的枣红皮、洒金皮之外，“秋梨黄皮”，也是藏友们耳熟能详的上上之选。

事实上，“秋梨黄皮”是包含着黄黑二色的黄色系皮张。但是市场上却混乱得很，但凡带点黄色的黑漆嘛乌的籽料皮色，都被别有用心的牵强附会的称为“秋梨黄”皮。

按照珠宝玉石学的传统惯例，我们给宝玉石取名命名时，基本都是遵循“以物拟物”的原则。就是用相似或者相近的物件，来比拟需要取名的宝玉石，例如翡翠的玻璃种、辣椒绿；又例如软玉的羊脂白玉、熟栗黄玉等等。

那到底什么样的皮色，才是正宗的和田籽料皮色中的“秋梨黄皮”呢？求证的方法很简单。藏友们可以自行去水果市场，买几个“秋梨”回去研究一下。注意，是买“秋梨”，不是买“阿克苏香梨”，也不是买“大鸭梨”。这“梨”的种类可是多了去了，不同种类的梨，梨皮长的可是不太一样的。

那“秋梨”的皮，到底是长成什么样子的呢？

黄中泛黑，真正的新疆和田籽玉秋梨皮

事实上，秋梨黄皮，应该是以黄色为主基调的。这个黄色是成片的满黄色，不像洒金皮的黄色是星罗棋布的网格状，然后夹杂着一些黑色（或者黑褐色），这才是真正的“秋梨黄皮”。

但是市场上许多所谓的“秋梨黄皮”，主体是黑色，夹杂着一些黄色（烂了的秋梨倒是此类皮色）。读者注意，前文已经提过，以黑色为主体的皮色，那是属于“黑皮”的范畴，即便带了少部分黄色，也依然是“黑皮”，这跟“黄皮”，是有本质上的区别的。那“秋梨皮”既然能被称为“秋梨黄”，那肯定是属于“黄皮”大类里面的，如果连黄皮都不是，那就更加不用谈是不是“秋梨黄皮”了！

因此，藏友们千万注意，许多黑色系的皮色，根本不是“秋梨黄皮”。且不说文化价值上的差异，两者在市场价格上，也是有很大差距的，千万不要误将黑色系的皮张，当成“秋梨黄皮”收入囊中，最终得不偿失。

褐色系皮色

细心的读者们要好奇了，前文的皮色分类，老狼分了四大类，怎么只描述了三大类，是不是把最后一个大类“褐色系皮色”给忘记了？当然不是。下面就讲讲“褐色系皮色”。

褐色，既不同于红色，它没有红色的艳丽；也不同于黄色，它没有黄色的清雅；更不同于黑色，它没有黑色的深邃。但是它又非常接近三者：浅一点，它就往黄色变；艳一点，它就往红色靠；浓一点，它就往黑色走。所以，“褐色系皮色”，是和田籽玉的皮色中，一个相对比较模糊的概念。绝大部分业内人士，是不提这个概念的。

但老狼个人认为，不管是以市场分析为依据，还是以文化收藏为支撑，都非常有必要对褐色系皮色做一个明确的界定。因为十数年来随着和田籽玉市场日新月异的扩大，随着广大藏友们对和田籽玉认识的越来越普及，和田籽玉的“褐色系皮色”已不应再是一个模棱两可的相对模糊的概念了。

新疆和田籽玉，兽面

为什么说褐色系皮色是“相对模糊”的概念呢？因为一直以来，很多藏友，都把和田籽玉的褐色皮，粗略的归结到“红色系皮色”或者“黄色系皮色”之中。褐色皮中偏红的，归类到红色皮大类中；褐色皮中偏黄的，则归类到黄色皮大类中。令人深思的是，褐色皮中偏黑的，归类到黑皮色中的情况，老狼至今尚未碰上过。原因很简单——人往高处走。和田籽玉的收藏，论皮色，“红色系皮张”与“黄色系皮张”才是王道。自然没有人，不管是商家还是藏家，会傻到把价值高的皮色，往价值低的类别里面归类。

但是事实上，不管褐色系的皮色是被牵强地归类于红色系皮张，还是被附会地归类于黄色系皮张，毕竟在颜色上，与两者还是有着相对明显的差异的。

一直以来，褐色，在众多颜色中，本就是个相对次要的辅助色系。不管是古代的五行分色（黄、绿、红、白、黑），还是现代美学的彩虹七色（赤、橙、黄、绿、青、蓝、紫），褐色，都未曾占据过一席之地。世人也很少单一地赋予褐色全新的理解和内涵。因此，相对来说，褐色在文化传承方面受重视的程度，要比其他三色差不少。

而且从市场价值观上看，藏友们就更加能直观的区分了。常言道“一分价钱一分货”。在玉料的其他指标基本相同的情况下，褐皮籽料的市场价格与红皮籽料、黄皮籽料的价格，还是有明显差异的。而众多玉友们对和田籽玉皮色的追求，也是红皮色、黄皮色的受热捧程度，明显要大于褐皮色。甚至很多新手都鲜有听说，和田籽玉尚有褐色皮这一说。

把和田籽玉皮色的“褐色系皮色”另立一个大类来分析是非常必要的。说到底，在当今社会的市场价格上和收藏价值上，褐色系的皮色与红色系、黄色系的皮色是有明显的差距的，实在不应同日而语。

但是，有一类“褐色系”皮色的和田籽玉，却是可遇不可求的。此类玉料乍一眼看上去，其貌不扬，通体都被褐色系的皮色包裹着，时常还会褐色中泛点黑灰，看上去表面色泽晦暗。而且，玉料的表面还带有或多或少的黑点，有点接近巧克力的颜色。用灯光辅助观察时，玉料皮色的透光度，也比正常皮色略有欠缺。

这些第一眼无法让人精神振奋的和田籽玉原料，一直以来，却被为数不少的资深和田籽玉玩家所追捧。这是为何呢？究其原因，此类和田籽玉的褐色皮之下，经常有概率出现包裹着的玉料是黄色的情况，而且是非常均匀的黄色，有些甚至是原生是熟栗黄色。原本褐色皮与熟栗色就有些接近，熟栗色的玉质表面加上褐色的皮色，原料若没有经过加工，时常无法引起藏友们的注意，因此经常被人们所忽略而错失良机。

总之一句话——“市场，是检验藏品价值最好的标尺”。

当然，除了新疆和田籽玉外，还有些软玉的玉料，也是带有天然皮色的，比如俄罗斯籽玉，中国东北的河磨玉等等。由于这些玉料都不属于正宗和田玉的范畴，篇幅有限，本书不赘述。读者们有兴趣的，鉴赏这些玉料和它们的皮色之时，可以根据“首德而次符”的原则，一个指标、一个指标逐步的深入分析，结果自然就了然于胸了。

老狼想奉劝藏友们一句，最近十年，市场上对和田籽玉皮色的追逐，已经到了疯狂的地步。人工作假的皮色也是层出不穷，而且作假手段日新月异，常能以假乱真。很多从玉多年的业内资深人士，都常常看走眼，时常“阴沟里翻船”。

玉友们收藏和田玉，首先应该理智地将着眼点放在对玉料材质的把握上，然后有条件的，再逐步地深入，慢慢了解“皮色”。尤其是初学玉的新手，对和田籽玉皮色的收藏，务必慎重！毕竟，“和田玉收藏，首重质地”，皮色再美，如果长在了僵性很重的石质上，也就黯然失色了。

料形（玉石原料）

何为“料形”？

顾名思义，玉料的形状就叫“料形”。本书中的“料形”这个指标，是专门针对未经雕琢的玉石原料而言的。玉料如果没有经过人工雕琢，那么就没有工艺可谈，但是，玉料的形状，对玉件的价值，在不同的情况下，也有着或大或小的影响。

本书将“玉料”分成两类：

一类，玉料是未经任何人工切割、整形、打磨等工艺处理的原始的纯天然状态。

另一类，玉料是经过人工切割、整形、打磨等工艺处理的毛坯料状态。

- 原料
  - 未经任何人工处理的原始玉料
    - 大料：需要人工切割后再雕琢，或者做大型摆件
    - 小料：把件料，挂件料
  - 经过人工处理的玉料毛坯

对于原始状态的玉料，就是未经任何人工切割、整形、打磨等工艺处理的原料而言，还有“大料”与“小料”之分。

大料

大料，是指玉料块度非常大，不适合一手握，需要先将玉料剖开切小，然后分别琢制的玉料。这类玉料只能切小了雕琢，整体雕琢的话，由于玉料的块度过大，只能做摆件，无法随身携带把玩。

通常来说，如果大料的料形规则而整齐，那么切割的时候出料率高，玉料的利用率就高，报废率也就低，玉料的价值自然就相对高。如果料形过于不规整，奇形怪状，那么切割的时候，出料率相对就低些，玉料的利用率也低，报废率高，玉料的价值自然也就低些。简单地说，同样是一公斤重的两块玉料，一块能切出六七片玉牌的毛坯，另一块则只能切出两三片玉牌的毛坯和一两个手把件的毛坯，两者的情况不同，市场价值也不尽相同。这种情况，通常会与玉料原石的“料形”息息相关。当然，相对而言，这类大块度的玉料的料形，对于玉料的市场价值方面的影响，相对比小块度的玉料要小一些。

天然和田籽玉，重1.5公斤，玉料质地、白度两全，料性相对较规整，可切开出镯坯和牌坯，或者直接做个白玉摆件

小料

“小料”，老狼这里是特指重量在三四百克朝下的玉石原料。这类玉料的块度大小非常适中，天生就是一个把件的大小，或者天然就是一个挂件的大小。

玉石原料如果“料形”欠缺，就需要玉匠精心设计，巧妙构思，在玉件琢制的过程中间，把缺憾借除。这类玉料，其市场价值就相对低些，而且未经雕琢之前，文化价值也无法完全彰显。此类玉料价格的衡量，主要着重体现在玉的材质方面。玉友们收藏这样的玉料，只能视其为玉雕原料来收藏，其文化价值，需要经过高明的玉匠之手，才能彻底发挥。

但玉石原料如果“料形”整齐而完美，那就大大的不同了。由于玉石原料的块度大小适中，适合佩戴和携带，再加上完美的料形，就成了业内常说的“玩料”。

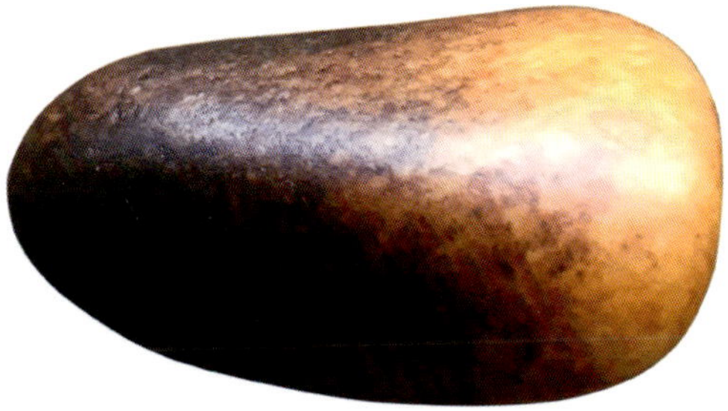

新疆和田籽玉，精品秋梨皮玩料

玩料

“玩料”，是资深的和田籽玉玩家们最终极的收藏目标。

“天然去雕饰，清水出芙蓉”，正所谓大巧若拙，真正顶级的和田籽玉藏品，是大自然鬼斧神工的杰作。有道是“大巧不工”，真正顶级的和田籽玉藏品，是无须任何后天人工处理和雕琢的。《汉书·董仲舒》便有“良玉不琢”的理念，就是说没有瑕疵的玉石是不需要雕琢的，突出了玩料原石的可贵。

新疆和田籽玉，洒红皮玩料

“玩料”因为不需要后天加工，通体纯粹的“不食人间烟火”，名副其实的独一无二、无可挑剔。而玩料的“料形”完美程度，则直接影响其市场价值和收藏价值。

原生的新疆和田籽玉玩料，在玉料的其他指标基本相近的情况下，料形的完整度、饱满度或者是某种造型的形似度，都直接造成藏品之间档次高低的天壤之别！要知道既然能称为“玩料”，料形在大体上，都是比较完整，没有什么较大的缺憾。但是即便是能被称为“玩料”的顶级和田籽玉，在玩料与玩料之间，“料形”上多少还是有些差异的。这些差异，自然就带来了玉料的市场价值和收藏价值的不同。

通常来说，在其他指标都基本类似的情况下，玩料如果料形完美无可挑剔，其市场价值和收藏价值之高，也是最惊人的。如果相对料形欠缺，则强弱立判，其市场价值和收藏价值也会受很大的影响。所谓“失之毫厘，谬以千里”，有时因为料形上一点点微弱的差异，玩料之间的价值差异能相去甚远，十分惊人！

请读者们注意，本书所说的“小料”，是专指新疆和田籽玉的原料。如果不是和田籽玉，那么不管是和田山料，还是俄罗斯料，还是青海料，谈“料形”都是没有任何意义的。

对于经过人工整形的玉料毛坯，也就是业内所说的“毛料”而言，“料形”对其市场价值和收藏价值的影响力，就要小很多了。

我们都知道，玉石原料在雕琢之前，玉匠们将其剖料整形，在整形的同时，初步除去一些大的明眼瑕疵，并修正出玉料所要雕琢的目标题材的初步造型，这些就是毛料。

毛料经过初步的切料整形修正，虽然还没有经过雕琢，但是基本上已经是明眼没有太大风险的玉料了。毛料的主要价值，在于雕琢成玉件之后，其市场价格的大幅度提升空间。经过玉匠们的手，把一块块看似平淡无奇的玉料毛坯，通过精雕细琢，幻化成一件件精美绝伦的玉雕成品；其收藏和投资价值，也得到了最彻底的提升。

其实玉料处于毛坯阶段，“料形”对毛料价值的影响力并不十分大。通常情况下，在其他指标大致相近的前提下，料形规整，能够开出镯子或牌子的毛坯玉料，市场价值就要高些；料形相对欠缺，只能雕琢成把件的毛坯玉料，价值相对要低些；料形缺憾，只能考虑雕琢挂件的毛坯玉料，价值相对要再低些。

事实上，纵观玉石毛料的市场价值和收藏价值的高低，还是遵循“物以稀为贵”的道理。尤其是新疆和田籽玉，比如说，最近两年能琢制成上好的玉镯和玉牌的籽玉毛料，越来越稀有，其市场价值和收藏价值的走势，自然也就不言而喻了。因此大体上总的来说，料形的完整度与毛坯玉料的市场价值和收藏价值呈正比，料形的异怪程度则与毛坯玉料的市场价值和收藏价值呈反比。

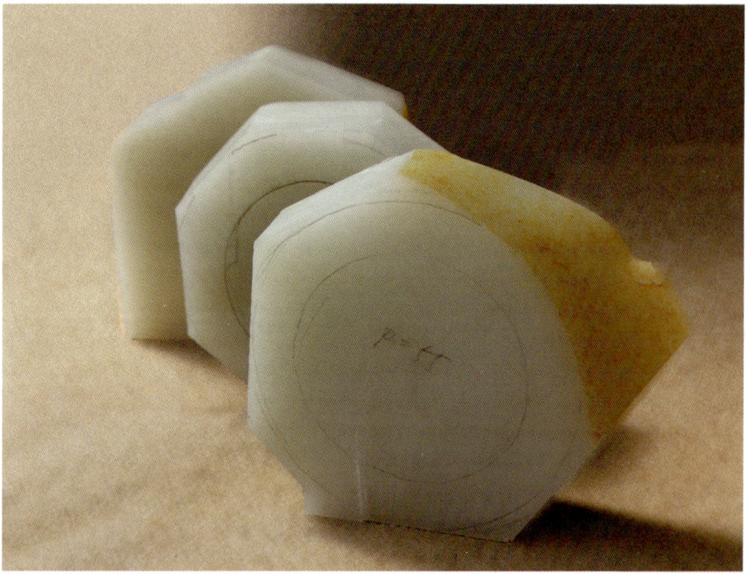

新疆和田籽玉，镯坯原料，玉料已经切割成形，基本没有太大风险（业内俗称“明料”），收藏投资价值极大

浅议"原生独籽"与"大料切料"

最近几年，"原生独籽（也叫原生小籽料）"与"大料切料（就是大料切小成的小籽料）"的区别，提及这个概念的人逐渐减少了。一方面，商家在刻意的回避这二者的不同；另一方面，新入行的藏友人数不断增加，却不太容易碰到能指导之人。许多和田玉收藏的新人，关于"原生独籽"和"大料切料"的概念，连听都没听说过。虽然这个话题时常被别有用心的人有意无意地回避掉，但不管是收藏还是投资，这两个概念之间都存在非常大的差距，希望广大藏友能引起足够的重视。

老狼下面为大家详细介绍一下"原生小籽料"和"大料切成的小籽料"的相关概念、相关区别和常用鉴别方法。

概念

"原生小籽料"和"大料切成的小籽料"，虽然同属新疆和田籽料，但两者又存在一定的本质上的区别。现在的和田玉收藏市场上，有许多的藏友，尤其是初学和田玉收藏的玉友，对于用"原生小籽料"雕琢而成的和田籽玉雕件，和用"大料切成的小籽料"雕琢而成的籽玉雕件，基本上是不作区分的。事实上，不管是从"玉材的评价指标"来看，还是从"玉材的市场价值"来看，这两者之间都有比较大的差异的，藏友们需要细心加以区分。

新疆和田籽玉雕件

原生籽玉雕件，独籽雕件

大料（籽玉）雕件，切料雕件

何为“原生和田小籽料”？简单地说，就是在玉龙喀什河矿床中，直接开采出来的原生和田籽玉。那么，玉匠们将这样的原生和田籽玉，直接雕琢而成的一件玉雕工艺品，我们称之为“原生籽玉雕件”。业内常称之为“独籽雕件”。

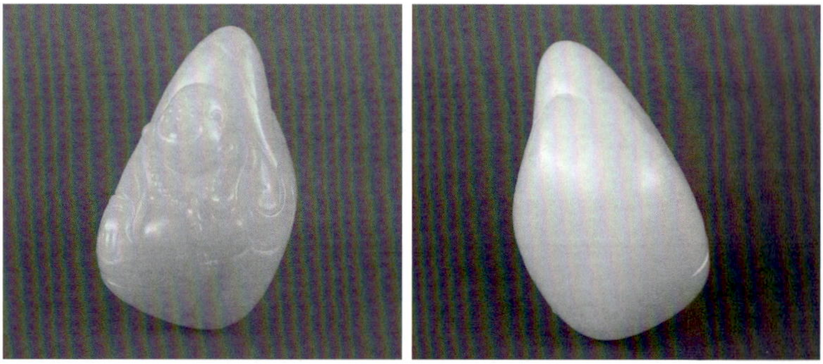

新疆和田籽玉，独籽雕件，弥勒

何为“大料切成的小籽料”？就是将大块度的新疆和田籽玉剖开，切成体积较小的数块，每一块，我们都称之为“大料切成的小籽料”。那么，玉匠用这样的切料雕琢而成的玉雕工艺品，我们称之为“大料籽玉雕件”或者“大料雕件”。业内的资深人士也常称之为“切料雕件”。

区别

事实上，早年的民间和田籽玉收藏市场，很少有碰到“大料雕件”的。但是随着市场上和田籽玉数量的越来越稀少，需求量的急剧放大，“独籽雕件”的数量远远无法满足市场需要。因此和田籽玉的“大料雕件”也就慢慢越来越多，甚至最近几年，数量大大地赶超了“独籽雕件”。

- 区别
  - 成因
  - “德”
  - “符”
  - 市场与收藏价值

首先，从“成因”上分析“原生小籽料”和“大料切成的小籽料”的区别。

前文有介绍，按照玉料产状的不同，和田玉可以分为山料、山流水料和籽料三大类。山料，是母体成矿在山中的玉料；自母体剥离后被雪水冲刷到河流的中上游，就成了山流水料；继续被流水冲刷到河流下游，便成了籽料。当然，这个搬运的过程经历了千万年乃至亿万年。从这种分类方式中，我们可以看出三者之间的区别，就是籽料经历流水冲刷磨砺的时间最长，山流水料次之，而山料则基本没有经过大自然中流水的洗礼。

“水滴石穿”，一滴又一滴的水珠，终年不停地滴在同一块石头的同一个位置上，天长日久下来，石头可以被水滴凿穿，凿出一个对穿的孔洞来。

那么，亿万年川流不息的流水，自然也可以将坚硬的磐石都冲刷殆尽。藏友们所追逐的新疆和田籽玉，就是在这亿万年的天长日久中，始终经历着玉龙喀什河中湍急水流的磨砺而成。从山料状态到山流水料状态，最后到籽料状态，玉料中玉质结构相对疏松的部分，被流水冲刷殆尽，通常最后剩下的部分，都是玉料质地的精华所在。这些“玉材精华”，就是玉器收藏市场上，现代和田玉爱好者们热捧的和田籽料。通常来说，新疆和田玉的材质，以和田籽玉为最佳，山流水料次之，山料再次之。

当然这只是一个相对的常见普遍情况。在山流水料与山料中，也有质地上佳的玉料。只是相对而言，和田籽料中材质上佳的情况出现的概率，要比和田山料与和田山流水料中材质上佳的概率更高些。藏友们在收藏和田玉时，需要具体情况具体对待，活学活用，不要生吞活剥、生搬硬套。

新疆和田籽玉，独籽雕弥勒挂件

再来说说和田籽料矿脉的所在地，由亿万年的雪水冲刷而成的季节性河流——新疆玉龙喀什河（新疆和田河）。自昆仑山脉北坡冰川的玉龙喀什河源头开始，流经洛浦县，在阔什塔什与卡拉喀什河汇流成和田河。整条玉龙喀什河的矿脉延绵了数百公里。但是高频率出产最佳的精品新疆和田籽玉原石的矿脉，也就是下游低海拔处的区区几十公里。随着和田籽玉大规模机械化挖掘的毁灭性开采，玉龙喀什河下游的矿脉首当其冲地被挖掘殆尽。

新疆和田籽玉，切料雕件，貔貅无事牌

随着下游的和田籽玉矿脉逐渐消弭，现代昆仑采玉人的挖掘机的开采矿点，也逐渐慢慢地向高海拔、高纬度的和田河中上游推进。

通过前文的介绍，读者们应该能够了解，玉龙喀什河的海拔越高，其河床也在渐渐地从下游向中上游过渡，而河流的玉材矿脉，也渐渐地从和田籽料矿脉，向和田山流水料矿脉过渡。同时，开采出来的和田玉的块度也越来越大，玉材的各项鉴赏指标，也渐渐地向山流水料过渡。相对和田籽料而言，和田山流水料的棱角要分明些，块度也要更大。这就是最近三五年来，采玉人提供到市场上交易的和田籽玉原料的块度越来越大的原因所在。

事实上，从玉龙喀什河的高海拔和田籽玉矿脉处，开采出来的大块度的新疆和田籽玉，虽然已经初步具备了新疆和田籽玉的所有特征，但是其在玉材的质地方面，与玉龙喀什河下游的小块度的原生和田籽玉，还是有优劣差距的。

通常来说，高海拔处开采出来的、大块度的和田籽玉，因为缺少了千万年大自然的洗礼，缺少了玉龙喀什河流水冲刷的自然选择，不管是软玉的“德”方面，也就是前文所说的结构、油份、糯性、纯度、老结度等参数，还是软玉的“符”方面，也就是前文所说的颜色、皮色、料形等参数，比小块度的原生和田籽玉都要相对欠缺。

其次，从“德”方面，分析“原生小籽料”和“大料切成的小籽料”的区别。

在“结构”方面，大块度的和田籽玉的阴阳面相对比较明显。通常来说，有些大料的阳面的结构细度，看上去要比大料阴面的结构细度好不少。目前和田玉收藏市场上，很多用“大料切成的小籽料”雕琢而成的玉件，其结构的疏松程度，甚至接近山料。这种情况，往往就是选用了大块度和田籽玉阴面的玉材而造成的。而原生小籽料，相对来说，结构的阴阳面差异要小很多，结构也相对比较致密。

新疆和田籽玉切料雕件貔貅，阳面的玉料质地上佳，与独籽无异

在“油份”和“糯性”方面，由于大块度和田籽玉的阴面玉材，在整块玉料中所占的比重，相对比原生小籽料要高，因此整体的油份与糯性也较之原生籽玉小料要欠缺些。

目前和田玉收藏市场上，藏友们时常会遇到许多和田籽玉的雕件，其所用的玉材的确是新疆和田籽玉，如假包换。但是，玉雕件却总感觉有点不足，比如玉料的质地发乌，玉件的地张发飘，玉材油份虽有却显不足，糯性则更是难得一见。有些和田籽玉的玉雕件，甚至乍一看，都有点类似青海料的水头感。通常来说这些情况，大多数出现在大块度和田籽玉阴面的材料上。在原生小籽玉上，这种情况则要少见得多。

新疆和田籽玉，羊脂白玉，独籽雕弥勒

在“纯度”方面，大块度和田籽玉与原生小籽料相比，相对来说也要欠缺。同一块和田籽玉大料阴阳面的不同部位，时常出现颜色差异非常大的情况。尤其是“瑕疵”方面，在大块度和田籽玉的阴面玉材上，时常能观察到相对明显的石僵。同时许多大块度的和田籽玉的阴面玉材上，时常出现玉料穿糖色的现象。包括结构纹理的均一程度，大块度和田籽玉通常也会比原生小籽料要相对欠缺不少。

至于“老结度”方面，大块度的和田籽玉，比原生独籽也有较大的差距。尤其最近几年，众多大块度的和田籽玉的材料比之往年，更是每况愈下。许多大块玉料切开后，白度固然不错，但是质地浑厚感都欠缺，凝重感不足，玉材地张发飘而且水透。这些情况，原生独籽中相对比较少见。

因此通常来说，由“大料切成的小籽料”雕琢而成的玉雕件，在纯度方面也比“原生小籽料”的玉雕件要欠缺。

再次，从“符”方面分析“原生小籽料”和“大料切成的小籽料”的区别。

在“颜色”方面，大块度和田籽玉中，白度好的玉料比率，要远低于原生小籽玉。而且通常来说，很多大块度的和田籽玉即便有白度，其凝重感、浑厚感也相对欠缺。通常很多大块度和田籽玉，都属于颜色发灰的青白玉。至于其他颜色的大块度籽玉，例如黑色、绿色、黄色的玉料，颜色至纯的绝少见，本书就略过不提了。

在“皮色”方面，近年来在市场上流通的大块度和田籽玉，绝大部分都是被采玉人染过色的二上皮。读者们可以推测一下：如果这些大料的原生皮色非常唯美，那自然市场价值极高，商家也无须另费周折，给大料进行人工上色。因为这样的做法，只会降低天然皮色美艳的大块度原生籽玉的市场价格。由此反推可知，大块度和田籽玉中，通常天然皮色美艳的情况也相对较少。天然皮色对于大块度原料的价值提升帮助并没小原籽来得那么显著。因此，藏友们在市场上看到的，由“大料切成的小籽料”雕琢而成的玉雕件，绝大部分都是人工二上的皮色，对于玉料鉴赏也没有任何帮助。这与原生小籽玉是截然不同的。

至于“料形”方面，由于“大料切成的小籽料”都是需要玉匠们雕琢的，因而不存在“玩料”之说。因此玉料的原始造型，对玉料的文化鉴赏与市场价格的影响相对比小原料要小许多。基本上，大块度玉料的料形，只能辅助帮助判断玉料的使用率有多高。造型规则且整气的玉料，材料利用率高，那么玉料市场价格就走高，反之则玉料价格走低。换句话说，需要雕琢加工的原料，其造型如何，对鉴赏的影响并不太明显，更多的是影响玉料的经济价值。

新疆和田籽玉，圆形牌料毛坯

最后从“市场与收藏价值”方面，给读者们分析一下“原生小籽料”和“大料切成的小籽料”的区别。

从市场价格来看，大块度和田籽玉由于块度较大，一般来说整块玉料的市场总价，通常要比同等档次原生小籽料来的高。关键问题是，虽然大块度和田籽玉的市场总价高，但是如果按照每克的单价来计算，大部分情况，单价却要比同等档次的原生小籽玉低很多。因此用“大料切成的小籽料”雕琢而成的玉雕件，其原料的每克单价成本，就要比原生小籽料的玉雕件的原料成本要低不少。

所以老狼强烈建议和田玉爱好者们，在出手购入和田籽玉的雕件时，需要注意学会区分“原生小籽料”和“大料切成的小籽料”。因为，两者之间的市场价格是有较大差异的。

再从收藏价值上来分析，还是用前文讲述过的两条原则看衡量。一，“物以稀为贵”原则；二，“符合中国传统文化”原则。

市场上的新疆和田籽玉雕件，由“大料切成的小籽料”加工而成的玉雕件的数量，要远胜于用“原生小籽料”加工而成的玉雕件。这种现象在“玉雕把件”中很常见，在“玉雕挂件”中更为多见。

原生小和田籽料，也就是原生独籽，由于产量有限，早在数年前，便已经无法满足日益增长的市场需要了。数量的稀缺也造成了原生独籽的市场价格日新月异、突飞猛进。于是乎“退而求其次”，玉商们将大块度的和田籽玉切开，切成大大小小的玉料毛坯，然后再雕琢成各种各样的和田玉雕件，实在也是不得已而为之。

前文已经讲过“原生独籽”和“大料切料”在玉料的材质方面的区别了。自然，从古人描述的“玉之五德——仁、义、智、勇、洁”来分析，“原生独籽”的玉雕件，在材质方面，比“大料切料”的玉雕件，毫无疑问要更加接近古人对于和田玉的传统理解。

综上所述，老狼认为，藏友们在收藏和田籽玉的雕件时，应该要注意区分“原生小籽料”和“大料切成的小籽料”之间的差异。因为两者之间虽然一脉相承、同气连枝，但是不管是市场价格还是收藏价值上，毕竟还是有一定的差距的。

当然，老狼并没有全盘否定“大料切成的小籽料”的意思。大块度的和田籽玉中，也有部分玉材的质地上好的，而且它们的品质也不亚于“原生小籽料”。老狼自己的诸多和田籽玉雕件藏品中，就有部分是用“大料切成的小籽料”雕琢而成的玉雕件。藏友们不要片面武断地将“大料切成的小籽料”一概否定，一棒子打死。只是在收藏和田籽玉雕件的时候，需要练就火眼金睛，将“大料切料”的玉雕件中质地上佳的部分挑出来。

当然，老狼在此也郑重提醒藏友们：和田玉收藏练眼力，没有“终南捷径”可寻求，藏友们应该不盲从、不冲动，多看、多想、多实战、多历练，“实践出真知”。

鉴别

介绍完了“原生独籽”和“大料切料”的区别，当然要介绍一下两者的鉴别方法。坦白说，在雕成玉雕成品件后，“原生小籽料”和“大料切成的小籽料”的鉴别，是有一定难度的。

“原生独籽”和“大料切料”在原材料方面，鉴别起来十分容易，一个是原生态，另一个是切割状态，基本上属于不言自明的事实，老狼就不再赘述了。事实上，两者之间鉴别的难点，在于如何区分玉雕成品件的毛坯玉料是“原生独籽”和“大料切料”？

那么，应该如何区分“原生小籽料”玉雕件和“大料切成的小籽料”玉雕件呢？通常来说，藏友们可以通过对以下几个方面的分析来判断两者之间的差异：

判断“原生独籽雕件”与“大料切料雕件”

- 器形
- 毛孔
- 材质
- 皮色

新疆和田籽玉，貔貅把件

器形

所谓“器形”，是指玉雕成品件的大体造型。

最近十年来，新疆和田籽玉作为诸多软玉中最好的一种玉材，在供求关系的差距急剧拉大的情况下，原材料价格突飞猛进。因此玉匠们在设计和雕琢玉件时，在不影响玉雕件的大形布局的前提下，通常都会尽量多的保留玉材。和田籽玉的价格今非昔比，去除掉一克，往往就是几百上千甚至上万的料钱去除掉了。因此，从玉雕成品件的大致造型上，有经验的藏友们是基本可以推断出原料毛坯的初始形状。

那么，“原生独籽”的玉雕件和“大料切料”的玉雕件在“器形”上有哪些差异呢？

一般来说，如果是由原生小籽玉雕琢而成的玉雕件，由于原生籽玉的天然造型非常不规则，所以玉雕成品件的造型也相对来说不是特别规整的。但是，虽然原生小籽玉的天然造型不规整，由于和田籽玉多呈鹅卵形，因此原生小籽玉的形状上，基本上没有特别突兀之处的。事实上，以老狼多年的经验来看，市场上的和田籽玉，绝少看见原生籽玉有外形上棱角分明、线条突兀的情况。那么自然，原生小籽玉的玉雕件造型上，大致也都会具备以上特点。

新疆和田籽玉，天然橘红皮色，原生小料雕貔貅

但是，如果是由“大料切成的小籽料”雕琢而成的玉雕件，由于切料是大块度玉料在人工切割之下产生的，因此大体形状上，总是造型规整，甚至棱角分明。由于切割工具的原因，许多切料毛坯的器形，时常有一个面甚至几个面是平面的。因此切料玉雕件的造型上，读者们可以仔细观察，反推玉件的毛坯玉料形状，大致也会具备以上特点。

当然，藏友们从玉雕件的大体形状，反推原料的大体形状，然后用来辅助判断玉雕成品件是“原生小籽料”玉雕件，还是“大料切成的小籽料”玉雕件，进行这些相关的专业判断，是需要藏友们有一定的实战基础的。初学者不是特别容易上手。而且仅仅依靠和田籽玉雕件器形上的判断，也不能完全百分之百断定正确的结果，还需要结合其他几个方面来综合鉴别。

毛孔

本文所谓的“毛孔”，就是和田籽玉表面天然的“砂眼麻皮坑”。由于砂眼麻皮坑的外观，看上去酷似人类皮肤表面的样子，因此业内都习惯性的将其俗称为“毛孔”“皮子”或者“皮肤”。

早年的和田玉收藏爱好者都知道：玉匠们在雕琢和田籽玉的玉件时，若“毛孔”不能成为构思巧妙的一个设计，通常都是要直接去除的。因为深深浅浅的“砂眼麻皮坑”没有丝毫的美感，雕琢时若将之保留在和田籽玉雕件上，非常有碍美观，假如无意中留着，相当于一个瑕疵没有去除，可以说，是一个不大不小的败笔。

但是，从 2004 年左右开始，玉匠们在雕琢和田籽玉雕件时，却一改以往务求雕件完美的宗旨，时常都会考虑尽量在雕件合适的部位，将“毛孔”留下。哪怕是只能留一小块“毛孔”，哪怕这一小块“毛孔”留着看上去非常之异怪，非常之不和谐，只要能留下，玉匠们都会想尽办法留下。

这是为何呢？究其原因，因为这“砂眼麻皮坑”，是新疆和田籽玉所独有的表皮特征，是帮助判断玉料是否新疆和田籽玉的重要依据之一。而且，对于初学和田玉收藏的爱好者来说，认识“毛孔”相对比较容易，对“毛孔”的理解和辨别比较易于上手。玉雕件上留下些许的“毛孔”，有助于初学和田籽玉收藏的爱好者们判断玉材是否和田籽玉。更重要的是，最近几年，初投身到新疆和田籽玉收藏大军的爱好者，数量实在惊人，而且仍在急剧增加。为了适应和迎合这个全新市场的需要，现在的和田籽玉雕件，通常都会留下毛孔。

那么，“原生独籽”的玉雕件和“大料切料”的玉雕件在“毛孔”上有哪些差异呢？藏友们知道，原生和田籽玉的表面，不管有没有颜色，通常都是全部带有天然的砂眼麻皮坑的。也就是说，天然和田籽玉，通常是周身都带有“毛孔”的。有经验的玉匠们，在雕琢原生小籽料的和田玉雕件时，会尽量在玉件周身的不同部位，都留有部分毛孔。藏友们只需要多加注意，便不难发现这些毛孔。从玉雕件所保留的各个毛孔所在的位置，藏友们便可以大致用来判断玉雕件的原料毛坯是不是原生独籽了。

与“原生独籽”表面的毛孔情况有所不同，“大料切成的小籽料”由于不是天然原生的和田籽玉，因此通常不可能周身全部都带有砂眼麻皮坑。而且通常母体籽玉原石的块度越大，切料所预留下来的毛孔越少。部分由大块度和田籽玉切成的籽料毛坯，由于原料的块度过大，原料中心部位的玉料，甚至都无法保留下毛孔。自然，在“大料切料”的和田玉雕件上，即便留有毛孔，毛孔的位置通常也都是集中在某几个面，甚至是集中在某一个面上，而不可能是周身都带有毛孔的。

由此可知，经由大料切料雕琢而成的玉雕成品件，其所预留的毛孔，与切料的原料一样，也是无法面面俱到的。读者们可以从玉雕件毛孔所在的部位，来反推玉料毛坯阶段的大体造型，进而判断是“原生独籽”的玉雕件还是“大料切料”的玉雕件。

当然，关于“毛孔”的问题，早就可以作假了。而且现在的高超的毛孔作假技术，已经可以把和田籽玉的砂眼麻皮坑做到以假乱真的地步。因此藏友们在参考毛孔辨别玉料时，还需要对毛孔的真假进行鉴别。

新疆和田籽玉，枣红皮玩料

材质

那么，“原生独籽”的玉雕件和“大料切料”的玉雕件在“材质”上又有哪些差异呢？前文介绍过，就和田玉的质地而言，山料、山流水料和籽料之间，通常情况下相对来讲，籽料质地最佳，山流水料次之，山料再次之。最近几年，在海拔较高的地区开采出来的大块度和田籽玉，矿点相对靠近玉龙喀什河的中上游。很多大块度和田籽玉阴面的玉料，虽然已经初步具备了和田籽玉的相关特征，理所当然是属于“和田籽玉”，但是由于在玉龙喀什河中经历大自然选择和洗礼的时限相对较短，材质的特性已经开始渐渐向山流水料靠近。

新疆和田籽玉，白玉与青花玉组合，账房先生，精打细算挂件

因此通常来说，“大料切料”的玉雕件，其质地上相对比“原生独籽”的玉雕件要欠缺些，从结构到油份、糯性，整体都要相对欠缺一些。同时就颜色而言，大块度玉料中白度上佳的玉料所占比率也偏小，通常会闪灰色或者闪青色。现在的和田籽玉收藏市场上，很多籽玉的成品雕件都是用“大料切成的小籽料”雕琢而成的。这就是最近几年，市场上非常多见和田籽玉雕件的颜色总是闪灰或者闪青的原因。而且大块度的和田籽玉，即便其颜色是白度上佳，但是玉材质地却时常缺乏凝重感，给人感觉玉材的浑厚程度不足，也就是所谓的玉材的老结度不够。业内老行家们常说的“玉料感觉有些嫩”，就是这个意思。藏友们可以仔细观察籽玉雕件的材质，反推这些玉雕件是“原生小籽料”的玉雕件，还是“大料切成的小籽料”的玉雕件。

但是请注意，老狼这里讲的大块度和田籽玉的情况，只是一个相对的现象，是“大料切成的小籽料”相对“原生小籽料”而言的通常情况。这种情况只具有一个相对的普遍性，并不是百分之百都如此。藏友们在具体的实践中，需要灵活运用，千万不要千篇一律、墨守成规。事实上，大料中也有很多玉料，其各项鉴赏指标都是非常不错的。

皮色

本书所说的皮色，就是指新疆和田籽玉表面的颜色。请注意此处所讲“皮色”，有别于前文所讲的“毛孔”。真正的新疆和田籽玉，一定带有砂眼麻皮坑一样的毛孔，却未必都带有天然的皮色。

那么，“原生独籽”的玉雕件和“大料切料”的玉雕件在“皮色”上又有哪些差异呢？其实最近这些年的和田玉市场上，大块度的和田籽玉表面的皮色，大部分都是人工染色的，或者人工二次加色的。皮色纯天然不作伪的大块度和田籽玉已经极为少见。

因此，藏友们如果看到和田籽玉雕件的皮色是人工作伪的加色皮时，非常有可能这个玉雕件便是用“大料切料”雕琢而成的。尤其是和田籽玉成品雕件的皮色，一眼就能看出是明眼的拙劣的加色皮时，这个玉雕成品件是用“大料切成的小籽料”做的概率相对颇高。

当然，现在和田玉收藏市场上，有为数不少的“原生独籽”，其表面也都作了人工上色处理。因此藏友们也不能单一的专注于通过皮色的作伪，来判断和田籽玉雕件的毛坯料是“原生独籽”还是“大料切料”。不过相对来说，如果籽玉雕件的皮色是纯天然的，那么玉雕成品件是用“原生独籽”雕琢而成的概率，自然也要相对高些。

综上所述，判断玉雕件是“原生小籽料”的玉雕件和“大料切成的小籽料”的玉雕件，可以从器形、毛孔、材质和皮色几个方面来着手。

行文至此，老狼再次提醒各位读者：判断和田籽玉雕件是“原生独籽”的玉雕件还是“大料切料”的玉雕件时，务必要综合考量老狼文中所提的每个特征点，不可断章取义，片面地只看某点，便草率地下定论。

和田籽玉的鉴赏是一个博大精深的课题。玉器鉴赏眼光的提高是个循序渐进、持之以恒的过程，绝非一朝一夕可以一蹴而就的。老狼奉劝有志于和田玉收藏的广大玉友们，尤其是初学和田玉收藏的玉友们，在和田玉收藏道路上，要多实践，多思考，少出手，按部就班，戒骄戒躁。“千里之行，始于足下”，功夫用到位了，自然水到渠成。

新疆和田籽玉，巧雕洪福齐天挂件

工艺（玉雕成品）

上文所讲述的“料形”，是专门针对未经雕琢的玉料原石而言。本章所解析的“工艺”，则是专门针对经过雕琢后的玉雕成品而言的。对于玉雕成品件而言，雕琢工艺的好坏，直接影响玉件价值。

不同题材的玉雕成品，工艺鉴赏的思路和角度都不同。老狼把市场上常见的玉雕题材做了一个整理归类，大致可以分为人物件、动物件、花草件、其他等几大类型。下面详细解说。

玉雕题材鉴赏分类

- 人物件
- 动物件
- 花草件（花鸟虫鱼件）
- 其他
  - 器皿件
  - 玉镯与玉牌
  - 仿古件

人物件

玉器人物件的鉴赏，藏友们主要可以从人物的面相，人物的身材比例，细部处理和瑕疵情况着眼，进行深入的赏析。

- 人物件鉴赏
  - 开脸（面相）
  - 身材比例
  - 细部处理
  - 瑕疵情况

人物件工艺的鉴赏，首重“开脸”。所谓开脸，就是人物件的面相制作处理，主要观察人物件的五官雕琢得是否端正，各器官的位置布局是否合理，大小尺寸是否合适，面部瑕疵是否处理干净等等。

人物件的“面相”，要求写实逼真，尤其是佛教类题材，五官开脸尤为重要！佛菩萨开脸，五官必须庄重大方，布局合理。佛像要“天庭饱满、鼻正脸方”，才能给人以庄严肃穆之感。故而佛教类题材的人物件面相处理，切忌设计制作得歪瓜裂枣、尖嘴猴腮。尤其面相的五官处理含糊，细节交代不清，都是玉雕人物件的大忌讳。这些现象在粗制滥造的地摊货中十分常见。

人物件的面相处理，还有一个非常大的忌讳，就是瑕疵在雕琢时没有处理掉，依然留在了脸上！许多玉石原料内部是带有瑕疵的，比如裂、僵、黑点等。玉匠在设计玉件时，瑕疵避除方面如果没有考虑充分，在后期雕琢加工玉件时，又无法把瑕疵彻底剔除。结果，瑕疵留在了人物件的面部，实在是非常遗憾。瑕疵一旦留在面部，裂看上去犹如刀疤，僵看上去犹如胎记，黑点看上去犹如麻子，实在大煞风景。若为神佛类题材，则更加显得不恭敬。因此，藏友们在收藏人物件和田玉时，千万仔细观察面部的细节处理。

人物件的“身材比例”，应该考虑结构尺寸的布局是否得当。传统玉雕工艺中，有“站七坐五盘三半”的人物件比例口诀。就是说，以人物的头部长度为一个单位，若人物站立着，则人物的整体高度应大致为七个头部的长度；若人物端坐着，则整体的高度应大致为五个头部的长度；若人物盘膝而坐，则整体的高度应大致为三个半头部的长度。

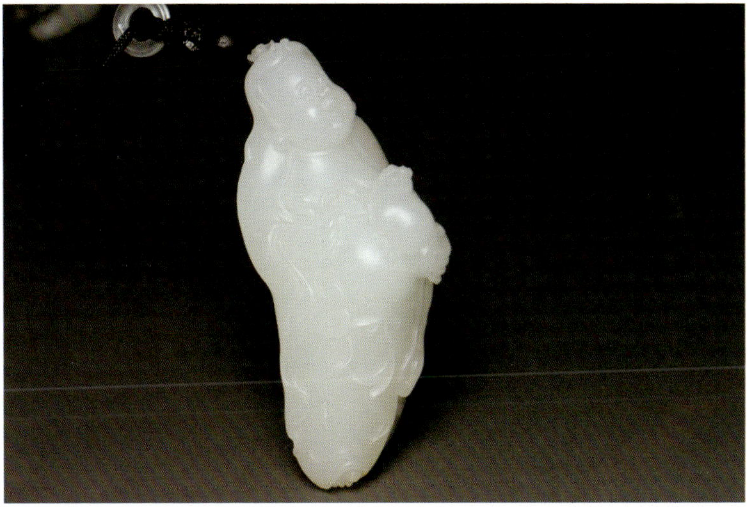

新疆和田独籽，刘海戏金蟾，五官逼真，比例得当

当然，口诀也需要活学活用，不能一成不变。针对不同题材，人物件的整体高度还需作相应的调整。

比如童子。我们知道，小孩子的头都比较大，因此玉雕童子件的头部所占身体的比例就应适当增加。这样处理，玉件一来更加写实，二来彰显童子的可爱与稚气。

再比如弥勒菩萨。现在流行的弥勒菩萨的造型，起于五代时期南朝的一位高僧，法名上契下此。契此大师外形就是大腹便便、笑口常开的大胖和尚造型。他修为高深，精通佛法，在民间的影响力极大。因相传他是弥勒菩萨转世，后世逐渐采用了他的形象作为弥勒菩萨的常见造型。

弥勒菩萨是典型的五短身材、大腹便便，其手足的长度比例设计，就应比通常的人物件比例做相应的缩短，其腹部在整个身材中所占比例则应相应放大，这样才能体现弥勒的憨厚大度与雍容富态。

又比如观世音菩萨。传统玉雕的观音菩萨风格，应该恪守正常的女性身材比例，体现观音菩萨的慈爱亲和、慈悲庄严。但是传统文化中，观音菩萨有三十二应化身，也就是佛家说的三十二相，男相与女相都属于观音菩萨的三十二相之一。“世人应以男身得度，则显男相，应以女身得度，则显女相”，因此实际上，观世音菩萨性别上，并无严格的男女之分。在近几年海派玉雕的精美作品中，老狼就时常见到从开脸到身材比例的整体造型，都比较中性的观世音菩萨造型，柔美之中，融入了几分阳刚之气，更显佛法无边、普度众生之感。

人物件的“细部处理”，则要求细节刻画精致，工艺细腻完备。有道是“内行看门道，外行看热闹”，一般人鉴赏玉雕工艺，往往只会看个大体布局，其实越是细节的地方，越容易被忽略。事实上，恰恰是“于无声处听惊雷”，这些看似不起眼的地方，往往最能体现一个玉匠自身的专业修为程度和个人文化素养。

比如手足部分的处理，因为位置不起眼，行事大大咧咧的藏友时常会有所忽略。手部所占身体比例很小，在雕琢加工时若要求制作精细，则工艺难度就相应较高。这要求玉匠有扎实的基本功，相对过硬的功力。玉件手部线条是否顺畅？手指关节是否明显？手部肌肉是否逼真？手指甲是否形象到位？这些细微之处，若处理的不足，经常会影响玉雕成品件的收藏和投资价值。而且玉匠若能在手部这个小小的方寸之间，做到面面俱到，那大型布局方面，自然更加无须多虑了。

老狼这些年的藏玉经历中，经常碰上这样的憾事：

玉料质地上佳，玉件大体工艺也还不错，但是细部处理却有失耐心，甚至手指数量细数之下，居然是九根或者更少，实在令人扼腕。

足部的处理也是一样。常理都知道，足分左右，但是许多玉匠在雕琢处理人物足部的时候，却往往忽略类似的小细节。足部处理的大致造型是否安排得当？趾有关节，能否像手指关节一样写实到位？哪怕是长裙遮足，是否通过衣褶的痕迹来写意的体现，彰显脚踏实地的感觉？这些都反映了玉匠对日常生活的深度认知和理解。

相对玉雕人物件的面部"瑕疵处理"来说，身体部位的"瑕疵处理"，要相对容易不少。玉匠们去除瑕疵的办法非常多。有些瑕疵可以直接剔除而不影响玉件的整体布局；有些瑕疵无法直接剔除，但是设计雕琢时，玉件可以进行随形巧雕，借形就势把瑕疵处理成某个图案；有些瑕疵还可以通过高超的雕刻技巧，直接隐藏到非常不起眼的部位……总之，玉件琢制完成之后，若瑕疵依然是瑕疵，毫无遮掩，那么可以说，此件玉件雕琢不是完全成功的。

新疆和田籽玉，天官赐福，文官眉清目秀、胸襟开阔

总体来说，佛或者菩萨造型都应该体态匀称、面慈心善、宝相庄严；弥勒菩萨则应该手足俱短、笑口常开、大腹便便；常规武将造型应该浓眉大眼、虎背熊腰；文官则应该眉清目秀，胸襟

开阔；仕女则应该柳腰丰臀、婀娜多姿；童子则应该神形可爱、笑脸稚气、动作夸张……一句话，人物件的鉴赏，应该从写实着眼，针对不同的人物类型，不同的身体部位作相应的艺术夸张和变形，不失动静结合的美感，彰显玉匠的艺术理解。

动物件

玉器动物件的鉴赏，可以从两大类去分析：走兽类动物件，飞禽类动物件。走兽类动物件与飞禽类动物件，又都可以分为现实生活中存在的动物和神话传说中的动物两种类别。

- 动物件鉴赏
  - 走兽类
    - 现实存在类动物
    - 神话传说类动物
  - 飞禽类
    - 现实存在类动物
    - 神话传说类动物

“走兽类”动物件，主要分两种：一种是现实生活中存在的动物，例如老虎、牛、羊、马、猴子、猫、老鼠、蝙蝠等；还有一种，则是神话中才有的，例如貔貅、麒麟、龙、玄武等。

新疆和田籽玉，生肖狗

“现实生活中存在的动物”，鉴赏起来较为方便，与人物件的鉴赏方法基本类似，就是以写实为主。只要是对生活有一定的认知的藏友，相信都不难区分玉件雕琢工艺的高低优劣。简单地说，动物件的造型雕得与现实生活中的动物越像，玉雕工艺自然就越好；反之则越差。

而“神话传说类动物”（业内常称之为“瑞兽”），在现实生活中没有对照，似乎鉴赏起来，有些给人无从下手的感觉。其实不然，“神话传说类动物”，一样取材于现实存在的动物，勾勒自现实存在的动物，脱胎于现实存在的动物。例如大家耳熟能详的“龙”，龙作为中华民族的图腾，可以说是集众多祥瑞于一身，集众多动物的造型于一身，其造型就可以从现实生活中存在的动物身上找到鉴赏参考。例如龙的眼如兔，角如鹿，耳如牛，鳞如鲤，颈如蛇，鬣如狮，腹如蜃，爪如鹰，掌如虎等等，藏友们都可以找到现实的参考依据。

神话传说类动物，举手投足之间，既充满写实的造型，又不乏写意的手法。好的神话传说类动物玉雕件，既有形象写实的刻画，又有大气磅礴的想象，虚实结合；既有现实动物的质感，又寄托了五千年华夏文化所传承的图腾崇拜，生动而传神。

在中华远古的传说中，各种瑞兽多有呼风唤雨、通天彻地之能，吹口气，翻江倒海；跺下脚，地动山摇。而且传说中的瑞兽，多为凶兽，因此在这些神兽的造型处理上，应注意风格要生猛霸道、大气磅礴。

瑞兽的造型处理，首先在整体布局上，应该有雄浑威猛、叱咤风云的动感；然后各个部位的细节处理上，应该把握各个器官的功用与特点，追求写实逼真。

多年来，在众多动物件题材中，老狼始终对“貔貅”类题材情有独钟。貔貅，是远古神兽，法力无边，佩戴者能趋吉避凶，平平安安。同时貔貅又喜食金银珠宝，并且相传没有肛门，只吃不拉、只进不出，佩戴者能财源广进。既辟邪，又招财，又不似佛菩萨类题材有很多忌讳，这也是老狼一直比较青睐的另一原因。

下面就以瑞兽“貔貅”为例，讲解动物件的工艺鉴赏方法。貔貅的工艺鉴赏，主要从头颈部、脊椎、四肢、身材比例四个方面来分析。

貔貅工艺鉴赏

头颈部

眼

鼻

口

颈

- 脊椎
- 四肢
- 身材比例

头颈部

“头部”在整个身体中所占比例并不大。但头部是整个造型中至关重要的环节之一。任何一种动物的头部，都是绝对的重点所在。动物们所有的思维活动，都在头部完成；所有的动作，都靠头部发出相应指令才能发动。

新疆和田籽玉，貔貅图章小摆件

动物类玉件雕琢时，眼、鼻、口、耳都集中在一个小小的头部方寸之间，头部需要表达的器官，也是最为丰富的。好的貔貅工艺，仅在头部，就需要把每个器官的细节都刻画到位，从眼至耳，由鼻到口，乃至口内的牙齿舌头，都应该面面俱到，这是非常体现一个玉匠的基本功的。

在头部的众多器官中，“眼睛”是最能表达这些上古奇兽之神韵的部位。中华民族自古以来，就有“画龙点睛”之说，龙画得再传神，若无这至关重要的点睛一笔，也无法活灵活现。眼部刻画，应该炯炯有神，线条处理应该饱满浑圆、不怒而威，这是雕琢瑞兽必不可少的要素。“眼睛是心灵的窗户”，眼部处理不宜过于简单写意，尤其对于动物件而言，简单的处理无法彰显瑞兽的气势。

当然，时代是发展变化的，人们的很多观念和审美观，也会在潜移默化中慢慢改变。最近几十年，国外的卡通影视、卡通漫画充斥着人们生活的方方面面。尤其像20世纪八九十年代出生的朋友们，可以说，卡通片是伴随着他们从童年到少年再到青年，一步步成长过来的。中西方文化的发展与融合，在我们传承了数千年的玉雕造型方面，也得到了充分的体现。

现在的和田玉市场上，有很多动物件一改传统瑞兽的威猛霸气的形象，转而以比较简单的线条，处理出全新的造型，满载着现代派的卡通元素呈现在藏友们面前。例如眼部的刻画上，只是用两三根带有完美弧度的粗粗的宽阴线，寥寥几笔，就勾勒出一个抽象的眼睛。这样的造型处理，一反传统貔貅的神威之感，代之以可人的迷你形象，让人一瞬间就联想到许多朋友家中豢养的宠物，倒也不失为一种创新。而且这样的工艺处理，既降低了雕琢工艺的复杂程度，玉匠们减轻了工作量；又节省料子，无须去除多余部位的玉料，经济实惠。在现今，高档和田籽玉的市场价格每克能高达数千元乃至数万元的疯狂年代，这样的处理既省工又省料，也不失为一种非常经济的做法。

澄清一下，老狼虽然不反对这种全新的玉雕造型，但是就个人喜好而言，还是比较喜欢传统的瑞兽的造型。瑞兽雕成了宠物造型，还如何辟邪招财？老狼内心对这种卡通造型，实在喜欢不起来。

“鼻子”在面部经常是个容易被忽略的部位。请读者们注意，容易被忽略，并不代表就不重要，并不代表雕刻处理时便能草草了事。我们知道在自然界中，许多动物，是靠灵敏的嗅觉感知猎物，靠灵敏的嗅觉辨知吉凶，靠灵敏的嗅觉察知危险的。因此，鼻子的处理，应该是挺而有力，并且鼻子外廓的线条应该刻画出细小肌肉感。简单地用一些线条写意的勾勒一下鼻子，有些甚至连鼻孔都不做处理，这样的方式，老狼个人以为不可取。想象一下自然界中嗅觉发达的动物，不管是狗，还是狮子，那灵活又灵敏的鼻子，可绝对不会是软而无力的。当然，鼻子造型的处理也同样有现代派卡通版的造型，鼻翼两边用斜刀压下去，然后用宽阴线勾勒出轮廓即成。

新疆和田独籽貔貅把件，天然橘黄皮，海派传统工艺，俏色运用惟妙惟肖

“口部”的玉雕处理也非常有讲究。我们知道，既然是上古神兽，呼风唤雨、通天彻地，口内的锋利尖牙自然也是必不可少。自然界中的猛兽在捕食时，锋利的牙齿能很轻松地切开猎物，从而大快朵颐。但是通常藏友们把玩的手把件貔貅，张嘴露牙，口部的大小连一厘米见方都没有，上下两排细细的利牙，尤其是四根尖牙的处理，工艺难度非常高，稍有不慎，细细的玉牙就有可能崩断掉，这对玉匠的技艺要求是非常高的。当然，口部也有现代派卡通版的造型。最近几年和田玉市场上多见的卡通貔貅，嘴部只是用阴刻线简单的勾划一下，自然也就不用露牙，成“闭嘴貔貅”了。

还有“胡须”，貔貅面部加上一层胡须，更加突显神兽的威猛孔武。当然，碰上精细的工艺处理，玉匠们还会在面部刻画上一些小块的肌肉，那就更显瑞兽的威武形象了。

“颈部”，也是一个容易被忽视，却非常重要的部位，它是头部与身体之间的衔接。瑞兽头部的所有活动，都基于壮实的颈部。一个人如果脖子粗短无力，便给人以颓废不振之感，一只瑞兽若颈部粗短无力，便给人萎靡无神之感。而且颈部直接衔接胸部，成语说“昂首挺胸”，这姿势给人精神抖擞、积极向上的感觉。这“昂”首，靠的可是颈部。

可以说，颈部是瑞兽的全身力量的写实体现之一，颈部造型的设计，雕琢线条的处理，直观上对瑞兽的威猛程度影响非常大。但是在瑞兽造型的颈部刻画方面，现代许多地域的玉雕貔貅造型，处理时过于简单。有些所谓“玉雕名家”制作的貔貅，甚至颈部都忽略不计，几乎看不见的。这方面，融合了传统玉雕风格精髓的现代海派玉雕，承前启后，风格造型在传统基础上又有全新的升华，可圈可点。现代海派玉雕在瑞兽颈部的处理方面做的尤为出彩，大气磅礴、浑然天成。总的来说，瑞兽的颈部的雕琢刻画，必须部位明确，线条交代清晰，肌肉强健有力，令人一目了然。

脊椎

走兽类动物的“脊椎”，是整个身体的支撑，是全身力量的基础，就像我们造房子的大梁一样重要。脊椎传递着大脑所发出的所有动作指令信息，到达四肢乃至全身。现实生活中不管是人还是动物，若是脊椎出了问题，常常是轻则半身不遂，重则命丧黄泉。脊椎在整个瑞兽造型中的重要性自然可见一斑。

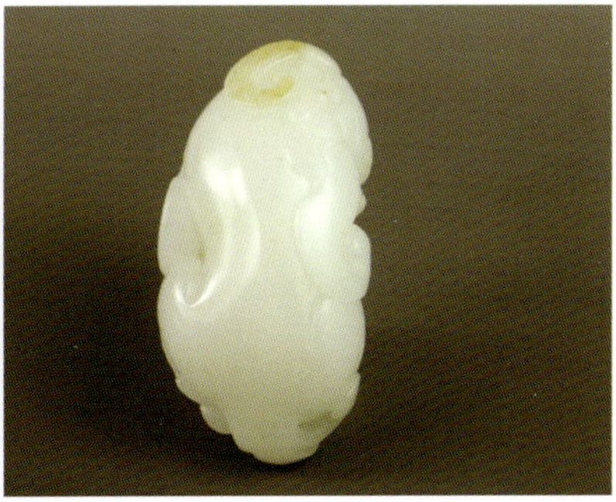

新疆和田籽玉，貔貅把件，脊椎坚挺有力

所谓“静若处子、动如脱兔”。不管是盘兽、走兽还是趴兽，脊椎的线条感越强，造型越明晰硬朗，力量感就显得越强，整个身躯看上去也就越显威猛。在制作精细的上好的动物件玉雕工艺中，玉匠们常常会在地张上，用斜刀把瑞兽的脊椎以阳线的造型刻画出来。整根脊椎由首过颈、经背及尾，一气呵成。如此处理虽然简单，却不失大气，一下子便把貔貅这上古神兽的“精、气、神”给淋漓尽致地表现了出来。

可惜现代的很多玉匠，虽然雕琢技艺精湛，但是对传承了五千多年的中华文明理解却并不深刻。他们对于貔貅的造型布局上，时常忽略“脊椎”这个至关重要的环节。这个现象，在以仿古工艺见长的“苏州风格玉雕”（就是业内常说的“苏工”）界，有一部分玉匠的作品中尤为常见。眼、耳、口、爪等部位的精细处理可以精致到细若发丝，但是却独缺“脊椎”这个力与美的中坚元素。

不管细节处理如何精细微妙，貔貅的造型若不注重对脊椎的把握，则整个瑞兽的造型就显得绵若无骨、瘫软无力，毫无生气和霸气。老狼个人认为这是一种缺憾。

若精益求精，貔貅的造型工艺处理更精细的话，玉匠们还会在脊椎的造型上，勾勒出一粒粒的浅浮雕圆珠，恰似脊椎上一段一段的骨节，把整条脊骨都完美写实的刻画出来，那就更加彰显貔貅的王者霸气了。

四肢

走兽类动物件的“四肢”，是造型处理上的另一个重点。四肢，是兽类快速奔跑和扑杀猎物的重要依托，既是行动的工具，又是猎杀的武器。四肢的造型有力与否，直接影响瑞兽雕件整体气势的威猛感和雄浑感。

详细解析的话，四肢又可以分为腿部和足部来介绍。

● 四肢

腿部

肌肉感

骨节

足部

鉴赏动物件造型的“腿部”时，有两个细节是需要关注的，一个是腿部的肌肉感，另一个则是大小腿之间的骨节。

貔貅是神兽，其腿部应该是肌肉感明显，线条处理阳刚有形。腿部肌肉是貔貅力量的象征之一，因此腿部肌肉应该做到线条清楚，造型清晰。腿部强壮而且修长，貔貅便显得孔武有力。

新疆和田籽玉，独籽貔貅把件

前文交代过，神兽虽然是现实生活中没有的动物，但其造型取材于现实生活，自现实生活中勾勒而出。若读者们以现实世界中的狮子、老虎等猛兽动物为原型，则不难看出，动物件的大小腿分界应该是非常明确的。因此貔貅的腿部处理中，大小腿之间应该过度清晰，骨节应该交代明确。大小腿各自的长短尺度也应适中、写实。只有这样，神兽方能显得生气勃勃，雄姿英发。

就像上文所介绍的那样，在现今市场上常见的貔貅玉雕造型中，有部分苏工的貔貅造型，往往出现忽略貔貅腿部肌肉感和线条感的造型处理。有些动物件甚至整个腿部没有骨节，连大小腿都不分，酷似一根粗粗的水管。这样的貔貅造型绵软无力，给人感觉毫无生气，老狼认为不可取。

神兽的足部也是一个容易被玉匠们有意无意忽略的重要元素。足部造型的处理，应该是爪子与小腿部位之间衔接自然，过渡清楚。趾与爪之两者间也应该交代明确。若有条件的，还应该在爪子底部处理出肉垫的造型。各个部位应该做到细节清晰、动静结合。若是精雕细琢的玉匠，还时常在关节处加上几绺鬣毛，更加彰显貔貅的威武气概。

现在市场上很多偷工减料的造型简单的神兽爪子，则是简单的在腿部的末端留一个大一圈的圆头，然后在圆头拉上几根阴刻线，地下磨平，便成了神兽的爪子。这样处理既不见脚趾，也不见趾甲，更不见关节。笔者个人以为，这样处理，工时倒是节省了不少，但是造型处理过于简单，用在卡通图案的艺术表现上倒是恰如其分，但是用在上古神兽的玉雕造型上，实在有点张冠李戴，“驴唇不对马嘴”，有些不可取。

尺寸比例

最后，貔貅雕件整体的尺寸比例应该安排得当，长短粗细布局合理。老狼在前文中一直强调，神话类动物件，虽然是人们虚构的造型，但它取材于现实、勾勒自现实，整个造型都是从现实动物的造型中脱胎而来的。因此，神兽类动物件的整个身材比例，也需要协调一致，粗细得当、长短适宜。

试想：一只貔貅若雕琢得身躯庞大，四肢却细短无力，它如何能辟邪？又如何能招财呢？藏友们只要记住，不管是何种瑞兽，也不管是瑞兽的哪个身体部位，总是可以在现实生活中找到参考实体的。因此鉴赏瑞兽的身材比例时，还是能以自然生活中现有的动物造型为参考的。

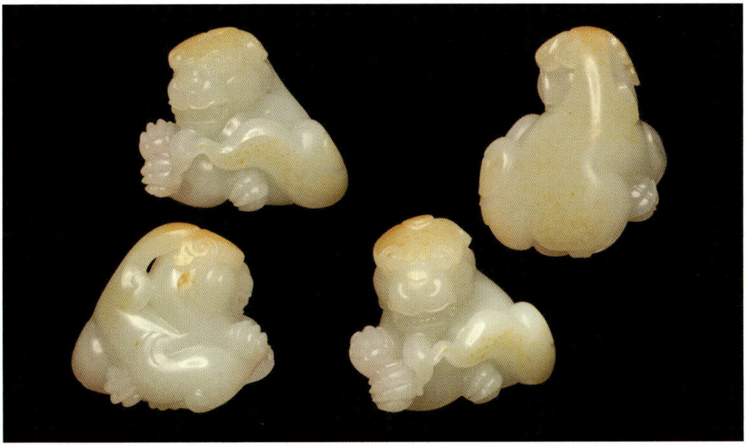

新疆和田籽料，貔貅把件

与走兽类动物件一样，“飞禽类”动物件也可以分为两种：一种是现实生活中存在的，例如大鹏、白鹭、喜鹊、鸳鸯、仙鹤、鹅、锦鸡等；还有一种则是神话中才有的，常见的主要是凤凰和朱雀。

“现实生活中存在的飞禽类动物”，鉴赏的方法与现实生活中存在的走兽动物件类似，原则上以写实为主，藏友们只要以现实存在的飞禽类动物原型为参考，便不难区分玉件雕琢工艺的高低优劣。简单地说，玉件琢制得越是与现实动物接近，越是造型逼真，雕琢工艺自然就越佳。反之，则雕琢工艺就越差。

飞禽类玉雕件在风格上，大致可以分为两小类来区别鉴赏。一类是飞翔于天际的飞禽类玉雕件，另一类则是不会振翅高飞的飞禽类玉雕件。

能飞上天的飞禽类题材，常见的有喜鹊、白鹭、仙鹤等，相关题材有喜（喜鹊）事连连（莲子或莲花），喜（喜鹊）上眉（梅花）梢，一路（白鹭）连（莲子或莲花）科，一路（白鹭）有情（古琴），松（松树）鹤（仙鹤）延年，仙鹤林芝等等。这类飞禽都是能够展翅翱翔于天际的。因此在玉雕造型的设计与刻画时，应该注意鸟儿的体态轻盈，整体画面动态的轻快潇洒。一句话，飞鸟就应该给人轻灵飘逸之感。

不振翅高飞的飞禽类题材，常见的有鹌鹑、鸭子、鹅、鸳鸯等，相关题材有岁岁（麦穗）平安（鹌鹑），一甲（鸭子）一名，我（鹅）如意（林芝），鸳鸯戏水等。这类飞禽，着重刻画的不是其飞翔于天际的自在感，而是安详富足、如意安康、心想事成的居家幸福之感。因此不管是鹌鹑，还是鸭子或者鹅，都应该注重刻画鸟儿们安之若素、体态富足、体型丰盈的祥和安乐之感。

另外，飞禽类玉雕件与走兽类动物件略有不同的是，常见的走兽类动物玉雕件不论是把件还是挂件，皆是以圆雕件居多(所谓圆雕，就是玉雕造型是立体雕)。但是飞禽类玉雕件，有一部分造型则是在玉料地张上琢制的浮雕造型。那么遇到浮雕类的飞禽类玉雕件，我们在鉴赏其工艺优劣的时候，除了注意造型写实和工艺细节之外，还需关注其画面布局，关注其整体构图是否合理。总体上说，浮雕类飞禽题材玉雕件，构图应该虚实相应，画面应该错落有致，布局应该动静结合。

新疆和田籽玉，喜事连连

“神话传说类飞禽”的题材，主题则相对比较少，最常见的就是百鸟之王——凤凰，其次则是传说中镇守四方的“四灵兽”之一，镇守南方的灵兽——朱雀。

与前文所述类似，“凤凰”与“朱雀”虽然是神话传说中才有的神鸟，但是神话传说中的飞禽与走兽类似，同样也是取材于现实生活，脱胎自现实生活，在现实的飞禽类动物身上都可以找到影子的。神鸟类玉雕作品的鉴赏，主要应该着眼于整体画面的布局搭配，神鸟的比例尺寸，造型动态的灵活动感以及细节处理等几个要素。

“神鸟”是写意类的题材，玉匠设计这类玉件时，刻画重点应该着重于飘逸、轻灵与王者之气。飞禽类的“头部”虽然没有兽类占的比例大，但也是灵魂体现的所在，除了画龙点睛的眼部之外，神鸟的喙也是不容忽视的要素。作为猎杀敌手主要的工具之一，神鸟的喙是彰显神鸟霸气的重要元素。藏友们可以参考现实生活中猛禽或者孔雀的“喙”，对飞禽类玉雕题材进行中肯的鉴赏和评价。

除了头部之外，飞禽的翅膀、尾部、爪子等其他部位，在不同的动作状态下，所表现的不同神情，与体现整个画面的动感和画面主体的气势也是息息相关的。古典名著《西游记》中的大鹏金翅鸟，每拍动一下金翅，就是九万里远。现实生活中的猛禽们，展开双翅的长度则远大于身体的长度。可见翅膀在飞禽的诸多表现元素中所起的作用是十分巨大的。不管是凤凰抑或是朱雀，作为神鸟，其翅膀的刻画应该线条苍劲，轮廓孔武有力。翅膀上的羽毛应该井井有条，大小羽毛的布局错落有致，羽毛之间线条刻画清晰明确。

除了头部和翅膀之外，飞禽类玉雕件的“爪子”，也是至关重要的一个部位。但遗憾的是，“爪子”由于在构图中所占比例不大，也经常被玉匠们所忽视。事实上，神鸟的爪子，或者更确切地说，是神鸟的腿部，是神鸟们力量、霸气和王者风范的另一个重要表现。神鸟的腿部虽然掩盖于羽毛之下，无须对其肌肉做细节的刻画，但是腿部线条应该粗壮有力，结实雄浑。而神鸟的爪子，线条处理应该修长苍劲的同时，还应该注意把诸多关节与爪尖也表现到位，给人肃杀凛冽之感，十足的不怒而威。

当然，在不同动作状态下，飞禽类造型还应该关注各个身体部位之间相互的配合，动作是否到位，位置是否准确。老狼曾经见过许多玉雕件的凤凰和朱雀，头部、翅膀和爪子等关键部位的刻画都十分到位，不能说不细致，但是各个关键身形之间的配合，却一点都不从实际出发，完全想当然的设计，结果整个画面中，神鸟处于一个完全不可能实现的动作造型，实在是非常可惜。

最后，玉雕题材中的飞禽类作品，基本上都是现实生活中常见的题材，所以，飞禽类玉雕作品的雕琢，尤其需要从写实出发，刀法务求干净利落，细部刻画务求精致细腻，造型务求栩栩如生。

花草件（花鸟虫鱼件）

“花草件”，时常也被称为“花鸟虫鱼件”，此类玉件经常也会带有飞禽类造型，但是飞禽在这个玉件上所占的比例很小，玉件主体还是花草植物为主。

新疆和田独籽，俏色雕弯弯顺（虾）把件

在众多玉雕题材中，相对于“人物件”和“动物件”而言，“花草件”的鉴赏则要相对简单得多。究其原因，因为这自然界中的瓜果菜蔬、花草虫鱼，实在是千头万绪，千姿百态，各种造型千奇百怪，应有尽有。那么“花草件”鉴赏起来，在“写实”这个关键环节的要求上，自然就相对要容易做到些。

对于花草类题材的玉器的工艺鉴赏，主要着重的是玉件整体造型的写实程度、细部处理的精细程度、初始玉料的瑕疵避除程度和颜色运用的灵活程度。

● 花草虫鱼件玉雕工艺鉴赏

● 整体造型的写实程度

● 细节处理的精细程度

● 初始玉料的瑕疵避除程度

● 颜色运用的灵活程度

整体造型的写实程度，藏友们依然可以参考花草件在现实生活中的相对应的实物。通常来说，瓜果、菜蔬、花草等常见“花草件”玉雕题材，都是由根、茎、枝、叶、花、蕊、果实等部分组成。

花草类玉雕件整体的协调性，主要包括花草各个部位之间的尺寸比例是否得当，花草的大体形状是否合理，花草之间的生长是否符合自然规律……总之一句话，玉件上的花草越是形象逼真，玉雕工艺自然也就越精湛。

细节处理的精细程度，则是花草类题材的玉雕件里，最彰显玉匠功力深浅和制作过程中用心与否的要素。若是一丝不苟地仔细分析每一个细节，可以说，那些枝繁叶茂的植物，那些花团锦簇的植物，它们的每根茎干、每片叶子和每个果实，都是需要玉匠去花心思表现的。

比如说花草件的叶子，老狼就一直要求：玉匠们在琢制玉件时，叶子上的茎茎络络，尽量不要简单地用单一的阴刻线来表现，而是用宽阳线的手法来表现。这样处理，一来可以使玉件更加写实逼真；二来从实用把玩的角度出发，玉件在盘玩时，也不容易留下污垢。

初始玉料的瑕疵避除程度，主要取决于玉匠最初设计玉件时的心思巧妙程度。由于花草植物们的根茎错综复杂，枝叶茂盛繁多，因此雕琢花草类玉雕件时，在瑕疵处理上，想象空间特别大。

既可以在花草们的穿枝过梗之间，用镂空、切除等方法选择将瑕疵直接去除；也可以考虑通过花草各个部位之间的过渡，将瑕疵巧妙借除；还可以用随形巧雕的方法，把瑕疵直接处理成花草件的某个部位，变废为宝，“化腐朽为神奇”。

由于花草件不像人物件和动物件有个相对固定的形态美丑标准，玉匠们可以充分发挥自己的想象力和创造力，设计难度也相对小很多。有经验的玉匠通过精心设计，巧妙雕琢，常能把外形缺憾明显的原料脱胎换骨，令人耳目一新。

新疆和田籽玉，红皮巧雕灵芝

颜色运用的灵活程度，同样也取决于玉匠最初设计玉件时的心思巧妙程度。和田玉颜色多样，皮色更是千变万化。心思巧妙的玉匠们，将不同颜色的玉料与不同颜色的皮色，按照现实生活中与之相近的花草实物，勾勒出惟妙惟肖的造型。

颜色的俏色运用处理上佳的花草玉雕件，往往效果十分吸引广大藏友们的眼球。尤其是颜色运用巧妙，并且整体布局合理到位的作品，常常能随形就色，意境天成，玉件的造型栩栩如生，有些甚至与实物相差无几。上好的花草件玉雕件成品，甚至第一眼的感觉能够以假乱真，堪称鬼斧神工，甚是精湛。

“花卉玉件”的玉雕处理，讲究布局错落有致，花朵、花瓣要刻画逼真，花叶的经脉要以阳线刻画，务求生动形象；整体造型要饱满灵动，给人生意盎然之感；枝梗的处理要写实生动，适度的“穿枝过梗、盘根错节”处理，能更好地体现植物旺盛的生命力。

“瓜果菜蔬玉件”的玉雕处理，讲究布局生动逼真，果实的造型要写实，体现生意盎然，延绵不绝之感。例如白菜的菜叶翻卷要自然，叶片之间的造型和颜色过渡要条理明晰，切忌拖泥带水，方能体现财源滚滚、不断广进之意。

最后，花草类题材玉雕件上，经常出现花草类与虫鱼类小动物共生的题材，例如莲子或莲花与鲤鱼在一起（连年有余），莲子与三只甲虫在一起（连中三甲）等等。这些题材的鉴赏，在把握花草件的工艺好坏的同时，也不能忽略动物的工艺处理。藏友们在鉴赏此类玉件工艺时，可以参考前文所述的动物件的鉴赏方式进行。

新疆和田籽玉，红皮连年有余

其他

在玉雕件的众多题材中，除了前文所提的人物件、动物件、花草件三个常见的主要大类之外，还有一些常见的玉雕题材，老狼按照其普遍性，归纳了以下几类：器皿件、玉镯与玉牌、仿古件。

器皿件与玉山子摆件

“器皿件”与“玉山子摆件”，数千年来一直作为陈设玉器中的主要题材，为达官贵人所称道。但是由于玉雕“器皿件”与“山子摆件”的体积过大，既无法随身携带，又不便随手把玩，除了陈设与观赏外，别无他用。随着玉件须易于随身携带等实用性越来越受到广大玉器爱好者们所重视，大型的陈设类器皿件除了在大型展会、评比和大企业家中能比较容易见到之外，其他时候正在慢慢地淡出现代玉器收藏爱好者们的视野。

藏友们如果掌握了前文三大类玉雕题材的工艺鉴赏要点，举一反三，器皿件的鉴赏则更为简单，本书不赘述。

但是，在玉雕器皿件中有一个概念值得一提——“痕都斯坦工艺”。

老狼见过多次，许多所谓的“专家”在给人鉴定玉器的时候，有些玉器就鉴定为“痕都斯坦玉”。各位读者请注意：“痕都斯坦”，其地并不产玉。所谓的“痕都斯坦玉”，说的也只是一种制玉的工艺形式。

新疆和田籽玉山子摆件，天然皮色，临石观海图

“痕都斯坦”，最早是由乾隆皇帝按照藏语和回语的音译，考证并取名的。痕都斯坦国（大约 1526–1858）位于印度北部，包括克什米尔和巴基斯坦西部地区，也有“温度斯坦”、“痕奴斯坦”等其他音译。清同期的痕都斯坦玉匠们琢制和田玉的工艺与风格，完全不同于中国的传统玉雕风格，另辟蹊径、别具一格。

当时由于当地的人相信使用玉制的用具可以避邪驱毒，因此痕都斯坦玉器常见题材为碗、杯、壶、盘、瓶等实用器皿。“痕都斯坦玉雕工艺”最明显的特征有三个，就是薄胎、错金银与纯色。

痕都斯坦玉雕工艺

- **薄胎**
- **错金银**
- **纯色**

所谓薄胎，就是玉制器皿件的胎壁，十分纤薄。相传古代的能工巧匠们，使用精湛的水磨技术，精雕细琢。玉质器皿件的胎体完整的同时，胎壁却透薄如纸。“痕都斯坦工艺”的薄胎技术，素有“西昆玉工巧无比，水磨磨玉薄如纸”之说。

讲解到此处，有个常见的误区，读者们要注意：不是但凡是器皿玉雕件，都能称为“痕都斯坦工艺”的。老狼曾经在国内某知名珠宝城中看见店家展示的几个大型的玉质花瓶，胎体使用镂空雕刻工艺不说，胎壁厚度足有一厘米朝上。卖家居然在商品的注解上标注“痕都斯坦花瓶”，这是不对的。痕都斯坦工艺处理下的器皿件既称为“薄胎”，胎体一定是完整的，不存在器物镂空的状况。

错金银，确切地说叫“金银错”，是一项最早始于商周时代的运用于青铜器上的古老加工工艺，后被玉匠们将其使用在了玉器琢制上。

青海青玉，薄胎玉碗，痕都斯坦工艺

玉匠们在玉制器皿件的表面绘出需要的图案，然后按照图案的线条在器皿件表面錾刻出沟槽，再将金银丝或者金银薄片镶嵌至沟槽中，敲压、修整后，再进行最后的抛光处理。玉制器皿件与镶嵌好的金银图案相辉映，颜色不同、光泽相异，器物更显富丽堂皇、美轮美奂。一般来说，青玉错银，白玉错金，因为这样的处理，颜色搭配更合理。

纯色，简单地说，就是“一器一色”，痕都斯坦玉器大多选用白色、青白色或者青色的玉料。由于器皿都是薄胎，胎体纯色则更显晶莹剔透，浑然天成。这些迥异的玉雕风格与中国传统的玉器巧雕杂色工艺形成了非常鲜明的对比。

玉牌与玉镯

事实上，“玉牌与玉镯”只是造型上的分类，并不能算是玉雕题材的大类。特别是玉牌，原本也有人物题材、动物题材、花草题材、山水题材等分类，老狼这样分类似乎有点杂乱无章了。但是最近十年，随着大规模机械化挖掘，新疆和田籽玉矿脉资源的枯竭，能够开出全品相的玉牌和玉镯的上等和田籽玉原石犹如凤毛麟角，市场需求量却逆势急剧放大，品相上佳的玉牌与玉镯就愈发显得弥足珍贵了。因此，老狼在这里，将玉牌与玉镯重新另立一个大类，再重申一下玉牌与玉镯的工艺鉴赏。

玉牌

新疆和田籽玉，观音四六牌

玉牌，在各种玉器雕件造型中，独树一帜、自成一家，是玉器收藏门类中较为特殊的一类。究其原因，与其特有的造型与尺寸（尤其是正规方形玉牌）有很大的关系。

传统的玉雕件收藏，对于“正牌”，也就是正规牌子的外形尺寸，是有一定要求的。首先，牌子应该是正规的长方形；其次，对于玉牌的最小尺寸，也是有一些相对明确的要求的。“最小尺寸”顾名思义，就是满足了该尺寸要求，才能称得上正规玉牌。

传统玉牌各边的长度与牌厚，都有最小尺寸的要求（cm）：横 4、竖 6、厚 1；各个尺寸，都不应该小于这些参数，才是标准的玉牌。业内常说的“四六牌”，就是说的其最小尺寸为（cm）长 6 宽 4 的玉牌。

当然，现代玉牌的投资与收藏，因为考虑到许多藏友，喜欢将心爱的玉牌挂于胸口贴身佩戴，而传统的标准玉牌由于尺寸偏大，分量过重，挂脖子上容易引起不适。所以，为了减小重量，使玉牌适于佩戴，于是对玉牌的最小尺寸要求，也做了相对下调。

标准玉牌各边的长度与牌厚的最小尺寸（cm）要求，经过修正调整为：横 3、竖 5、厚 0.8。这样，玉牌的分量适中，既可收藏又适宜佩戴，实用性也大大增强。

由于传统玉牌所独有的长方形的造型，很多质地上佳的玉料都无法满足标准玉牌的尺寸要求，因此玉质上佳的标准尺寸的精品和田籽玉牌在原料毛坯阶段就比较难以寻觅，造价自然也十分不菲。

玉牌收藏中，还有一类——随型牌。由于毛坯料无法满足正规尺寸的要求，所以牌子只能随着毛坯料子的形状，做成圆形、椭圆形、心形或者随形等造型，称为随型牌。

随型玉牌虽然外形尺寸的要求不如正规玉牌来得严格，但是其他对于玉牌的材质要求、指标却是一样的，因此质地上佳的随型玉牌也较为难得，值得收藏。

那么，什么样的玉牌值得投资与收藏呢？

材料方面，精品玉牌的用料，首选自然非新疆和田籽玉莫属。玉牌由于其独有的两面平整地张的造型，视觉效果上，对玉质的要求（尤其是对油份和糯性的要求），比一般圆雕类玉雕作品要高。新疆和田籽玉，能相对保证藏品盘玩后变得油糯而不反灰的外观感受。

玉质方面，由于传统玉牌雕刻的工艺处理上，通常只能以阴刻、浅浮雕与部分简单镂空雕为主，其他的玉雕技法很难用在玉牌上。因此在瑕疵和缺憾处理方面，玉牌的可操作空间比圆雕类玉件要小不少。所以精品和田籽玉牌的质地要求，要比一般的圆雕玉件为高，除了结构、白度、油份和糯性方面的高标准外，还需要玉材的质地纯净，瑕疵少，阴阳面差异小。同样，由于玉雕处理工艺的局限性，玉牌的视觉效果上看，结构会比较显眼，因此玉牌对玉材结构的要求，也高于通常的圆雕玉件。

工艺方面，精品玉牌的雕刻工艺，首先要注意一个最容易忽略的问题，就是“牌子的地张是否处理的平整”？玉牌的地张处理的平整与否，是非常彰显玉材的质地好坏和玉雕工匠功力高低的。高档的和田玉牌，整体构图、画面布局等指标先不说，首先应该是地张处理得工整平顺，整个底板应该打磨得规整细腻。如果地张高低不平，或者呈现明显的橘皮纹状，那么款式设计得再新颖，图案雕琢得再细致，也是“为山九仞，功亏一篑”，实在是美中不足。

现代风格的玉牌，人物件多采用浮雕工艺处理，自然在投资与收藏精品人物件玉牌时，需要注意工艺要点：开脸是否端庄？

人物的身体比例是否协调？衣服褶皱、手指等细节处理是否到位？

因为玉质高档的精品玉牌原料相对少见，在投资与收藏时，题材选择上，更应多考虑受众面的问题，建议考虑相对大众化的题材为主，资金周转也方便。例如：佛教类题材，辟邪类题材，山水诗画类仿“子冈”风格类题材等。

新疆和田籽玉无事牌，双龙献瑞牌头

皮色方面，精品和田籽玉牌的收藏，应以注重玉质为上。古人赏玉、佩玉，皆“重首德而次符”，玉牌尤其如此。美艳的皮色固然能给玉牌锦上添花，但只要藏品质地纯正，工艺上佳，就值得收藏。

况且因为传统玉牌的特有造型，制作时如果为留皮色而留皮色，往往会导致玉件匠气过重，缺乏灵动飘逸之感；更有甚者，有些玉牌因为留皮色，图案处理不好，画面呆板僵硬，甚至影响玉牌的规整尺寸，实在是画蛇添足，大可不必。至于人工作伪的皮色，那对于精品的和田籽玉玉牌来说，就更加不可取了。

当然，老狼并不排斥天然柔美的皮色。精品玉牌上所带的养眼的天然皮色，若构思奇特、设计巧妙，精美超俗，则对玉牌的价值无疑有极大的提升，是较为罕见的，也是非常值得投资与收藏的。只是这样的极品实在难得，读者应该用一种坦然的心态去面对这类可遇不可求的藏品。

综上所述，精品和田籽玉的玉牌是非常难得的，资深玩家为求一块完全满意的玉牌，常常要经历多年的寻觅，并为之付出很大的代价。“物以稀为贵”，许多和田玉收藏爱好者，都以能收藏、拥有一块玉质上佳的传统标准的和田籽玉方玉牌而自豪。和田籽玉的标准方形玉牌，是资深玉友们的标准配置。

提到玉牌，就不能不关注玉牌中的最为难得的平安无事牌。所谓“平安无事牌”，是指牌面仅作地张磨平处理，不雕琢任何题材纹饰，最多牌头雕琢简单的图案，整个牌身绝大部分都是素面的玉牌。素牌无字，“无字”与“无事”谐音，平安无事牌因此而得名。由于玉牌的牌身以素面为主体，所以选料时，对平安无事牌毛坯的要求极高：

首先，要求牌坯的结构细腻。玉雕成品的结构，在素面的情况下，是最容易为肉眼所看清楚的，因此如果无事牌的质地结构疏松，在光线下看，就显得结构明显，十分疏松。

其次，如果牌坯的结构疏松，玉匠在成品的后道处理时，地张不易打磨平整，非常影响玉牌的品相。

最后，要求牌坯完全没有任何瑕疵和缺憾。因为平安无事牌是素面的牌身，因此即便牌身有瑕疵也无法通过各种雕刻技法去除或借除，哪怕是很小的一点绵、格、僵、水线，甚至是结构略微疏松或者牌料阴阳面稍重，都会无处可藏，一目了然。前文已经叙述过，高档的正规尺寸的精品方牌子因为对毛坯材质的要求颇高，已经很难得、很难寻觅了，而平安无事牌的牌坯在这个前提下，还要提高甚多要求，可以说，高规格的正规平安无事牌精品是可遇不可求的，非常难得。

新疆和田籽玉，龙凤呈祥仿古纹四六方牌

玉镯

如果说玉牌是华夏男儿的常宠，那么玉镯则是中华女性的挚爱。

玉镯，是中华民族的传统女子佩饰，作为汉族女子的常见饰品，已经传承了几千年。数千年来，和田玉镯一直伴随着时事变迁，见证着时代的发展、玉雕工艺的进步和玉件造型的更新。收藏热风靡全国的当今社会，和田籽玉手镯，除了佩饰，除了辟邪保平安之外，更是女性身份的象征。许多都市白领女性，都希望能拥有一只精品的新疆和田籽玉手镯。

怎样的玉镯适合收藏与投资？

玉镯选材方面，当然无可争议，选取精品的和田籽玉为最。因为玉镯是佩戴于手腕之上的贴身饰品，和田籽玉贴身佩戴而产生的油份等方面的喜人变化，是其他软玉所不能比拟的。其质地温润内敛，光泽含蓄，久戴更加润泽凝重；不似缅甸翡翠那样刚性十足，通体玻璃光泽，显得张扬外露。和田籽玉手镯所显露的玉质特性，更与东方女性所特有的内敛矜持，欲语还羞的风格相符合。而且随着过去几十年中，新疆和田籽玉越来越为普通百姓所认知和熟悉，高档和田籽玉供不应求，市场价格也一路飙升。

新疆和田籽玉，玉镯与镯坯

玉镯的质地方面，一只完美品相的玉镯，对原料的要求是非常高的。

首先，镯坯料要求没有瑕疵和缺憾。由于高档的籽料镯子，通常都是不加任何图案和雕工的全素镯，因此镯坯原料必须没有明显的瑕疵。但凡原料上有任何的瑕疵，不管是棉、格裂、僵还是黑点，都会在制成玉镯成品后一目了然，从而使收藏价值与经济价值打折扣。

新疆和田籽玉，玉镯与镯芯

其次，镯坯料要求结构细腻。因为精品籽玉镯子大多素面，如果玉质欠缺、结构疏松，戴在手腕上，内部纹理斑斑驳驳，是十分显眼的，收藏价值姑且不提，佩戴美感又打了折扣。

最后，镯坯料要求很大的尺寸。前文我们已经介绍过，精品和田籽玉的牌坯料已经颇为难得，由于玉镯的天然造型尺寸，能够开出镯子的镯坯料的块度要比牌坯料还要大很多，因此能够开出精品和田籽玉镯的镯坯料，更是难以寻觅。

工艺方面，许多读者感觉素镯无须雕刻，工艺简单，甚至可以说无工艺可言。其实差矣。“于无声处听惊雷”，越是简单的工艺，越体现玉匠的功力，越彰显玉镯的档次高低。玉镯的工艺好坏怎么看呢？其实很简单，玉镯内外径的圆是否正圆，玉镯每个部位的厚度是否基本一致，玉镯切面的造型是否基本保持相同，玉镯的通体弧线是否圆滑平顺。由于机器套筒把镯心套下来以后，剩下的毛坯处理工作，都需要玉匠靠手工仔细地琢磨成型，玉镯的那些简单的线条，是最难处理到位，却也是最容易观察的。

新疆和田籽玉，“缘定今生”系列三件套
手镯、镯心仿古把件，路路通挂件

皮色方面，由于精品和田籽玉镯造型简单，不管在镯身哪个部位，为留皮色而留皮色，实在画蛇添足，非常不可取。老狼认为天然皮色即便要留，也必须充分考虑玉镯的外形，不破坏玉镯的整体布局为佳，否则的话不如不留。

本书中进一步强调一下玉镯的工艺鉴赏。

现在国内和田玉市场上，玉镯大体可以分为“带雕工玉镯（雕花镯）”和“不带雕工玉镯（素镯）”两种。事实上，真正上好的和田籽玉手镯，应该是不带雕工的。原因有两点：

其一，基于和田籽玉原材料的极度稀缺性，玉匠在设计、加工玉件时，在保证造型完美和工艺质量的同时，原材料也应尽量多保留。只有素镯，方能尽量多地保留原材料。只有当玉镯上有明眼的瑕疵时，才迫不得已进行图案纹饰的加工，通过雕琢不同的题材，将瑕疵尽量借除。说实话，老狼每每看到那些各种各样的镂空、雕花、缠丝玉镯时，总是联想到玉镯原料之上有各种瑕疵，都不免扼腕叹息：天工造物，美则美矣，却不完美！

怪不得古人云："不全，不粹，不足，谓之美也。"

新疆和田籽玉，"缘定今生"系列两件套
手镯，镯心貔貅把件

其二，正所谓"大巧不工""良玉不琢"！虽然几千年来，和田玉有太多传说为人们所津津乐道，但是最能为人们所称道的，还是其古朴内敛的质地。古之君子"以玉比德"，和田玉器的博大精深、不骄不艳，那洗尽铅华后的谦谦君子之风，是真正与传承了数千年的中华文明和孔孟之道相契合的。玉镯中真正能体现大巧若拙的君子之风的，自然是首推不带任何工艺的素镯。

就造型而言，玉镯常见的有平安镯、贵妃镯和福镯。

玉镯的常见造型

平安镯

贵妃镯

福镯

平安镯的外圈弧度圆润饱满，内圈弧度平缓贴腕，内外圈口都呈正圆形，是和田籽玉手镯中最为常见的一种款式。假想若将镯子切断，断口的截面可以呈现弓形、半圆形不等。现代风格的平安镯，为了更加彰显平安镯的大气雄浑，条厚加粗，断口截面甚至可以是满弓形与矩形的叠加，很多藏友美其名曰“厚装平安镯”。这样的玉镯对条宽和条厚都有一定要求，因此对于玉镯的毛坯料（镯坯）的尺寸和质地要求也极高，是最为费料的一种玉镯造型。

新疆和田籽玉，平安镯

贵妃镯的内外圈口都呈椭圆形，断口截面弓形、圆形的都有。相传这种玉镯的款式，是由唐代杨贵妃发明，故名“贵妃镯”。这种造型的玉镯佩戴起来贴合手腕，更加方便手部的行动。但是相对而言比较省料，用料也比较经济实惠，相对收藏档次也低些。许多资深的玩家不太喜欢贵妃镯。

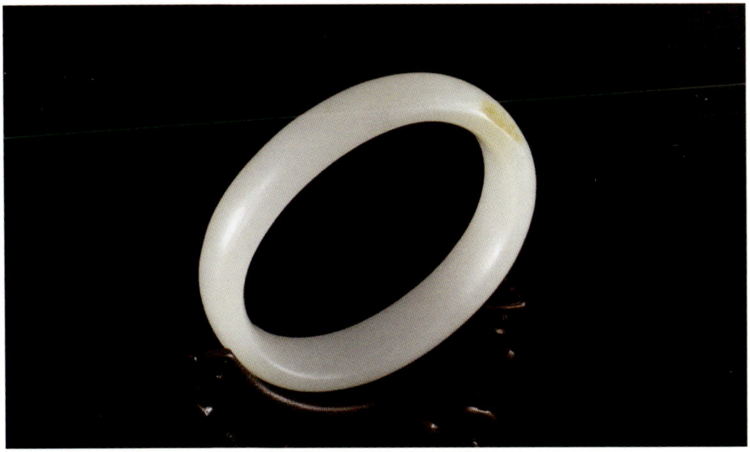

新疆和田籽玉，贵妃镯

福镯的造型则流传已久，内外圈口都成正圆形，断口截面也是正圆形。由于造型圆满，隐喻福气满满，故名“福镯”。由于福镯造型经典，自然在款式上也相对老气，再加上这种造型比较费工费料，最近几年已经慢慢淡出藏友们的视野。

不管是平安镯、贵妃镯还是福镯，若都是素镯，都看上去工艺简单，似乎毫无工艺可言。其实不然，越是简单的工艺，越体现玉匠的功力，越彰显玉镯的档次高低。

玉镯的工艺主要从内圈、外圈、断口截面和侧面来看。内外圈的线条是否流畅？正圆是否标准？椭圆是否曲线过渡自然，曲率一致？玉镯上断口截面的形状，是否每一个点都基本保持统一？玉镯的通体弧线是否圆滑平顺？这些都是玉镯制作工艺的鉴赏要点。

玉匠们用机器套筒把镯心取下来以后，剩下的毛坯玉镯的精加工程序，都需要靠手工仔细地琢磨成型。玉镯的那些简单的线条，是最难处理到位，却也是最容易观察的。藏友们只要用心观察，便不难区分其琢制工艺的优劣高低。

南阳独玉，三彩福镯

仿古件

在玉雕题材中，仿古件的图案主要分为纹饰类和动物类两种。

纹饰类的图案，主要来自传统的古代纹饰，常见的有乳丁纹、谷纹、勾云纹等等。这些仿古的纹饰，经常用于玉璧、玉玦等仿古礼器之上，鉴赏起来也比较简单。一方面，藏友们可以从纹饰排列的规整性着眼。由于通常这些仿古纹饰都是扎堆成片出现的，因此非常讲究几何的图案美、对称美。藏友们可以观察纹饰排列是否整齐？每个纹饰之间大小是否一样，间隙是否一致？由此来鉴赏工艺的优劣好坏。另一方面，藏友可以从工艺的粗细程度入手，观察玉件工艺的细节处理是否细致到位？比如说玉件的地张处理是否平坦？再比如说乳丁纹是否琢制得圆润饱满？藏友们只要有一定的鉴赏基础，都不难从中看出端倪，老狼就不再赘述了。

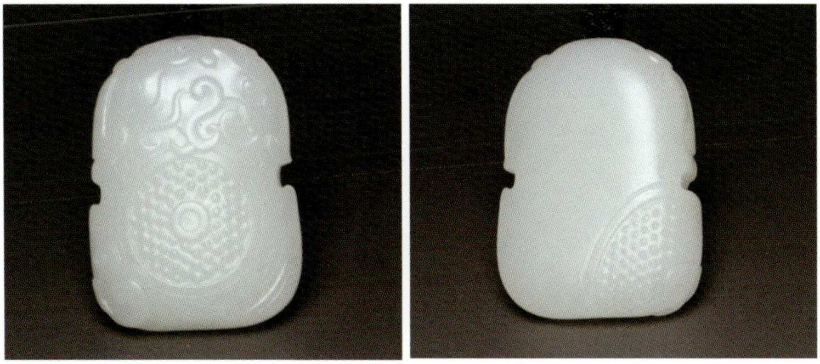

新疆和田籽玉，仿古兽面玉璧纹件

动物类的图案，主要也来自传统的古代纹饰，常见的主要有龙纹、凤鸟纹、虎纹、龟纹等等。这类仿古造型的动物图案，与前文所讲述的传统动物图案不同，完全不是以写实为主，而且有很多都是非常大写意的造型。因此藏友们鉴赏仿古件的玉雕工艺之时，造型方面没有太多典型的现实依据可参考。故而这类图案的玉雕工艺鉴赏，只要把握住常规的图案工艺鉴赏要点即可，主要观察玉雕细节的工艺处理到位与否，线条过渡流畅与否，画面设计合理与否等要素。

另外，仿古件造型的玉件，以浮雕件最为多见。因此，琢制的过程中，还需注意一个把玩的实用性。仿古玉件应该造型优美，工艺精湛的同时，玉件置于掌中把玩，则应该以不扎手，适合把玩为佳。同时，玉件即便经过人为的长时间把玩，也应该不会留有较多明显的污垢，这样的工艺既美观又实用，才是上佳之选。

新疆和田籽玉，脂白仿古纹对牌

行文至此，和田玉鉴赏要点中的第二大类“符”也告一段落了。坦白说，一个真正的和田玉收藏爱好者，一件真正上品的和田玉藏品，不论是“德”还是“符”，两者是缺一不可的。和田玉的收藏是一个慢慢积累、循序渐进的提高过程，藏友们只有耐心地一点点地积累对于玉材质地和玉件外观的鉴赏要素，才能够真正把握和田玉收藏的文化精髓，传承和田玉文化的内在。

新疆和田籽玉，荷花挂件

图书在版编目（CIP）数据

玉英撷粹 / 彭凌燕著 .-- 上海：文汇出版社，
2017.7

ISBN 978-7-5496-2233-7

I. ①玉 ... II. ①彭 ... III. ①玉石 – 收藏 – 和田地区
②玉石 – 鉴赏 – 和田地区 IV. ① G894 ② TS933.21

中国版本图书馆 CIP 数据核字（2017）第 166543 号

玉英撷粹

——老狼教你玩转和田玉

著作权人 / 彭凌燕

责任编辑 / 熊　勇

特约编辑 / 金晓燕　张国栋　蒋鸣珠

装帧设计 / 叶玉萍

图文整理 / 蒋鸣珠　强徐刚　王　洁

出版发行 / 文匯出版社

上海市威海路 755 号

（邮政编码 200041）

印刷装订 / 上海安兴汇东纸业有限公司

版　　次 / 2017 年 8 月第 1 版

印　　次 / 2017 年 8 月第 1 次印刷

开　　本 / 889 × 1194　1/32

字　　数 / 350 千

印　　张 / 15

印　　数 / 1–5000

ISBN 978-7-5496-2233-7

定　　价 / 98.00（全二册）

壬辰年春月

玉英擷粹

龍華寺海晏

目录

第六章
和田玉皮色分类浅析

- 概念释疑
- 分类浅析
  - 按照和田籽玉皮色的颜色大类分类
  - 按照皮色沁入玉料表面的深浅情况分类
    - 浅皮色
    - 深皮色
    - 沁皮色
  - 按照“首德次符”的鉴赏原则分类
    - 好皮好肉
    - 差皮好肉

- 好皮差肉
- 差皮差肉

- **关于皮色巧雕**
- **关于药水去黑**

基本概念释疑

藏友们想要掌握新疆和田籽玉的皮色，首先要弄清楚几个非常容易混淆的概念。

- **汗毛孔（砂眼麻皮坑）**
- **皮色**
  - 真皮色
  - 假皮色
    - 完全假皮色
    - 加强色
- 皮（皮子）
- 光白籽
- 白皮料
  - 僵皮
  - 活僵
  - 死僵（石僵）

汗毛孔（砂眼麻皮坑）

“汗毛孔”：俗称“毛孔”。新疆和田籽玉在玉龙喀什河中，经历了亿万年的流水冲刷和侵蚀。由于流水之中含有许多高硬度的细小颗粒，这些颗粒随着湍急的流水不断撞击着和田籽玉的外表面。因此经历了天长日久的流水洗礼之后，和田籽玉的表面自然形成了许多大大小小并且分布不规则的“凹坑”，专业术语称之为“砂眼麻皮坑”。由于这些“砂眼麻皮坑”看上去，非常类似人类皮肤的汗毛孔造型，因此，业内人士通常都形象的称其为“汗毛孔”。

请读者们千万注意，“汗毛孔”只是和田籽玉表面的一种结构状态，可以带颜色，也可以不带颜色。

新疆和田籽玉弥勒把件，天然枣红皮

由于和田山料与和田山流水料，没有经历过亿万年流水的冲刷，因此玉材表面是没有砂眼麻皮坑的。换句话说，真正的“砂眼麻皮坑”，是籽玉所独有的特征。同时，因为观察“砂眼麻皮坑”

的方法浅显易懂、易于上手，因此和田玉收藏爱好者们，经常将“砂眼麻皮坑”作为判断玉材是否和田籽料的主要依据之一。

但是请藏友们注意，千万不要将“汗毛孔”作为鉴定玉材是否和田籽玉的主要判断依据。因为“汗毛孔”是可以作假的，而且目前的造假技术已经十分高明。制作精细的人工伪造的“汗毛孔”，基本上能够以假乱真，再加工成成品之后，只留存极小的一块作伪毛孔于其上，资深的业内人士也很难分辨真伪。

现今的和田玉收藏市场上，玉匠在制作和田籽玉成品时，通常都会在玉件表面刻意地留一些“汗毛孔”，用以证明玉材是新疆和田籽玉。但是由于“汗毛孔”作假手段几可乱真，原生和田籽玉表面整张的“汗毛孔”若作假，判断起来尚且十分费力，玉雕成品件上几处甚至一处，保留一些小块的“汗毛孔”，实在让人真假莫辨。

新疆和田籽玉，天然枣红皮玩料

因此，老狼提醒各位藏友：千万不要一看到玉雕成品件保留有“汗毛孔”，就立即确认雕件选用的玉材原料是新疆和田籽玉！判断玉件所用玉料的产地时，除了观察玉雕件保留的“汗毛孔”

之外，还需要结合观察玉材的质地，从玉料的结构、油份和糯性等玉料的质感方面，综合来鉴定玉料的产出地，这样才不容易出错。

事实上，在玉雕成品件上，尽量保留有“汗毛孔”这个现象，得以大规模的普遍推广，始于2004年左右。早年玉匠们在雕琢新疆和田籽玉的玉件时，并无刻意保留“汗毛孔”的习惯。究其原因，“汗毛孔”在造型上并无太多美感可言，甚至有些不美。早些年在玉雕件上刻意地保留一些“汗毛孔”，不仅给人感觉十分突兀，严重的甚至可以认为是玉雕成品件的一处瑕疵，是玉匠设计、雕琢不慎而留下的一处败笔。换句话说，“汗毛孔”的刻意存留，是不会提升任何玉雕成品件的价值的，若留的不巧，甚至还会负面影响到玉雕成品件的收藏价值和经济价值。

同时，早些年痴迷和田玉收藏的爱好者们的数量，远远不如现在多，并且是以资深的内行的和田玉爱好者居多。经验老到的和田玉玩家，判断玉雕成品件是否由和田籽玉雕琢而成，是直接观察玉材质地的。这种鉴别方法直观、准确，但却是以长年累月的实战经验为基础的。因此，早年的和田籽玉雕琢而成的玉雕成品件，根本没有刻意保留“汗毛孔”的习惯。

现在的和田玉收藏市场上，藏友虽然数量惊人，但是大多数是初学的玩家。他们在鉴赏玉材时，由于经验相对欠缺，把握玉质十分困难。因此，通常都会关注“汗毛孔”——这个和田籽玉所独有的特点。这就是最近几年，和田籽玉的成品雕件为何提倡保留“汗毛孔”的原因。

另外，为了便于鉴定玉雕成品件所用的玉材，是否取自新疆和田籽玉，而刻意的保留“汗毛孔”，本无太多过错。但是老狼要提醒读者们，“玉雕成品件因为刻意地保留有‘汗毛孔’，而能够提升其经济价值”，却是极大的谬误了。现在市场上，有部分和田玉爱好者受一些别有用心的商家的误导，错误地以为：和田籽玉的成品雕件，保留有“汗毛孔”，价值就珍贵些，价格也就高些；没有保留“汗毛孔”，价值就低些。这个观点是完全错误的！

总结来讲，“汗毛孔”并非是鉴定玉材是否“和田籽玉”最权威的最精确的方法。保留“汗毛孔”只是为了辅助鉴定玉材产地，并不能提升任何经济价值。

皮色

何为新疆和田籽玉的“皮色”？就是指新疆和田籽玉在自然环境中，天长日久的受玉料周围生存环境中的致色元素的沁染，表面自然形成的天然受沁的颜色。市场上常见的和田籽玉的天然皮色多种多样，主要以红黄色系、黑褐色系等较为多见。

新疆和田籽玉，金包银玩料，天然真皮色

读者们注意，皮色有真皮色和假皮色之分！

何为“真皮色”？顾名思义，就是和田籽玉表面的纯天然的皮色。和田籽玉的真皮色上色自然，色泽优美，色彩丰富多样。大自然鬼斧神工的杰作，即便是后天的人工手段（例如沸水煮，清水长时间浸泡，甚至 84 溶液濯洗等）也不易使之褪色。同时，新疆和田籽玉的表面若附着有天然的真皮色，是能够提升其市场价值的。越是美艳稀有的天然皮色，越是能够提升和田籽玉的市场价值和收藏价值。

何为“假皮色”？顾名思义，新疆和田籽玉表面的，后天人工作伪、人为染制的皮色。假皮色是会负面影响和田籽玉成品玉雕件的市场价值的。但是假皮色又能为不法商家带来更多牟取暴利的机会。

新疆和田籽玉，皮色人工加强

和田籽玉的皮色作假的情况，常见有以下三种：

其一，以假乱真，掩盖玉料的质地特征。这类情况通常在“滚料”上较多见。上文有介绍，有经验的和田玉收藏爱好者，可以凭借观察玉件内部的结构情况，来判断、鉴定玉件的玉材是何种玉料。部分商家将俄罗斯料、青海料乃至韩国软玉等低端玉材，先切割整形，然后用机器滚磨成圆形（业内通常将此类玉料称为“滚料”）；然后人工做上伪造的“汗毛孔”，最后在玉料的表面，染上厚厚的颜色，使买家无法真切的观察到玉料的质地情况，进而做出错误的判断，给出高于玉料应有价值的成交价格。

这类造假手法，大部分情况下，通常做工都比较粗糙，易于辨认。但是最近几年的和田玉市场上，也有此类“滚料”的作假手段相当高明的现象。有些收藏和田玉多年的资深玩家，都会在部分高仿的玉料面前判断失误，造成经济上的巨大损失。

其二，掩人耳目，掩盖原有玉料上的天然瑕疵。这类情况的制造者目的明确，不求以假乱真，只求混淆视听。因而此类情况的人工作伪皮色的真假也相对比较容易鉴别。在新疆和田籽玉上，尤其是块度较大的和田籽玉上，时常带有许多瑕疵，例如石僵、黑点等等。通过在玉石原料表面的厚厚的人工作伪皮色，使买家无法明确洞察玉料内部的情况，进而对玉料内部的情况做出错误的判断，给出高于玉料应有价值的成交价格。这是最常见的大块度和田籽玉皮色作假的原因之一。

其三，以次充好，通过足以乱真的高仿的人工作伪皮色，虚假的提高新疆和田籽玉的市场售价。此类玉料皮色的作假情况，通常出现在原本就质地尚佳的新疆和田籽玉之上。而且有时候，此类玉料表面是带有一些天然的皮色的，只是这些天然皮色看上去比较少、比较浅，或者看上去不是很漂亮。作假者的目的也非常明确，旨在通过高超的人工皮色作伪手段，美化和田籽玉表面原有的皮色，同时因为作假手法高超，能让买家错误地以为玉料的皮色是纯天然的，从而给出远高于玉料应有价值的成交价格，达到以次充好、牟取暴利的目的。

事实上，玉料的假皮色若加以细分，还可以分为“完全假皮色”和“加强色”。

何为“完全假皮色”？玉料的表面原来没有任何颜色，通过后天人工作伪的手段，在相对较短的时间内用染色颜料使其上色，这就是完全假皮色。相对来说，完全假皮色的染色工艺比较粗劣，容易褪色，容易区分。上文介绍的玉料皮色作伪的情况一与情况二，通常都属于“完全假皮色”。

新疆和田籽玉，黄沁皮巧雕世世英武挂件

何为“加强色”？业内也称之为“二上色”，也叫“复色”。玉料的表面原本有些真的皮色。但是，为了使玉料的皮色视觉效果更加漂亮，从而能够卖个更好的价格，通过后天人工作伪的手段，在相对较短的时间内用染色颜料使其皮色加深加强，这就是“加强色”。上文介绍的玉料皮色作伪的情况三，通常都属于“加强色”。业内通常也将此类情况称为“皮色二上”。相对而言，“加强色”的制作工艺手段要精密、细致很多，而且由于玉料原本带有一些天然皮色，所以玉料皮色真中带假，假中有真，真假混杂，非常难以辨认。有些作假手段高超的“加强色”和田籽玉，即便是收藏和田玉多年的资深玩家也时常难于把握，出现误判，稍有不慎，便会吃亏上当，蒙受巨大的经济损失。

皮（皮子）

新疆和田籽玉的“皮”，业内也习惯称之为和田籽玉的“皮子”。老狼认为，“皮”这是一个非常容易混淆视听的概念，是一个非常需要明确界定的概念。

何为和田籽玉的“皮子”？“皮子”包含了两层含义。一层含义，是指和田籽玉表面的砂眼麻皮坑状的结构形态；另一层含义，则是指和田籽玉表面所带的各种各样的颜色。简单地说，和田籽玉的“皮子”，既指和田籽玉的“汗毛孔”又指和田籽玉的“皮色”。广大和田玉爱好者在实际鉴别和田籽玉时，是需要明确加以区分的。

但是在实际运用中，情况却往往不是如此。现今的和田玉收藏市场上，许多初学和田玉收藏的爱好者，对于这两个概念是非常模糊的。这正好为部分别有用心的商家所利用，使他们有了可乘之机。

新疆和田籽玉，极品红皮玩料

藏友在购买和田玉时，时常会询问关于“皮子”的情况。买家在咨询和田籽玉的“皮子”的相关情况之时，明明意在询问玉料“皮色”的真假情况，有些商家却故意答非所问，回答的是玉料“汗毛孔”的真假情况。请读者们注意：市场上非常多的新疆和田籽玉，其表面的“汗毛孔”是真的，但是“皮色”却是假的！毫无疑问，在其他指标相同的情况下，真“毛孔”、真“皮色”的和田籽玉，价值肯定比真“毛孔”、假“皮色”的和田籽玉要高。

当有商家信誓旦旦地保证，其出售的新疆和田籽玉的“皮子”是真的之时，已经不动声色地偷换了一个概念。他们的真正意思是，保证其出售的新疆和田籽玉的“汗毛孔”是真的，而不是保证其出售的新疆和田籽玉的“皮色”是真的。即便事后买家发觉购买的玉件“皮色”有问题，卖家也可以推说当时说“包真”，是指的“汗毛孔”包真，而不是指“皮色”包真。碰到此类情况，往往是吃亏上当的买家“哑巴吃黄连——有苦说不出”。因此，老狼提醒各位和田玉爱好者，在购买和田玉件，向卖家详细询问玉件的“皮子”的情况时，请明确表述要询问的内容，莫要让人有机可乘。事前莫嫌麻烦，好过事后捶胸后悔。

严格意义来说，用“皮子”这个词语，来描述新疆和田籽玉表面的情况，是非常不准确、非常不严谨的。藏友们应该直接用“皮色”和“汗毛孔”来表述玉料的表面情况，如此方能准确无误。

光白籽

何为“光白籽”？顾名思义，“光白籽”就是表面光光的，没有带任何皮色的籽玉。当然，业内一般提到“光白籽”时，指的都是和田籽玉。大体上来说，就新疆和田籽玉而言，其表面既可以带各种天然皮色，也可以不带任何天然皮色。前者业内俗称“皮色料”，后者业内俗称“光白籽”。两者都是和田籽玉，所不同的是一个带天然皮色，另一个没有天然皮色。

新疆和田籽玉光白籽原料

还有一点请读者们留意，就是“光白籽”的表面，虽然不带有任何天然皮色，但是却一定带有砂眼麻皮坑，也就是“汗毛孔”。事实上从生成环境来分析，汗毛孔既是籽玉所独有的特征，也是所有新疆和田籽玉都具备的普遍共性。

总结来说，但凡玉料是新疆和田籽玉，则一定带有“汗毛孔”。但是，却不是所有的新疆和田籽玉，都带有天然皮色的。对于新疆和田籽玉而言，天然皮色可带可不带，“汗毛孔”却是一定具备的。

此处还有一个新手时常步入的误区：因为光白籽表面不带任何天然皮色，而和田玉许多又都是白色的玉料，所以有部分初学和田玉收藏的朋友，会将“光白籽”错误的理解成“白皮料”。事实上，“光白籽”与“白皮料”是两个完全不同的概念。“光白籽”是不带任何天然皮色的；而大部分“白皮料”的表面，却恰恰不是白色的，时常带有很多天然的红黄色系的皮色。

新疆和田籽玉光白籽原料

白皮料

那么，何为“白皮料”呢？与之前所有的概念都不同，“白皮料”若是也顾名思义，那就谬以千里了。简单从字面理解，“白皮料”看似应当是白色皮的玉料或者是无皮色的玉料，但事实上却恰恰相反，“白皮料”的皮色通常都不是白色的。

新疆和田籽玉白皮料，黄皮白玉兰

那么“白皮料”应该如何相对准确的界定呢？事实上，到目前为止，对于“新疆和田籽玉”中的“白皮料”的具体成因，市场上众说纷纭，莫衷一是。而且到老狼写稿之时，尚未听说有哪个权威的科研机构对“白皮料”的具体成分和成因有过明确的并且精确的分析和解释。事实上，白皮料拿在手里，乍一看，与那些市场价值不高的僵皮极为类似。

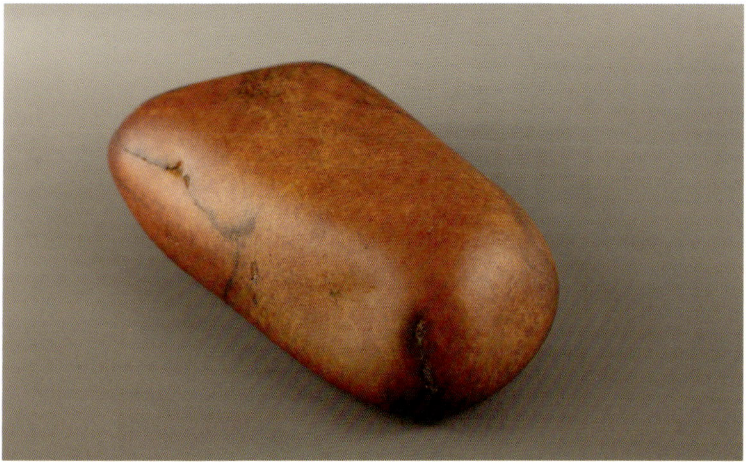

新疆和田籽玉，枣红皮白皮料

老狼也曾经数度与同道中的朋友们，探讨过关于“白皮料”的问题。综合了很多朋友的观点之后，归纳了一下白皮料表面的成因，仅代表个人观点，供各位和田玉爱好者们参考。具体细节如下：

所谓新疆和田籽玉的“白皮料”，是指和田籽料的表面有一层薄薄的白色僵皮；和田籽料在大自然的环境中，受周围自然环境中致色元素的沁染，在这层白色的僵皮之上，天然受沁了各种颜色，而且这些颜色以黄色和红色居多。

请注意，和田籽料的僵皮，有“活僵皮”与“死僵皮”之分。

所谓“死僵”，业内也称“石僵”，老狼个人的理解是，这类僵皮的石性非常之重，透闪石含量极低，乍一眼看上去非常像普通石头的感觉，了无生气，毫无软玉的质感。“死僵”用光源照射，基本也不透光线，而且不管经历怎样人为的盘玩和摩挲，石僵依然是石僵，基本上不会有太多质的变化。同时很多和田籽玉带“死僵”的部位，硬度也不够，许多情况下还出现吃刀的情况。各位藏友们甚至可以直接以“石头”等同对待。这类“石僵”，玉匠们在雕琢玉件之时遇上了，绝大部分情况，都是直接切除了事，通常除此以外没有更好的解决之道。藏友们在收藏和田玉件时，“石僵”也是应该尽量要避免的。

“活僵”则不同，这类僵皮，初看是僵，但是仔细观察，却又不完全是石性，其内透闪石的含量也较之“死僵”要高。带有此类“活僵”的和田籽玉，绝大部分是有些透光的，而且硬度也与一般软玉类似，美工刀通常刻不动。同时此类“活僵”经过人工的盘玩和摩挲，假以时日，便能有质的突变。带“活僵”的和田籽玉，经过人工把玩，随着盘玩日久，不断地吐脏，不断地恢复，渐渐地便可以重新找回玉的质感。玉料会变的油润可嘉，同时透光度也会大大增加。有些玉料经过数年坚持不懈的努力盘玩，最终可以完全显露玉性，几乎看不出原有的玉料僵性。当然，这需要盘玩者有足够的耐心和毅力。

那么和田籽玉中的“白皮料”体表所带的僵皮，则属于“活僵”的一种。但是“白皮料”所带的僵皮，又有别于一般“活僵”。稍有和田玉收藏经验的朋友都知道，和田玉的“僵”是因为含有某些杂质而造成的，这是明确属于玉料的瑕疵的一种。但是，“白皮料”表面的薄薄的那层僵皮，则更加像是受外界环境影响后，玉质产生钙化现象造成的。因为这层白皮，只浮游于玉料浅表，不会深入肌理。还有朋友认为，此类现象类似老玉中的鸡骨白沁。

当然，此类说法老狼没有去考证过。但是不管是何种观点，都认可了“白皮料”的僵皮是“活僵”的说法。白皮料表面的活僵皮能盘透盘活，这是基本共识。而且就因为“白皮料”表皮的这层活僵，使“白皮料”在后天的自然环境中，比较容易受环境影响而上色。因此，多数白皮料，都是带有红色或者黄色的天然皮色的。

新疆和田籽玉，黄皮白皮料

同时，“白皮料”用光源观察的时候，是明显透光的。当然，光线照射下，僵白色的阴影也是一目了然。但是，玉料表面的僵性，通过佩戴者的不断盘戴，一段时间后，便可以明显改观。有些效果好的，僵皮部位，甚至可以盘带到完全消失不见，达到光线照射时与一般玉料一样完全透光的效果。而且通常小块度的和田籽玉白皮料，皮色下面的玉质都是结构致密，温润浑厚，质地上佳，非常值得收藏。

另外还有一个很奇怪的现象，“白皮料”在和田玉市场上，是最近十年开始大量出现的。老狼自己推测，估计有可能与和田籽玉的矿层分布有关。虽然同是玉龙喀什河的矿脉，但是矿层深浅、分布情况不同。以前昆仑寻玉人的挖掘机，尚未到达那个矿层与矿点，所以早些年在收藏和研究新疆和田籽玉之时，白皮料虽然有，但是为数并不多。尤其最近五六年，块度较大的，几公斤重甚至几十公斤重的和田籽料白皮料屡见不鲜。

由于白皮料表面带有那层活僵，因此非常容易人工染色，故而这些大块度的和田籽料白皮料的表面，绝大部分都清一色的人工染着厚厚的假皮色。由于假皮色染的非常之深，以至于玉料很多部位用强光手电辅助观察，都无法探知其内部端倪。而且最近几年，“白皮料”频频面世，纵观这几年市场上出现的白皮料的品相，总体来讲，现在的白皮料玉质也是日趋下乘，一年不如一年。

声明一句，关于“白皮料”表面僵皮的成因等科研类问题，老狼未曾科研分析和考证过，只是一家之言，仅供广大藏友参考。

“好肉不上皮”

在分类详细介绍皮色之前，首先要纠正一个业内很多初学和田玉收藏的玩家，都时常犯的概念性错误——“好肉不上皮”。

老狼经常看到有和田玉收藏爱好者，遇上和田籽玉带有天然的皮色，立即便草率地做出判断，认为该和田籽玉的结构疏松，质地欠缺。如此武断，询其原因，十有八九会回答老狼：“好肉不上皮呀。”

何为“好肉不上皮”？许多初学和田玉收藏的朋友，都是直接按照字面意思，想当然的去理解的。“好肉”，就是指玉料的结构细腻，质地紧密。“上皮”，就是指玉料在自然环境中受到周围致色元素的沁染，在其表面生成天然颜色。此处的“皮”，特指籽玉的皮色。这两点理解都是正确的。问题是中间那个字——“不”！

许多朋友都错误的将这个“不”字，理解为“不能、不会”。那么，全话的意思就是：“和田籽玉只要结构细腻，质地致密，就不能天然沁出皮色来。”换句话说，就是玉料只要质地紧密，就不会有皮色。

新疆和田籽玉，福至心灵把件

而且，从常理上来分析，只要和田籽玉结构细腻，其周围环境中的致色元素便难以侵染，难以沁色。因此“好肉不上皮”，乍一听，似乎是有点事实依据的。于是更有不明深浅的初学藏友，又在原话后面加了半句，成了“好肉不上皮，上皮无好肉”。意思是：只要是质地好的和田籽玉，就不会沁上天然的皮色，一旦沁上了天然的皮色，自然便说明了该和田籽玉的结构疏松。

这显然是谬误的！

错误在哪里？错在对“不”字的理解！此处的“不”，意思并非“不能，不是”。正确的理解，应该是“不易，不易于，不便于”。

“好肉不上皮”的正确理解，应该是说玉料若结构细腻，质地紧密，便不容易受自然环境中致色元素的沁染，不易受沁上色。怎么会造成这种情况的呢？在自然界中，质地上乘的和田籽玉，由于其结构致密的原因，致使引起和田籽玉的玉料上色的致色元素（例如三价铁离子等），几乎无法沁入玉质内部。即便是亿万年的沁蚀，这些致色元素，也只能在玉质表面沁出非常浅的一些皮色。此时，和田籽玉表面的玉质没有受到任何天然皮色的掩盖，油份（脂份）和糯性，都是显而易见的。

也恰恰是因为质地上佳的和田籽玉结构致密，不易上色，才更加“物以稀为贵”！正因为如此，在和田玉收藏市场上，质地上乘、皮色美艳的和田籽玉，一旦面世，便价格不菲，并且后期升值潜力也远高于同类的无天然皮色的和田籽玉原料。

行文至此，相信读者们有一点应该早已了然于胸了——“上皮无好肉”，更加是无稽之谈了。

分类浅析

正所谓“千种玛瑙万种玉”，天然的新疆和田籽玉的皮色，每一块都是独一无二、不可复制的。自然界中，无法找到任何两块新疆和田籽玉，其天然的皮色会是一样的。因此对于新疆和田籽玉的皮色分类，若要细化，难度极大，不太现实。

本书为了藏友们便于理解，将新疆和田籽玉的皮色做大致的分类，方便读者们去理解和记忆，具体如下：

按照和田籽玉皮色的颜色大类分类

- 红色系皮色
- 黄色系皮色
- 黑色系皮色
- 褐色系皮色

按照和田籽玉皮色的主要色调大类来分类详解，老狼将和田籽玉的皮色分为红色系皮色、黄色系皮色、黑色系皮色与褐色系皮色。前文已经讲解过，此处不再赘述。

新疆和田籽玉，聚枣红皮

按照皮色沁入玉料表面的深浅情况分类

● 浅皮色

● 深皮色

● 沁皮色

依据天然皮色沁入和田籽玉表面的深浅情况，老狼将新疆和田籽玉的皮色分为浅皮色、深皮色与沁皮色三大类。

为何这样解析？原因有三：

其一，和田籽玉天然皮色的深浅情况，直接影响到和田籽玉的市场价值。举例来说，同样是和田籽玉的枣红皮，一种情况是皮色沁入厚度很薄，只有几丝的厚度，完全在玉料的表面；另一种情况则是皮色沁入相对较深，最深处有数毫米的厚度；还有一种情况则是颜色已经深深的沁入玉料的肌理，深达数厘米甚至玉料已经完全为天然颜色所沁透，这三种情况下的枣红皮，对于玉料的市场价格影响是非常大的。通常来说，若玉料质地的各项指标基本类似的话，前者的市场价值最高，次者相对要低些，最后一种情况的市场价值则是最低的。

其二，和田籽玉皮色的深浅情况不同，佩戴者盘玩、摩挲的方法也不同。老狼收藏和田籽玉这么多年，对于籽玉表面的赏心悦目的天然皮色，一直十分痴迷，也亲自佩戴、把玩过为数不少的和田籽玉皮色料。可以说，“千种玛瑙万种玉”，要想让每一块带有天然皮色的和田籽玉在最短的盘玩时间内，散发出玉材迷人的魅力，就需要佩戴者针对不同皮色的深浅情况做出明确判断。当然，玉件皮色深浅不同，其方法也是不尽相同的。

新疆和田籽玉，独籽雕天然黄皮弥勒把件

其三，和田籽玉皮色的深浅情况不同，经过佩戴者长时间把玩后，天然皮色所产生的变化也不同。和田籽玉的天然皮色各有各的生成情况，各有各的美，通过人工后天把玩后，变化也大相径庭。浅皮色有浅皮色油润的美，深皮色有深皮色艳丽的美，沁皮色有沁皮色纯透的美。

“石不能言最可人”，爱好者们在收藏和把玩不同皮色的和田籽玉中，自然不难发现这些耐人寻味之处，细细品味，恰如人性。相信这也是新疆和田籽玉在中华大地上，能够传承数千年的根本原因所在。

浅皮色

何为“浅皮色”？顾名思义，这些天然皮色在和田籽玉的表面着色非常之浅，透过皮色，观察者能够清晰地感受到和田籽玉的玉质，老狼将此类皮色定名为新疆和田籽玉的“浅皮色”。

当然有些浅皮色，因为致色元素沁入极为稀少，导致皮色看上去非常淡，甚至若隐若现，似有还无。此类和田籽玉，老狼认为即便是天然皮色，也不太会增加其经济附加值，甚至藏友们可以将之当成光白的和田籽玉去对待。上等的和田籽玉的浅皮色，虽然皮色附着完全游于玉料的浅表，但是颜色依然有一定的浓度，是非常醒目的。

新疆和田籽玉玩料，皮色为薄薄的天然虎皮黄

前文“好肉不上皮”的概念讲解，告诉我们：带有浅皮色的和田籽玉，通常多见质地上佳的情况，色泽靓丽，油脂感十足。

而且通常情况下，上好的和田籽玉的浅皮色，以黄色系最为常见，例如业内人士耳熟能详的洒金黄皮、秋梨黄皮等。娇美动人的皮色附着在质地上佳的和田籽玉表面，实在令人爱不释手。

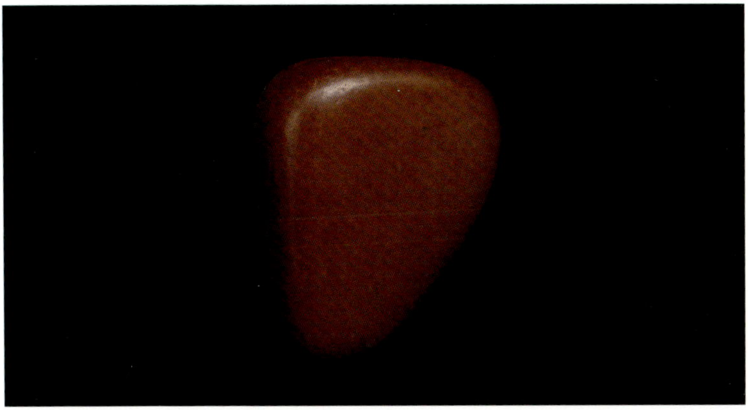

顶级新疆和田籽玉玩料，浅枣红皮“金包银”

细心的读者不禁要有疑问了。为何老狼说“上好的和田籽玉的浅皮色，以黄色系最为常见”呢？红色系的浅皮色在上好的和田籽玉表面有没有呢？答案是肯定的——有！但是，以老狼这么多年的从业经验来看，在现实的和田籽玉收藏市场中，带有红色系的浅皮色的和田籽玉即便存在，其皮色也是以红色稀疏排列的撒红皮居多。真正红色成片存在的聚红皮的浅皮色和田籽玉，非常之稀少。甚至早年老狼没有碰到过实物时，曾经都质疑过自然界中，是否真的存在带有整片浅皮色聚红皮的和田籽玉。由此藏友们也可见其的稀有程度。

那么，到底是什么原因导致这种现象呢？下面老狼分析了一些客观原因，因为没有做过理化分析和试验，仅是个人的分析观点，供读者们参考。

试想一下，新疆和田籽玉中，但凡是质地上佳的玉料，通常都是结构细密，十分不容易受沁上色。皮色的沁入，是有一个由表及里，由浅入深的漫长过程。那些浅浅的黄色系的皮色，都是偶然中的偶然，才能在天造地设之中形成！而红色系的皮色，依老狼的经验来看，绝大多数情况，都是由于致色元素沁入的浓度足够高，由于颜色太浓，进而由黄色向红色过渡而造成的。因此，红色系的皮色要形成，通常需要致色元素在和田籽玉的表面形成了黄色以后，继续不停地沁入。这在结构紧密的和田籽玉的体表，是非常难以办到的。

顶级新疆和田籽玉玩料，橘黄皮“金包银”

事实上，玉料若表面形成整片的红皮色，通常都是在和田籽玉的结构阴阳面中，结构相对较为疏松的阴面部位。而一旦结构相对欠缺，使致色元素有机会可以达到，沁入的浓度足够高的客观情况，这些皮色的沁入深度又大大增加了。换句话说，皮色沁入深度一旦增加，那即便是红色系的皮色，也不属于浅皮色的范畴，那已经是深皮色的范畴了。

因此，新疆和田籽玉带有红色系的浅皮色，尤其是整片的红皮，也就是“聚红皮”，此类情况可以说非常稀有，非常难得。客观地说，依老狼十多年从业经验来看，真正带有成片的浅皮色红皮的和田籽玉，极为稀少。在正常情况下，这浅皮色的聚红皮，有一小块已是万分难得了。

另外，新疆和田籽玉的浅皮色玉料中，有两类极品，两种被纯天然的满皮色包裹着的、料形完美的和田籽玉“玩料”。一种是被满黄皮包裹的和田籽玉玩料，另一种则是被满红皮包裹着的和田籽玉玩料。由于玉料表面的皮色是红黄色，同时，皮色内部的玉质以白玉为主，外黄（或红）内白，和田玉收藏业内，将之俗称“金包银”。这也是新疆和田籽玉中，登峰造极的顶级收藏品。

读者们知道，料形完美的和田籽玉“玩料”，已经十分稀有难得，不论是收藏价值还是经济价值，都令人咋舌。若“玩料”再加上这纯天然满皮色的包裹，可以说，大自然鬼斧神工，造就这令人叹为观止的神物，已不是用言语所能表达的了。

那么为何和田籽玉的天然金包银玩料，是“新疆和田玉中登峰造极的顶级收藏品”呢？

首先，看玉料皮色成色的内因。前文已经有介绍了，新疆和田籽玉的结构致密，要在其表面自然形成天然受沁的皮色，是非常难得的。而若要在其表面形成相对均匀分布的满皮色，那要求整块玉料的结构致密的同时，纯度还需非常高。玉料纯度高，结构的阴阳面不明显，整体玉料的结构均匀度相对较好，才有可能在后天自然环境中形成相对均匀的满包裹天然皮色。

其次，再看玉料皮色成色的外因。和田籽玉所处的自然环境，不仅是要含有能使玉料受沁上色的致色元素，还需要有合适的客观环境条件，温度、湿度、水流冲击破坏度等。而且这些客观环境需要相对稳定，改变差异不大，才能令一块上好的和田籽玉带上美艳的天然皮色。

新疆和田籽玉玩料，洒金皮“金包银”

但是亿万年来，玉龙喀什河每年一度，仅仅维持两三个月，却流量惊人的雨季洪流，却存在着太多的不确定因素。这些每年都不尽相同，甚至屡次改道的洪水，使和田籽玉生成皮色的客观环境不断在改变。一切的不确定因素，都在影响着自然环境中的致色元素附着在和田籽玉的表面。因此，形成一块上好的浓度足够的浅皮色和田籽玉，是一个不太容易想象的极小概率事件。

最后，再来分析一下，要使和田籽玉的表面形成满皮色的后天自然环境。除了满足前文所述的客观条件之外，还需要玉料周围的致色元素是完全包裹着玉料的，并且致色元素的浓淡深浅都是相对均一，能够使受沁上色的玉料表面的每一处，都生成天然的浓度足够的皮色。同时，这个环境还不能因水流情况的改变、地质情况的改变而改变……一句话，这样的主客观情况，这样的概率，实在太微乎其微了。

所以说，“金包银玩料”，是顶级的新疆和田籽玉。

新疆和田籽玉玩料，洒金皮“金包银”

当然，前文已经解释过，和田籽玉的浅皮色中，成片的红色皮比黄色皮更为难得。自然，在和田籽玉的表面，要生成整张满皮色全包裹的浅皮色红皮，此种小概率事件有多么的难得，相信读者们自然也就了然于胸。因此，新疆和田籽玉中带有浅皮色红皮的“金包银”极品玩料，就更加是极品中的极品，可遇而不可求的了。依老狼的经验来看，带有浅皮色红皮的“金包银”和田籽玉的玩料，遇上的概率，比遇上和田“羊脂白玉”籽料的概率还要低。

那么，和田籽玉的浅皮色中，除了黄色系皮色、红色系皮色外，黑色系皮色与褐色系皮色，又是怎样的情况呢？以老狼的经验来看，黑色系的皮色，通常绝少有浅皮色的情况。因为黑色系的皮色，要求致色元素沁入玉料够深，浓度够浓，才能显出纯正的黑色。事实上，黑色系的皮色，一旦皮色附着的深度过浅，时常便会显露出向红褐色或者向棕黄色过渡的趋势，黑色的浓度不够，唯一看上去，便让人错误地以为是褐色皮了。

那么是否褐色皮在和田籽玉的浅皮色中，也比较常见呢？坦白说，现实情况是，浅皮色褐皮的和田籽玉，也是寥寥无几。至于为何会造成这样的情况，老狼没有深入研究过。前章已经有所介绍，总体来讲黑色系皮色与褐色系皮色由于先天美感不足，喜欢的朋友少，本不属于高档皮色的范畴。因此，老狼建议读者们，尤其是初学和田籽玉收藏的朋友，无须在这些无关紧要的知识点上，花太多时间和功夫。当然，按照"首德次符"的原则，现今的市场行情来看，只要是质地上好的和田籽料，但凡是带上皮色，就算是黑皮，其市场价格相对都会提升不少。

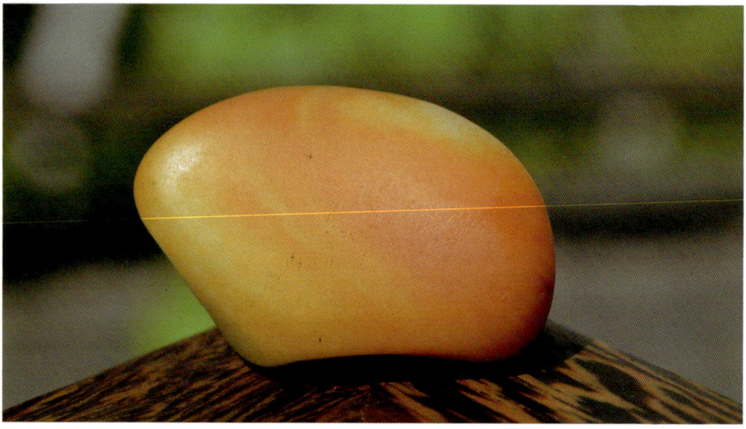

新疆和田籽玉，黄皮玩料

深皮色

何为“深皮色”？顾名思义，这些天然皮色在和田籽玉的表面，着色有一定的深度，某些情况下，透过玉料表面的皮色，观察者甚至已经无法清晰的判断皮色下面的玉质情况了。此类皮色定名为新疆和田籽玉的“深皮色”。

相对新疆和田籽玉的浅皮色而言，和田籽玉的深皮色，致色元素沁入玉料表面要深，皮色厚度深达数毫米的情况是司空见惯的。有些和田籽玉表面的深皮色沁入还会更加深。前文已经详细分析了和田籽玉表面受沁上色的程度，与玉料结构之间的关系。因此，通常情况下来说，形成深皮色的和田籽玉原料，相对而言，玉材皮色受沁位置的结构，要略逊于浅皮色的和田原籽。或者说，最起码，深皮色和田籽玉表面，受沁上色部分的玉质结构，相对浅皮色和田籽玉要略欠。也正因为这玉料结构上细微的差异，略微的欠缺，致色元素才能相对比较深的沁入玉料的肌理。

那是不是说，深皮色的和田籽玉就没有上好的质地呢？当然不是！请读者们注意，老狼只是说玉材的“整体结构致密度，在某些部位相对略逊”。首先所谓的“略逊”，是特指“带有天然深皮色的和田籽玉”，相对“带有天然浅皮色的和田籽玉”的玉质结构而言的。但是若从整体的全面的和田玉收藏市场上来看，通常此类玉材的结构，在所有软玉的玉材之中，都属于上佳之选。

事实上，新疆和田玉是非常坦诚、非常直白的大地之英，不亢不卑，没有丝毫的矫揉造作。当两件和田玉放在一起比较之时，所有的评判玉材优劣高低的参数，都跃然眼前、不言自明。正所谓“锐廉而不忮，洁之方也”，无怪乎古之君子要“以玉比德”了。

所谓的“整体”，整体结构致密度，是指一块玉料的结构的整体情况，而不是只关注玉料的某个面的结构情况。有许多深皮色的和田籽玉，仅仅是部分玉料表面受沁上色的部位，相对结构略欠，而玉料的其他部位，结构致密度依然是无可挑剔的。也正因为这样，自然环境中的致色元素，才有比较多的可能，可以在和田籽玉的表面，自然生成一片片、一块块，甚至是一整张的大红皮。和田籽玉表面受沁上色的部位，皮色亮丽浓艳；没有受沁上色的部位，结构细腻，质地精纯，美不胜收，非常养眼。

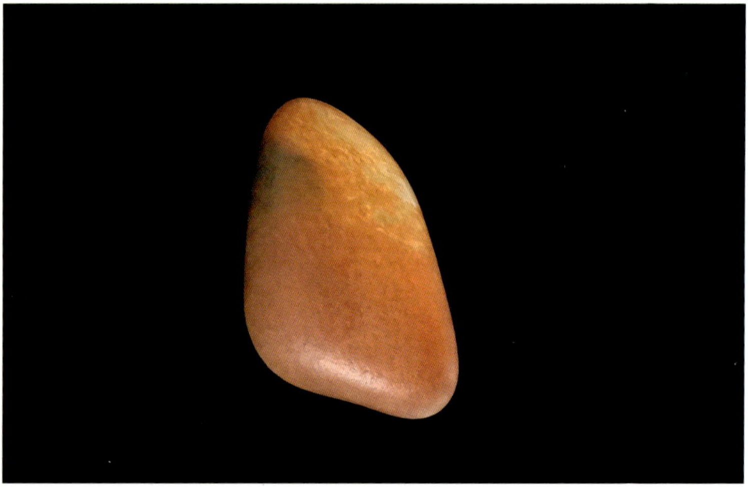

新疆和田籽玉，黄沁皮玩料

当然，从整体上来综合分析，和田籽玉的深皮色，因为浓度足够，通常视觉冲击力都会比较强，会比和田籽玉的浅皮色更夺人眼球，更沁人心魄。而且由于玉料表面受沁上色的部位深度足够，因此天然皮色的颜色纯度也较和田籽玉的浅皮色要高。故而和田籽玉的天然深皮色中，出现整片的天然黄皮、天然橘红皮乃至天然大红皮的概率，要远高于和田籽玉的天然浅皮色。

但是，就老狼个人的喜好而言，还是比较喜欢浅皮色的和田籽玉。因为和田籽玉的浅皮色，除了相对感觉更清淡高雅，悠然脱俗之外，玉质的结构纯度毕竟要略胜一筹。和田玉收藏的原则，“首德而次符”。

沁皮色

何为“沁皮色”？新疆和田籽玉的沁皮色，则与前文介绍的浅皮色和深皮色，有点大相径庭。事实上，前文介绍的两种和田籽玉的天然皮色，不管是浅皮色还是深皮色，玉料的受沁上色部位，颜色都只是薄薄的一层，继续往下，及至玉料内部，致色元素是达不到的。而“沁皮色”，却是深入玉料肌理，通常致色元素会直透玉质。有些情况下，甚至致色元素可以将整块的和田籽玉的玉料全部沁透，从而失却了玉料本来的固有的颜色。此类皮色，定名为新疆和田籽玉的“沁皮色”。而且通常新疆和田籽玉的沁皮色，都是以黄皮色较为多见，偶尔也见有红皮色。

黄沁色和田籽玉翁仲手串

相对于“带有天然浅皮色的和田籽玉”与“带有天然深皮色的和田籽玉”而言，“带有天然沁皮色的和田籽玉”的玉料结构致密度，则相对欠缺。原因很好理解，正是由于玉料的结构不是那么的紧密细致，才导致自然环境中的致色元素，能够在亿万年的玉龙喀什河的河床中，有机会得以深深的沁入和田籽玉的内部，甚至使玉料完全受沁，“天然染色”成不同于玉料最初的本来颜色。而且通常情况下，因为天然沁皮色的和田籽玉，其玉料结构相对欠缺，进而导致玉料的油份、糯性也相对不是非常好。有部分沁皮色的和田籽玉，甚至玉料内部结构疏松，纯度大打折扣的同时，连硬度也有所下降，出现略微吃刀的情况。

新疆和田籽玉，黄沁沁肉挂件

那是不是说带有沁皮色的和田籽玉，都是质地欠缺，不值得称道和收藏呢？当然不是。天然沁皮色的和田籽玉，有部分玉料固然存在质地欠缺的情况，但是依然存在一部分沁皮色的和田籽玉，结构细腻，油份上佳，经过人工的盘玩和摩挲后，质感纯糯，品相一流。

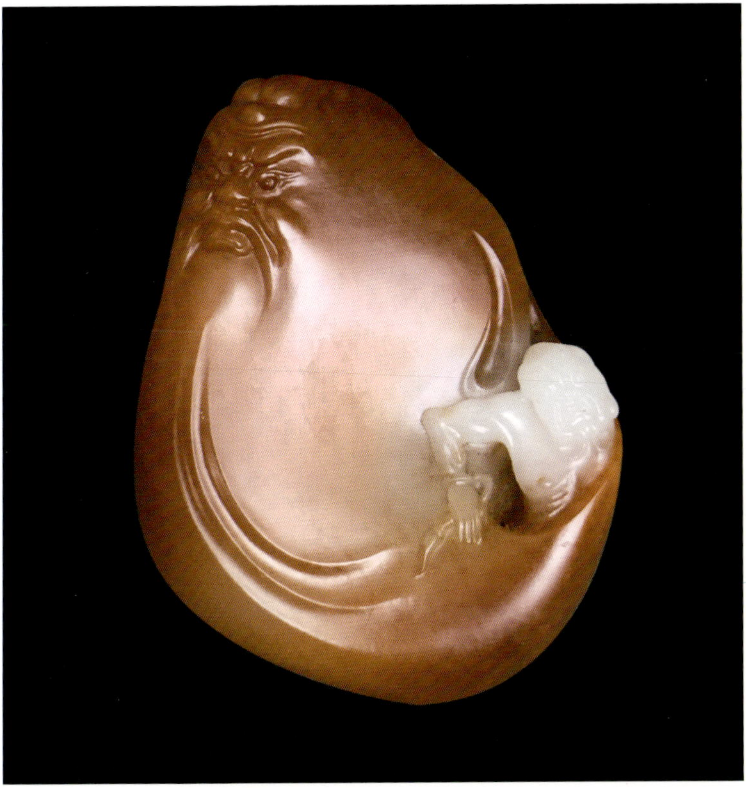

新疆和田籽玉，黄沁沁肉挂件

以玉料的材质情况为依据，老狼又将和田籽玉的沁皮色，细分为两类来分析——“肉沁沁皮色”和“僵沁沁皮色”。

- 沁皮色
  - 肉沁沁皮色
  - 僵沁沁皮色

肉沁沁皮色

何为“肉沁沁皮色”？主要是针对和田籽玉的材料情况来说的，是指带有天然沁皮色的和田籽玉，玉质通透，玉感明显。也就是业内人士时常说的玉材的“肉很好”。换句话说，就是导致和田籽玉着色的自然界中的致色元素，沁在了玉上，沁在了“好肉”上。

黄沁皮巧雕齐天大圣，和田籽玉

当然，从和田籽玉天然皮色的成因上来分析，能形成沁皮色的玉料，在通常情况下，结构相对比较疏松（少数例外情况，小概率事件本书不作讨论）。否则，致色元素深深沁入玉材内部，无法入肉三分。但是，毕竟“肉沁沁皮色”的和田籽玉，玉质相对还是比较温润纯透的，故而反倒起到了意想不到的效果。老狼就遇上过不少质地不错的肉沁沁皮色的和田籽玉，整块玉料颜色通透，糯性和浑厚感也非常强，玉料的质感也相当不错。整体效果甚至可以堪比原生成矿的熟栗黄和田籽玉了。

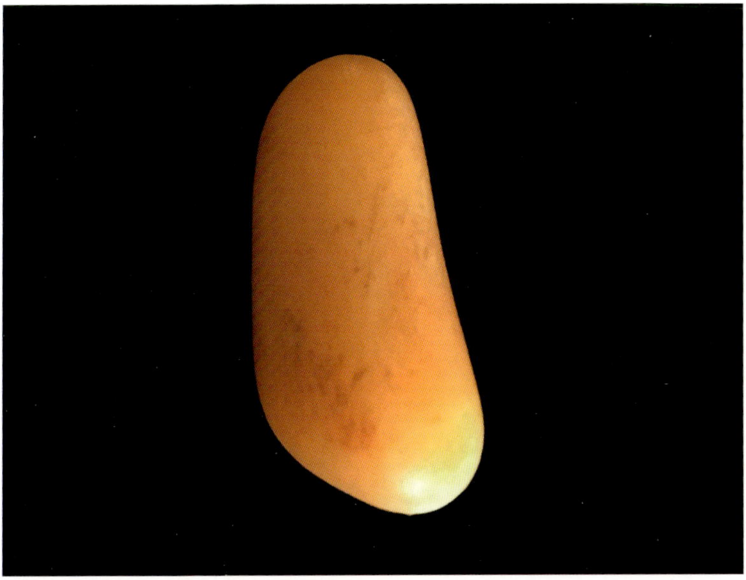

精品沁黄皮和田籽玉玩料

在现今的新疆和田籽玉收藏市场上，天然的皮色已经是一个耳熟能详、无法绕过的话题。甚至有些老玩家认为，收藏的和田籽玉的藏品，若不涉及和田籽玉的天然皮色，永远也称不上“资深”二字。因此，新疆和田籽玉的天然皮色受热捧程度，可见一斑。在遵循“首德而次符”的软玉鉴赏与收藏原则之下，此类以玉质见长，又带有天然的沁皮色新疆和田籽玉，其市场价值是相当不菲的。

当然，前文已经介绍了，沁色皮和田籽玉的玉质，通常相对略欠。同时，此类和田籽玉的内部，还时常也会伴随着有些许杂质，例如僵点，石墨黑斑，甚至是大块的石僵斑等。因此，真正料性很纯、杂质相对较少的沁皮色和田籽玉，在和田玉市场上是相对比较少见的，非常难找。老狼从业这么多年，遇上上好的沁皮色和田籽玉时，往往其料价不亚于其他皮色料。

新疆和田籽玉，黄沁料玩料

僵沁沁皮色

何为“僵沁沁皮色”？“僵沁”是与“肉沁”完全对立的一

个概念。当然也是针对和田籽玉的材料情况来说的，是指带有天然沁皮色的和田籽玉，玉质生硬，玉材色泽僵白。观察者用辅助光源观察时，常可见玉料透光性欠缺，甚至透光感极差。也就是业内常说的玉材“僵性重”，也有业内人士戏称此类情况为“玉料没发育好”。换句话说，就是导致和田籽玉着色的自然界中的致色元素，沁在了玉僵甚至石僵上，沁在了“僵肉”上。

石僵类的和田籽玉，老玩家们时常形容其为“石性过重”。因此顾名思义，通常来说，玉材质感显僵性的和田籽玉，其结构致密度，显然要比玉材质感显玉性的和田籽玉差。那么自然，僵性的和田籽玉在自然界中，受致色元素的沁染而上色，也要比玉性的和田籽玉容易很多。因此，和田籽玉中僵沁类的沁皮色，通常比较多见，其颜色也相对比较深比较重，很多情况下，手电光源辅助观察下，也不容易透光。说简单点，就是一句话，致色元素把玉僵给沁透了。

新疆和田籽玉，僵肉的八爪鱼，很有特色的一件料子，经过盘玩，肉质会慢慢细腻呈现玉质感

早些年，老狼对此类质地显僵的和田籽玉的沁皮色，是不太认同的。理由很简单——和田玉收藏“首德而次符”嘛。玉材若质地欠缺，油份也欠缺，糯性也更加无从谈起，实在没有太多收藏价值。即便盘玩起来，玉料在质地上、润泽感上也没有太多变化，味同嚼蜡，实在无味。因此此类和田籽玉虽然带有天然的皮色，但是市场价格并不高，也不太受广大藏友们的追逐。

新疆和田籽玉，黄皮玩料

但是“百货迎百客”，不同的货，总是能满足不同的顾客的需求。有道是“青菜萝卜，各有所好”，老狼有一回遇上个学生，其本人个性独特，对于和田玉的鉴赏、收藏口味也与众不同。这个学生就非常热衷于另类和田籽玉的收藏。此种瓷白僵重的和田籽玉的玉料，恰恰是他本人非常钟爱的玉材。在他眼中，这所谓的僵白色是“色泽凝白犹如象牙，白度皎洁宛若明月”，尤其是乍一看，玉件非常类似老玉中的“鸡骨白沁色”。

恰恰是因为这个学生的这份执着，老狼才有机会真正感受到，这僵白色的和田籽玉，依然能玩出和田籽玉所独有的内在与变化。

记得当时，学生收了个僵性很重的和田籽玉雕件，简简单单的线条处理，雕了个“鱼化龙”的题材。整件东西从表及里，已经被致色元素完全沁透而显现出黄色。越靠近雕件表面，黄色越深。玉件内芯处，依然能够明显地感觉到瓷白色的僵性质地。而且用手电光源观察玉雕件的时候，能够明显感觉到，因为玉料僵性比较重而导致的玉件透光度大打折扣。

就这样一件其貌不扬的“僵沁沁皮色”的和田籽玉玉雕件，在这学生手中盘玩了将近两年。他每日都不离不弃、不厌其烦，不停地把玩摩挲。当两年后老狼无意中重新看见此物的时候，居然发现整件玉雕作品完全脱胎换骨。玉件颜色虽然还是瓷白色，但是质感中的僵性已经所剩无几，取而代之的是非常明显的玉质感。而且虽然玉料的油份不是特别充足，但是已经能够明显的感觉出整件玉料的油糯感。老狼被震撼了，这样一件不值一提的玉材，在老狼心中几乎已经是无药可救的了，居然能够在七百多个日日夜夜与人气的接触和恢复中，绽放出如此惊人的变化。当然，老狼也非常佩服这个学生的毅力和勇气，在其藏品众多的情况下，能够如此坚持不懈的专注于一件玉器的盘玩，诚所谓“不折不挠，勇之方也”，相信也是这件玉器与主人的缘分吧。

因此，从客观上来讲，虽然“僵沁沁皮色”的和田籽玉，市场经济价值明显低于“肉沁沁皮色”的和田籽玉，但是作为和田籽玉中的一个桀骜不驯的另类，其依然存在自身所特有的玄妙之处，值得收藏爱好者们慢慢去回味和品鉴。当然，老狼依然认为，此类玉料“小酌”即可，千万莫要“痛饮”。毕竟，和田玉收藏，“首德而次符”。

按照“首德次符”的鉴赏原则分类

- 好皮好肉
- 差皮好肉
- 好皮差肉
- 差皮差肉

依据新疆和田籽玉的“天然皮色情况”与“玉料质地情况”的不同组合，老狼将新疆和田籽玉分为好皮好肉，差皮好肉，好皮差肉与差皮差肉四大类。这里先解释一下，本文中所说的“肉”，就是指玉料的质地；本文中所说的“皮”，则是指玉料的天然皮色。

新疆和田籽玉府上有兽挂件，质地老结，天然秋梨黄皮

老狼建议读者们在鉴赏与收藏和田籽玉，赏析和田籽玉的天然皮色之时，应该在以“按照皮色的色调大类分类”的前提之下，再结合皮色“按照皮色沁入玉料表面的深浅情况分类”与“按照‘首德次符’的鉴赏原则分类”这两个皮色的分类原则，综合来分析。这样对于带有天然皮色的和田籽玉的收藏价值的把握，才能准确无误，对于带有天然皮色的和田籽玉的市场价格的把握，才能精确到位。

好皮好肉

何为“好皮好肉”？顾名思义，好皮好肉，就是说和田籽玉皮色天然美丽，质地细腻油润，皮好，肉也好。“好皮好肉”的新疆和田籽玉，在同类玉料中，是收藏价值最高，经济价值也最高的玉材。

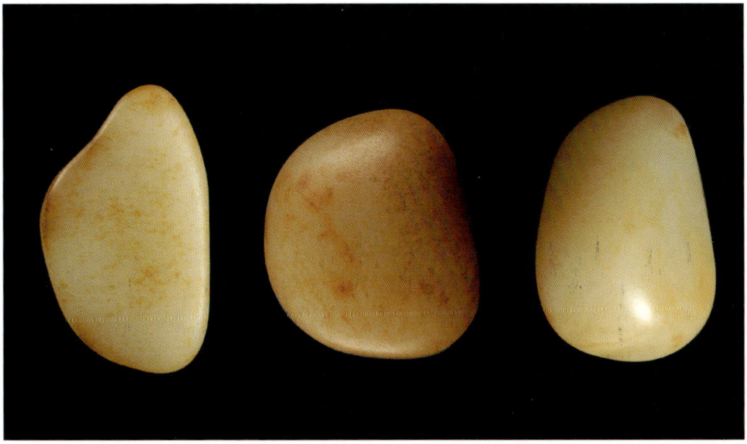

新疆和田籽玉，金包银玩料挂件

依据"首德而次符"的原则，"好皮好肉"的和田籽玉，玉质上佳，就是说"德"已经具备了。事实上，现在的和田籽玉收藏市场上，即便是玉料不带有天然皮色，但是如果质地上佳，玉材的价值自然不菲。更何况，在玉质上乘的和田籽玉表面，还带有一块美丽的天然皮色，其收藏价值与市场价值，当然也就不可估量。

自然，"好皮好肉"的上等和田籽玉，有浅皮色、深皮色与沁皮色之分。而且三者之间，也有收藏价值与市场价格上的差异。但是现实生活中，许多和田籽玉收藏的爱好者，尤其对于色调一致的，带有浅皮色的和田籽玉与带有深皮色的和田籽玉，两者之间的收藏价值差异与市场价格差异，是混淆不清的。现在的许多和田玉爱好者，在收藏和鉴赏带天然皮色的和田籽玉时，看到玉料的质地上佳，又带有天然的皮色，直观的自然能了解到玉料价值不菲。但是同样都是上好的玉料，两者之间应该孰重孰轻，便有点茫然，无从分析了。

新疆和田籽玉，枣红皮龙龟

其实要分析并不难，大体上来讲，皮色的浓艳度若大体相类似的话，毫无疑问，肯定是带有浅皮色的和田籽玉最佳，深皮色和田籽玉次之，沁皮色末尾。沁皮色，因为质地明显比前两者要欠缺一些，因此比较容易鉴赏和分析。那么读者们只需分析一下皮色的深浅程度了。举例来说，两块和田籽玉，玉质结构、颜色都非常接近，同时都带有枣红色的天然皮色，那么自然是皮色沁入深度浅的那块收藏价值更高些。理由很简单，“首德而次符”“物以稀为贵”。

归纳起来，在鉴赏与收藏“好皮好肉”的和田籽玉时，建议藏友们分三步来分析。

第一步，忽略玉料所带有的天然皮色，将其看作是一件不带天然皮色的玉件来对待，按照本书前章所介绍的办法，来详细分析玉料的结构、油份、糯性、纯度，以及玉件的颜色、工艺（或料形）。对玉件的大致收藏价值有个初步的把握。

第二步，仔细分析皮色属于哪个色系？属于何种深浅类型？对和田籽玉的皮色的明确分析，合理把握。

第三步，对玉件的质地了解好、皮色也了解了之后，将天然皮色对于玉料的附加值，进行两者的叠加分析。最终得出玉料的真正收藏价值与市场价格。

行文至此，老狼要提醒读者们一点，是关于和田籽玉“玩料”的。按照老狼介绍的各种分析方法，来鉴赏和田籽玉之时，藏友们不难发现，即便玉料的造型完美若“玩料”，也有优劣高下之分。

事实上，和田籽玉的“玩料”也分三六九等。有一点毫无疑问，真正最顶级的和田籽玉的“玩料”，一定只出现在“好皮好肉”的情况上。

当然，若深究下去，还可以分析和田籽玉的块度大小与天然皮色的面积大小，这些也都是会影响玉料的收藏价值的，有兴趣的读者，可以综合本书的鉴赏方法，自行去判断玉料的相关信息，相信不难得出想要的结果。

新疆和田籽玉，枣红皮招财进宝

差皮好肉

何为“差皮好肉”？顾名思义，差皮好肉，就是说和田籽玉虽然质地细腻油润——“肉好”，同时皮色也是天然的，但是美感欠缺，乏善可陈——“皮差”。“差皮好肉”的新疆和田籽玉，同类玉料中，收藏价值也非常不菲，在和田玉收藏市场上的经济价值也不低。究其原因很简单，“首德而次符”，因为质地上佳，作为上等和田玉材的“德”已经具备了，自然也就值得人们称道与收藏了。

一直以来，老狼都强调上品的和田籽玉，首先要玉质精纯温润，玉质上佳，然后再去关注料形、玉色、雕工、皮色等指标。“皮之不存，毛将焉附？” 如果玉质不过关，片面吹捧所谓的美皮、白度、名家工艺等元素，是没有意义的。

那么“差皮好肉”的和田籽玉，是否需要像“好皮好肉”一样，去详细解析呢？老狼认为大可不必。藏友们想，和田籽玉表面虽然带有天然的皮色，但是这些皮色容颜丑陋，那么自然对玉料的收藏价值的提升，起不到太大作用。

在老狼眼中，有些过于低劣的天然皮色，甚至会反过来负面影响玉料的收藏价值。因此，此类皮色除了因为带有“砂眼麻皮坑”的籽料特征，而能够成为和田籽玉的身份证之外，别无他用。

老狼还要提醒广大和田玉藏友：不是只要和田籽玉带有天然的皮色，便一定会增值的！现在和田籽玉收藏市场上，许多初学者不明就里，看见带真皮色，就立马认为价值不菲，这是误区。

带有美丽天然皮色的和田籽玉，内外兼修，美不胜收。可以说，藏友们对和田籽玉的皮色越研究，越深入，便越痴迷。但是，老狼反对和田籽玉一旦涉及皮色，便“一人得道、鸡犬升天”的做法，十分不赞成“和田籽玉带皮便增值”的观点。同时也建议藏友们在收藏和田玉时，要冷静、要理性，莫要随波逐流。

尤其现在和田玉市场上有些商家，刻意的别有用心的抬高和田籽玉的天然皮色的地位，然后甚至牵强附会地将很多不能称之为“皮色”的情况，也归结到皮色里面，歪曲事实，虚抬物价。这些，都是广大和田玉爱好者们需要冷静面对的。

新疆和田籽玉，质地细腻白润，皮色含僵较重

老狼曾经在国内某大城市的某知名商场内，就见到过上述情况。

在该商场的展示大厅内，有一长排的玻璃展示柜，柜中陈列着各种各样的软玉玉料，其中有几个柜子，就是展示相关皮色类的和田籽玉的。一块块带有各种不同皮色的和田籽玉前面，都用小标签标注着皮色的名称与类型。其中有一小块和田籽玉，玉料上带着一块石僵。僵性非常之重，乍一眼看上去，基本与石头无异。然后这块光光的石僵上，有几道黑色的裂纹，看上去，勉强有点像个碎了的鸡蛋壳。于是乎，商家就将这块石僵归类到和田籽玉的皮色中，并且取了个很形象的名字，美其名曰——“蛋壳皮”！

这种事情，实在是让人啼笑皆非的。皮色就是皮色，石僵就是石僵，岂能因为石僵取了个皮色的名字，便指鹿为马、颠倒黑白？

又岂能因为人为地给石僵界定一个错误的概念，便使低劣的石僵成了和田籽玉皮色家族的一员？用这样的方法，除了哄抬和田籽玉的市场价格，没有其他作用。藏友们需冷静分析，莫要盲从，否则吃亏的一定是自己。

总的来说，“差皮好肉”的新疆和田籽玉，虽然玉料表面带有天然的皮色，但是由于其所带有的天然皮色因为各种客观原因而缺乏美感。因此，此类玉料的天然皮色，不能为原料本身增加太多收藏和投资的附加值。极少数个别情况，皮色外观丑陋难堪的，甚至反而会使玉料的收藏与投资价值有所减低。面对目前和田玉收藏市场上假货横行的现状，“差皮好肉”类和田籽玉的天然皮色唯一能起到的作用，就是证明玉料属于新疆和田籽玉的客观佐证。

因此，老狼建议藏友们在鉴赏“差皮好肉”类新疆和田籽玉时，应该将此类玉料当成“不带天然皮色的原生光白和田籽玉”来看待。毕竟，和田玉的收藏“首德而次符”，重质大于重皮色。这样的鉴赏方法，既理性而不必多花无谓的冤枉钱，又能够更好地加强对玉料质地的把握，提升个人和田籽玉收藏的整体品位。

“差皮好肉”类和田籽玉的收藏价值与经济价值，是仅次于“好皮好肉”类和田籽玉的。

好皮差肉

何为“好皮差肉”？顾名思义，好皮差肉，就是说和田籽玉的天然皮色美艳自然、色泽光鲜——“皮好”；但是玉料的质地却相对不足，结构欠缺，油糯感差，甚至玉质含僵——“肉差”。

简单地说，就是一张上等的天然皮色，“长”在了质地欠缺的和田籽玉表面，“长”错了地方。

早些年，“好皮差肉”类的新疆和田籽玉，在同类和田玉料中，属于价格低廉的低端产品，遇上大买家，甚至是半卖半送的。不少多年专注于和田籽玉收藏的老玩家，对于“好皮差肉”类新疆和田籽玉是不屑一顾的。原因很简单——“首德次符”。只有皮色美貌，玉材的质地欠缺，玉件盘玩效果会比较差，油脂感弱，实在难以让人生欢喜心。

新疆和田籽玉，子成大业，枣红皮，肉质一般

早些年老狼认为此类和田籽玉，纯粹把玩一个皮色，仅仅是玩玉料的皮子。从收藏的角度来分析，价值自然欠缺；从鉴赏的角度来分析，也少了许多关注点，一旦研究其质地，便味同嚼蜡，实在少了很多乐趣。因此一直以来，“好皮差肉”类的新疆和田籽玉，一直不为收藏爱好者所看好。资深和田玉爱好者中，只有少数偏爱和田籽玉皮色收藏，同时又不太计较玉料质地的非主流

玩家，才会对其趋之若鹜。

但是前文老狼介绍了和田籽玉的“僵沁料”，许多僵沁料便属于“好皮差肉”类和田籽玉。拥有者若有耐心盘玩，假以时日，依然有让人欣喜的质感上的变化。再加上自2005年左右开始，随着新疆和田玉从单一的“艺术收藏品”转而成为既有艺术收藏价值，又具备经济上保值、升值的功能的“艺术投资收藏品”后，加入到和田玉收藏大军的人数突飞猛进。这些新加入的“和田玉爱好者”，许多都是没有专业玉器收藏知识的门外汉。在别有用心的误导下，他们对和田籽玉的“汗毛孔”与“皮色”的盲目追求，使和田籽玉的“皮色收藏”，达到了一个和田玉收藏前所未有的高度。也正是这些新手的盲目狂热，在使和田籽玉的皮色身价倍增的过程中，无意地起到了极大的推动作用。

不管是何原因，有需求才会有市场，“市场是检验价值的最好标准”！事实就是，和田玉收藏市场上，收藏爱好者们对于和田籽玉原生皮色的需求量非常大。因此最近十年来，“好皮差肉”类新疆和田籽玉的市场价格，像坐上了直升机一样飙升，其经济价值也远非当年的半卖半送的情形可以比拟的。

以老狼的经验来看，最近十年，“好皮差肉”类新疆和田籽玉的市场价值，猛追“差皮好肉”类新疆和田籽玉。两者的市场价值虽然依然存在距离，但是差距已经不似当年那么巨大了。

看看一张张附着在质地乏善可陈的玉料上的完美皮色，不禁让人感叹：天工造物，美则美矣，却往往有欠完备。古人云：“不全、不粹、不足，谓之美矣。”

在现实的和田玉收藏市场上，还存在许多美艳可人的天然皮色，就附着在了质地欠缺的和田籽玉的表面，而且这类皮色往往出现类似“金包银玩料”的效果，一出现就是一整张——满皮色，全包裹。此类皮色玉料，极大地震撼和冲击了和田玉收藏的传统鉴赏观念，虽然称不上是和田籽玉收藏的主流观念，但是也汇聚了相当数量的追求者。

差皮差肉

最后，何为“差皮差肉”？顾名思义，差皮差肉，就是说和田籽玉表面虽然附着有天然皮色，但是皮色丑陋、全无美感——“皮差”；同时，玉料的质地也结构平平，杂质多多，毫无值得称道之处——“肉差”。简单地说，一块和田籽玉，既无上好的玉质，又无漂亮的天然皮色。古语有“秀外慧中”之说，这样的玉料却是“外无秀、中少慧”，不值一提。故而此类和田籽玉，玉料低档、价格低廉。

新疆和田籽玉，三色巧雕貔貅把件

“差皮差肉”类和田籽玉，是四种皮色玉料中，收藏价值最低，经济价值最差的一类玉料。在和田籽玉收藏大行其道的今天，稍有经验的和田玉爱好者，对此类玉料便不屑一顾了。

那么如何看待此类和田籽玉呢？以老狼个人观点而言：和田玉鉴赏“首德而次符”，此类玉料既无德，也无符，不玩也罢。一言以蔽之，“差皮差肉”类新疆和田籽玉，不在和田玉收藏的考虑范围之内，直接忽略即可。

行文至此，和田籽玉的天然皮色分类详解基本就告一段落了。

提醒各位读者：用以上三种方式对和田籽玉的天然皮色进行分门别类的介绍，也只是个权宜之计，只是为了读者们方便理解。有道是“万法自然”，希望对和田籽玉收藏有兴趣的读者们，要活学活用，因料制宜，千万莫要生搬硬套。总之，“实践出真知”，翻阅再多的理论类的知识，也需要有足够的实战经验去配合，才能融会贯通。

关于“皮色巧雕”

最后，老狼想就现在和田玉收藏的热门话题——“皮色巧雕”谈谈自己的一些观点。

和田玉雕的俏色运用，自古便有之，但是真正大行其道，还要数当代。尤其是新疆玉龙喀什河的大规模机械化挖掘之后，天然美艳的皮色类和田籽玉频频面世，也让诸多玉匠在“皮色巧雕”类玉雕工艺设计上，有了足够施展才华的想象空间。

于是乎一夜之间“千树万树梨花开”，所有的和田籽玉皮色，只要能够“巧”一下的，绝不放过任何一个机会。理由很简单，因为市场上有大量的需求存在。不管玉雕件是不是真的达到了“巧雕”，即便是牵强附会，只要沾上边就成。听上去有点悲哀，因为现在的和田籽玉收藏市场，被大量热情似火却缺乏专业知识的善良的玉器爱好者们哄抬着。

新疆和田籽玉，黄皮巧雕一鸣惊人

到底何为“皮色巧雕”呢？和田籽玉的表面生有一块天然皮色，在玉匠的巧妙构思之下，基本保留原有的颜色，将其随形就势地设计成玉雕件的整体图案中的某个特定造型（动物或者植物等），使整个画面灵动脱俗，这才能称之为“皮色巧雕”。

请藏友们注意：假使原本和田籽玉的表面有一整块大面积的皮色，玉匠在皮色上画好某个特定造型，然后将整张皮色中不需要的部分去除，剩下特定造型部分依然留有天然皮色，这不是“皮色巧雕”，这叫“为留皮而留皮”，刻意的留皮雕琢，属于暴殄天物，十足的“毁皮不倦”！

要知道，在自然界中，在玉龙喀什河里，要成就一块带有天然美艳皮色的和田籽玉，是一件极为难得的小概率事件。好容易才辛苦得来的一张天然美丽皮色，被某些毫无文化底蕴的玉匠们照猫画虎，人为地去追求所谓的俏色工艺，最终东施效颦，毁了一块自然天成玉料。无奈的是，现在的和田玉收藏市场上，这样的情况比比皆是，实在让人扼腕叹息。

老狼个人的收藏观点认为：任何一个玉雕名家巨擘的工艺，都比不上大自然鬼斧神工的杰作。只有浑然天成的玉料和其原有图案，才是真正的“不食人间烟火”“聚天地之精华，集山川之灵气”，不带丝毫的人工匠气。这也是和田籽玉的“玩料”价格在所有和田籽玉中独领风骚的根本原因。

事实上，和田籽玉的皮色，要生得好、用得巧，方能锦上添花，化腐朽为神奇。如果皮色设计、运用失当，刻意而呆板，则不但不美，反而还影响其艺术收藏价值。其实理智点想想，“美人痣”长在美人的脸上，才能称之为美人痣，若长在了臀部，那只能叫胎记了。可惜，在和田玉供不应求的市场行情下，理智收藏的人越来越少了。

那么“皮色巧雕”与“为留皮而留皮”两者之间，如何区分呢？大体上，可以从三个方面来分析：一，画面构图布局；二，画工；三，皮色图案边缘的过渡情况。

“皮色巧雕”与“为留皮而留皮”的区分

- 画面构图布局
- 画工
- 皮色图案边缘的过渡情况

先说说“画面构图布局”。一般来说，上好的“皮色巧雕”的玉雕件，饱含着资深玉匠们数十年的生活阅历，饱含着玉匠对和田玉文化的深刻理解。因此，真正懂得如果去运用“皮色巧雕”的玉匠通常都在绘画与平面、空间设计方面，有着非常深厚的专业功底。故而，我们在赏析皮色类玉雕件时，首先可以从玉雕件的整体画面布局着手，分析玉雕件的整体构思是否合理，是否虚实相衬、疏密得宜，是否错落有致、张弛有度等。

“为留皮而留皮”的玉雕件，通常都出自缺乏生活阅历，文化底蕴缺失的玉匠之手。此类玉匠通常年龄都不是很大，幼年出道学习玉雕技艺，读书也不多，也许玉雕的基本功尚可，但是通常都不太理解中华传统文化的精髓所在。学艺数年后，这些原本的可造之才，认为自身已经能开宗立派了，便年纪轻轻自立门户，在这物欲横流的现实世界中，以琢玉和逐利为生。恰逢现在的和田玉收藏市场，正在经历前所未有的疯狂，于是乎，极大的“经济泡沫”造就了他们暂时的成功。因此他们比较多关注的是“利”，利字当头，生搬硬套的去进行玉雕俏色技艺的运用。结果是“画虎不成反类犬”，从玉雕件的整体布局上，便能看出端倪。

“为留皮而留皮”的玉雕件，整体画面通常缺乏高屋建瓴的宏观把握，布局难分轻重缓急，画面层次感混乱。有兴趣的读者，只需稍微研究一下美术绘画，便不难看出两者之间的差异。

新疆和田籽玉，黄皮巧雕小沙弥，利用皮色雕了袈裟

其次说说“画工”。藏友们要知道，一件玉雕作品在雕琢之前，首先是设计。有经验的玉匠们会按照玉料的初始造型，决定将玉料雕琢成某种题材，然后便是在原料上画稿。这种画稿的情况有点类似画一幅水墨画的感觉。所不同的是，水墨画是在平面的纸张上画，而玉石原料的画稿则是在立体的原料上完成，因此难度会更大些。而且通常一件圆雕作品的玉雕件，在雕琢的过程中，不是画一稿就能完成的。玉件画工的好坏，也决定了玉件雕琢的成败。一件真正的“皮色巧雕”玉雕作品，应该造型生动，线条流畅，图案栩栩如生。这些都是由玉匠的画工决定的。“为留皮

而留皮”的玉雕作品，通常造型呆板，线条紊乱，图案过渡生硬。有些玉匠画工不到位，甚至能将鸳鸯画出类似北京烤鸭的感觉。“画工”的鉴赏，相对比整体构图布局要简单，读者们只需对生活中的点滴细心留意，自然能比较出两者之间的差异来。

最后，说说“皮色图案边缘的过渡情况”。从“皮色巧雕”与“为留皮而留皮”的定义，读者们不难发觉两者之间一个最明显的差异。就是“皮色巧雕”是随形就色，皮色有多大，就充分将其设计成构图中的相关造型，基本没有太多的浪费。我们知道，通常情况下和田籽玉的天然皮色，从皮色最浓艳的中心到皮色的边缘地带，颜色会有从深到浅的过渡，越到皮色边缘，颜色相对会越淡，直至完全没有皮色。因此，“皮色巧雕”的玉雕作品，在带有皮色的造型的边缘，通常较容易观察到颜色的深浅渐变和过渡。

新疆和田籽玉，一品青莲

而“为留皮而留皮”则是将大块的皮色切小，只剩在需要的图案造型上留有皮色，其他与主题构图无关的皮色会被大量的去除。因此带皮色的造型图案边缘，通常是没有明显深浅过渡变化的。取而代之的是非常突兀的颜色突变。有皮色的造型上颜色浓郁，旁边突然便颜色消失，缺乏过渡，非常突兀。

总体上来讲，老狼个人十分欣赏与喜爱真正的和田籽玉“皮色巧雕”作品，但是对于那些唯利是图，毁皮不倦的“为留皮而留皮”的玉雕作品，除了痛心疾首之外，剩下的只有对被糟蹋掉的和田籽玉的扼腕叹息了。

关于“药水去黑”

“药水去黑”这个话题，其实早在六七前就开始了，当时只有少数商家偷偷进行此项操作，市场上并没有大面积推广。但是最近几年，随着带天然皮色的精品和田籽玉的市场需求量继续不断扩大，尤其是上等的黄色和田籽玉的市场需求量急剧放大，药水人工去黑的做法已经大行其道，几乎到了一发不可收拾的地步。

何为“药水去黑”？和田籽玉，不管是表面还是玉料内部，常带有黑色的杂质。通过在黑斑位置，加涂药水的方法，一段时间以后，可以将黑斑去除干净。黑色杂质在玉料内部沁得比较深的，加涂药水的时间相对长一些。黑色杂质在玉料表面附着较浅的，加涂药水的时间就短。

通过药水去黑的玉材原料，外观看上去，会有翻天覆地的变化，玉料颜值会大大增加。外观品相好了，自然市场卖价也急速提高，商家的利润也大大增加。

药水去黑的情况尤其在黄沁和田籽玉上，十分广泛应用。前文我们介绍过，和田玉颜色多样，颜色以谁为尊的问题，争论过数千年。和田玉颜色中最令人推崇的就是白玉与黄玉。黄色自盛唐伊始，便是皇家御用的颜色，在民间黄玉一直都有极高的接受度。但是现实是，真正通体纯黄、没有杂质、品相上佳的和田籽玉，市场上实在少之又少，一料难求。说来也奇怪，市场上经常能碰上的和田籽玉的黄沁玉料，往往都与黑色杂质共生，而且杂质经常附着都是有深度的。这些玉料因为纯度不够，雕琢后的成品也不美观，受欢迎程度很低，市场价格也不高。因此玉商们偶尔碰上一颗上好的黄料，都是互不相让，几家争抢一颗优质黄玉的情况比比皆是。

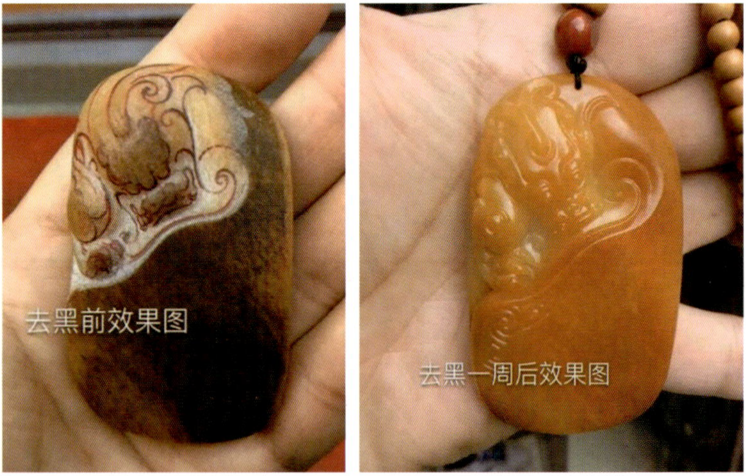

药水去黑前后对比图

但是随着科技的发达，在巨大利润空间的趋势下，玉商们不停地找寻各种“终南捷径”来探索“美化”黄沁玉料的方法，终于创造出了低成本并且可以大规模推广的药水去杂质的办法。这就是最近几年，品相完美、性价比高的黄沁和田玉突然大量面世的原因所在。

那么，“药水去黑”这个做法，是否值得推广呢？目前来看，市场上支持与反对两种观点都有。

支持者大部分以玉商为主。他们认为，和田玉用药水去黑，既使原有玉料变得美丽了，同时又保留了玉料原有的颜色。同时“药水去黑”操作简单，制作成本低廉。而且玉料原石进货成本因为有杂质的存在，所以并不太高，但是制作好成品并通过药水“美化”后，市场价格与天然高纯度的黄沁玉料可以不相上下。一本万利的事，自然很多玉商都趋之若鹜。

新疆和田籽玉，天然沁色，龙凤佩

反对者绝大多数是收藏爱好者和极小部分的商家。他们认为，玉料的“药水去黑”与“人工染色”一样，都不可取。

“人工染色”是做加法，玉料原本没有颜色，通过人工手段后天给玉料加色，既破坏了玉料原本的颜色，又对玉料质地造成了不可逆转的损害。

“药水去黑”则是做减法，玉料原本的颜色带有瑕疵，通过后天人工化学的手段将玉料中不好的颜色去除掉。虽然这方法没有给玉料加上后天的人工作伪色，但是依然对玉料的材质有着不可逆转的伤害！

经过药水浸泡的玉料，浸泡位置清洗干净后，表面可见明显的浅浅的白乎乎的斑驳交错的纹路。而且清水干了以后，药水浸泡的位置，质地看上去明显比较干涩，油分也差。经验老到的玉商在操作药水时，会将棉花球撕成很小的体积，再吸满药水，然后将棉球放在玉料带黑斑的位置，使药水尽量少的接触不带杂质的位置，并且不时地检查黑斑去除的情况，一旦黑斑消失，便立即用清水将药水冲洗掉。这样操作，可以将药水对玉质的伤害减少到最小。但即使如此，玉料的质地，肯定还是受到了损害。试想，深入肌理的黑斑都被药水清洗掉了，怎么可能对玉质没有伤害？再说如果对玉质没有伤害，为何不敢把玉料整个的浸泡在药水中间，慢慢去除黑斑？

新疆和田籽玉，天然沁色，108 手串

当然，老狼对于“药水去黑”的做法，是持保留意见的，不支持此类做法。

至于这种气味刺鼻的化学药水的具体成分和理化学名，与鉴赏和田玉无关，老狼也没花时间去研究过。不过，市场上，此类药水不难买到，有兴趣的藏友可以自己去买点研究一下。

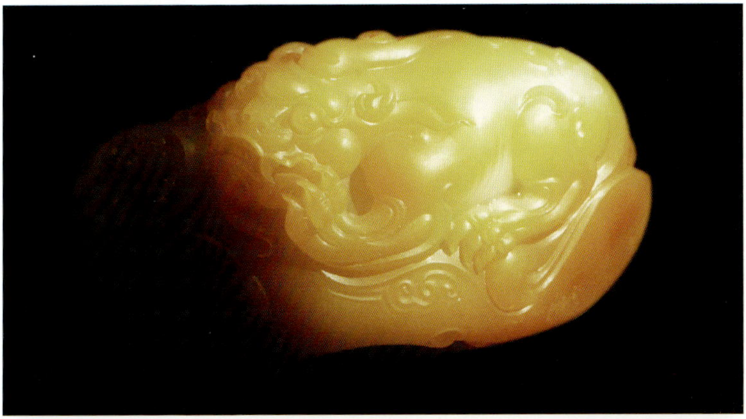

新疆和田籽玉，天然沁色，貔貅把件

第七章
和田籽玉的投资与收藏

近年来，由于艺术品投资收藏如日中天，软玉投资与收藏也倍受人们的关注。如何理性的投资与收藏和田籽玉呢？本书将从以下两个大方面来介绍：

- 雕件（挂件、把件、摆件）
- 原料（大料、把件料、小原籽、毛坯）

雕件（挂件、把件、摆件）

挂件

就和田玉来说，通常情况下，挂件最为广大普通百姓所接受。究其原因主要有以下几点：

首先，挂件的体积比较小。由于藏品块度小，单品总价相对比较低，虽然每克单价也许比较高，但是能够承受藏品总价的藏友也比较多。价格能承受了，当然受众人群就大了。因为总价相对较低，自然成了馈赠亲友、投资理财的便利首选。

投资理财，不可避免的必须考虑“买进”和“卖出”的问题。正所谓“船小好调头”，精品挂件总价低，适宜人群大、接受的人多，自然买进收藏和变现卖出都方便。

新疆和田籽玉，红皮弥勒

其次，挂件可以贴身佩戴的。玉器自古就有趋吉避凶、纳福迎祥等功能，所谓“人养玉、玉养人”，长时间贴身佩戴，方能将此功能发挥到极致。有些藏友贴身佩戴的挂件，经常是廿四小时随身，形影不离的（老狼本人就是如此）。

新疆和田籽玉，悟道

最后，通常藏友之间碰面，总有习惯互相交流、观摩一下各自的藏品。大件的玉器未必方便带在身上，但挂件是随身佩戴的辟邪之物。玉友碰面时拿出来交流把玩，别是一番风味。这也是精品和田籽玉挂件受热炒的重要原因之一。

那么，什么样的挂件值得投资与收藏呢？

新疆和田籽玉，面面俱到

材料方面，玉料以和田籽料为佳，尤其以和田原生小籽料为佳。通常来说，大块籽料上开下来的边角料，料性质地比原生小籽料会显不足。而且就原料每克的单价而言，两者的差距也非常大，价值高低非常明显。

玉质方面，挂件原本体积就小，对于收藏级的和田籽玉挂件，我们务求白度、结构、油份、糯性、纯度、老结度和工艺全部到位，争取面面俱到。

工艺方面，对于玉雕藏品，在鉴赏工艺时，雕工不需论地区和名气，京、沪、苏、扬都有上佳之作，但求工艺细腻到位，做工精致即可。

题材方面，考虑到受众面和藏品变现的便利性，投资收藏时，应注意选取相对大众化的藏品题材。

比如人物件题材，比较受欢迎的有观音、弥勒、童子等；动物件题材比较受欢迎的有貔貅、金蟾、生肖、鲤鱼、蝙蝠等；花草件题材比较受欢迎的有莲花、兰花、寿桃、竹子等题材。一些相对冷门的题材，例如裸女、枯罗汉、甲虫、鸡等题材，藏友们在出手时要慎重。因为喜欢这些题材的藏友相对较少，所以慎重出手、理性消费，以免资金积压，周转困难。

皮色方面，如果藏品不带皮色便罢，如果带皮色，则应该力求皮色纯天然，力求皮色没有人工作色。小件藏品的品相应该尽力追求完美，不要留有明显的瑕疵和缺憾。人工作伪的和田籽料皮色是比较忌讳的。如果原料的皮色经过了后天作伪，不如在雕琢阶段就将之去除，保证品相的完美。

把件

相对挂件的普遍性而言，把件才是专业和田玉老玩家真正追求、把玩和收藏的热门。精品挂件虽然让人赏心悦目，而且能随时贴身佩戴，但是毕竟藏品的体积较小，不够震撼，盘玩起来也不是很适手。

尤其对于资深玩家来说，手把件因为体积适中，大小正好适合一手抓，置于手中把玩盘摸也非常方便。资深玉友聚会交流之时，适合掌中把玩的手把件，是最受推崇的。

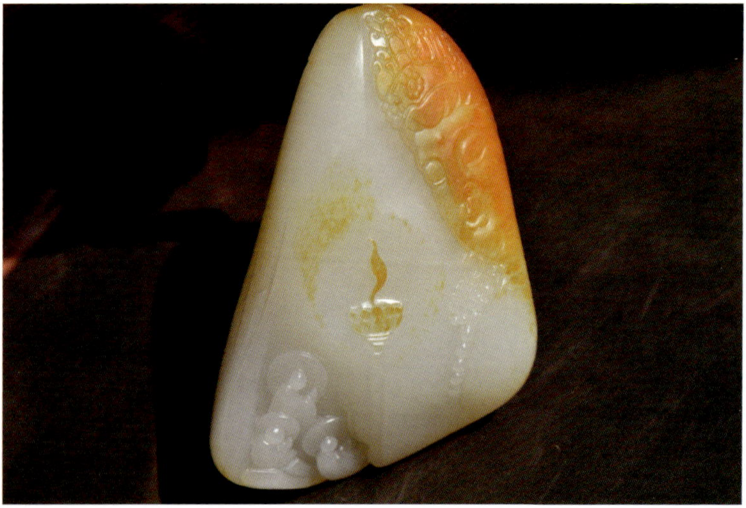

新疆和田籽玉，燃灯古佛

同时，精品软玉挂件的市场保有量相对也较大，“物以稀为贵”，绝大部分挂件藏品的升值涨幅，相比同档次的软玉把件来说，是有一定差距的。

手把件虽然体积较大，无法于胸口贴身佩戴，但还是能随身携带的。老玩家出门，经常将之系于腰上或者置于行囊中，随时解下或取出来把玩，并与藏友交流。还有很多玉友相信，玉料块度较大同时料性越好，其灵气自然也就重，趋吉避凶的功能自然也越强。

新疆和田籽玉，观音

那么，什么样的软玉把件值得投资与收藏呢？

材料方面，应首选上等和田籽玉，尤以和田原生把件原料为佳。理由一样，原生独籽的料性相对较好，而每克的单价，原生料与大籽料开下的做料，也有天壤之别。

玉质方面，由于手把件藏品的块度相对较大，如果要求精品籽玉手把件的白度、结构、油份、糯性、纯度、老结度，全部到位、面面俱到固然好，但是藏品价格也十分惊人。因此，藏友们在出手玉把件时，有时藏品的一两个指标相对弱些，只要藏品的整体品相不错，并且也有不错的性价比，依然可以考虑投资与收藏之用 。

工艺方面，把件的工艺要求，与挂件类似。

题材方面，玉把件藏品的题材要求，也与挂件类似，投资与收藏和田籽玉把件时，应该考虑到题材的大众性和适应性。不论是人物件、动物件，还是花草件，都应该考虑题材的普遍性。

对于软玉把件藏品，还有一个说法，因为玉雕把件经常被藏友佩戴在腰间，因此部分信仰佛教的藏友认为，类似观音等佛教类的庄严题材，佩带于腰间，有失尊敬。当然，市场反馈是对此观点最真实的检验，佛教类题材几十年来经久不衰，已经很说明问题了。

在老狼的印象中，人物件中，相对刘海、童子等人物题材，观音的手把件相对少见些；花草件题材的手把件，相对受欢迎程度比人物、动物类题材的手把件也要欠缺些。

新疆和田籽玉，黄皮巧雕，年年有余

皮色方面，精品手把件的原料由于块度较大，存世量比挂件原料要少，尤其最近数年，和田籽料矿脉几近干涸，而和田籽玉的收藏人数却呈几何级数上升。在这种紧张的市场环境下，玉质上佳的和田籽玉手把件原料再辅以纯天然的美艳皮色，价格是非常惊人的，也不是一般藏友的经济能力能够承受的。因此，精品手把件的投资与收藏，不要过于苛求藏品上带有纯天然的皮色。藏品上带有天然的真皮色固然好，但若经济实力无法承受，把件藏品带真皮色，不追求也罢。

但是，人工作伪的颜色不增加藏品的任何价值，有些甚至对藏品价值有负面影响。因此，建议藏友们，若遇到带有人工作色的藏品，在出价时，最多将之当作不带皮色的藏品来出价，切记。

摆件

在玉雕藏品中，摆件的块度仅次于大型山子，常识上来说，就算是小摆件的重量也起码在半公斤左右，至于几公斤、十几公斤的大摆件，就更加司空见惯了。对于一般家庭来说，精品和田籽料摆件块度大、价格高，属于重器，虽然投资回报比较高，但是投资周期长，资金周转、变现速度也较慢，所以投资与收藏精品和田籽玉摆件藏品时，需要非常谨慎。

那么，什么样的摆件值得投资与收藏呢?

材料方面，虽然摆件藏品的块度过大，但是从投资与收藏的角度来讲，建议在经济能力能够承受的范围之内，还是应该选取和田籽料为佳。毕竟玉材质地相对有保障，而且从市场认可度来讲，新疆和田籽玉的被认知度是远高于其他同类玉材。

玉质方面，由于精品和田籽料整体块度大，投资与收藏时，对于藏品的结构、油份、糯性、纯度、老结度和白度等各项指标，很难完全兼顾。即便如此，还是建议藏友在出手时，在经济能力能够承受的前提下，尽量追求摆件的玉质的各项指标能高一些，因为玩收藏，永远是“越精品的物件越受欢迎”。当然目前市场上，全品相的和田籽玉摆件，价格都是天价，藏友还需量力而行。

新疆和田籽玉，黄皮山子，临石观海图

工艺方面，玉雕摆件的雕琢风格，各地特色不一，所谓“术业有专攻”，目前我国各地的玉雕风格和擅长，总体来说，山子类摆件以扬州工见长，人物类玉件则京沪出色，而仿古玉件却是苏工独秀。

由于摆件藏品的块度较大，所以摆件的原料通常都带有不少缺憾和瑕疵。因此雕琢工艺的优劣在摆件玉器的投资与收藏时，显得尤为重要。好的玉雕工艺，能充分考虑僵、棉、绺裂等瑕疵和料形怪异等缺憾，通过灵动的设计，巧妙地避让、去除玉料的不足。好的玉匠通过巧雕的手法，去粗取精，使原料焕然一新，成为一件精湛的工艺品。

题材方面，由于玉雕摆件无法随身携带、随身盘玩，多作居家摆设装饰或镇宅之用，所以摆件类题材，常以招财辟邪、山水摆设或纯工艺品欣赏为主，例如：山水故事、观音、布袋弥勒、关公、财神、貔貅等常见题材。因为玉雕摆件价格高，资金进出周转较慢，占用现金较多，因此，在投资与收藏时冷门题材的玉雕摆件，要充分考虑到今后的变现问题，小心谨慎的出手。

新疆和田籽玉，观音摆件

皮色方面，与挂件、摆件类似，和田籽玉摆件的收藏，自然也是玉件以带纯天然的皮色为佳。藏品皮色的设计利用，构思要巧妙。当然玉摆件由于器形较大，如果料性满足的情况下，再追求真皮色，在现今市场上，将是件件天价，远非一般藏友能承受。因此，在玉雕摆件投资与收藏时，藏友不必过于追求纯天然皮色，“首德次符”，还是以玉质上佳为首选。

和田籽玉摆件对皮色真假的要求大体都是一样的，对于作伪皮的皮色，摆件藏品也因尽量避免。现在和田籽玉原料中大块度的加色料非常之多，那么，建议在原料雕琢时，应尽量把作伪皮色去掉而还玉质本来面目，以免影响投资和收藏价值。

原料（大料、把件料、挂件料、毛坯）

大料

本书说的大料，主要是指摆件类玉材原料。大料的收藏，应遵循以下几个原则：

原石的玉质是判断投资收藏价值高低的一个重要依据。“大料质地看分明”，大料收藏，玉质第一。由于玉件大料块度大，可塑性强，想象空间也大，因此大料选购时，首当其冲的原则就是“首德而次符”，质地好坏，直接决定了大料的投资与收藏的空间。

前文介绍的每一项玉器鉴赏和选购的指标，都要详细观察，原料的结构、油份、糯性、纯度，每个方面都看仔细。由于原料块度大，料性纯度通常不如小原籽来的高，玉料质地的匀称度相对欠缺，通常阴阳面都比较明显，因此投资与收藏大块度的和田籽玉原料，一定要把整块原料的每一个面通体都观察仔细、研究透彻。

新疆和田籽玉，脂白阿弥陀佛随型牌

同时原材料的出活率高低非常重要。这是判断大块度玉石原料的投资与收藏价值的又一重要依据，一定要研究分明。所谓“出活率”，就是原料的可利用率。一块大型的玉石原料，是在原料上直接雕一个整体的造型题材，还是切开来分别做不同的题材和造型？如果是将原料切开来分别逐个雕琢，那么是否能够切出最为难得的牌坯料甚至镯坯料？现在白玉市场上，由于大块度的玉石原料常常带有瑕疵，块度大，也未必能开出牌坯料和镯坯料。在投资与收藏大块度玉材时，原料的块度、料形、瑕疵走向、阴阳面等要素要协同观察、冷静思考、综合分析。

另外，大块的新疆和田籽玉原石，表面时常带有皮色，这些皮色的真假，也是影响大型籽玉原石投资收藏的重要因素。一般来说，如果料性上佳、质地上乘的大块度和田籽玉原石表面，带有纯天然的皮色，那绝对价值不菲，其价值可能是同等档次不带天然皮色的原料的数倍甚至更多。这类带有天然皮色的大块度精品和田籽玉原石相对少见，档次高，但通常能够承受其的市场价格的，也绝非一般的社会白领阶层。而且，随着精品和田籽玉矿脉几近干涸，大型上品和田籽玉原料，少之又少。因此，高档大块度的和田籽玉原石，通常不在平常百姓的收藏之列。

有纯天然真皮色，自然就有人工作伪的假皮色。目前软玉市场上，大块度的和田籽玉原石，十有八九都是人工作色，而且此类假皮色也比较容易辨别。这样的料子，厚厚的假皮色下面是好是坏，时常无人能知，经常是所见之处触目惊心、瑕疵惊人，比如白僵、石僵、大面积穿糖、内裂众多等等，危机四伏、险象环生。经验不足的玉友，对此类大块度原料出手定要慎重，业内行家碰上这类玉料，都经常翻船，常常入不敷出，甚至血本无归。说得直白些，老狼不建议新手关注此类大型玉料。

总的来说，大块度软玉原石的投资和收藏，谨遵“物以稀为贵”的原则，尽量做到品质要精，越是好的原料，存世量越少，投资升值幅度越快，收藏空间也越大。

把件料

千禧年至今的十多年间，软玉市场炙手可热，精品玉材供不应求。尤其精品新疆和田籽玉的把件原料，比大块度同类原料，涨幅要高出很多倍。究其原因，主要还是把件籽料的玉质总体要好于大型籽料的玉质，不管是从结构、油份、纯度、老结度还是风险系数各方面来看，把件籽料的料性都整体优于大块籽料原石。

新疆和田籽玉，洒金把件料

精品把件籽玉原料多出自玉龙喀什河中下游。相对高海拔矿脉出产的大块度和田玉原料和山料而言，精品的把件籽料经历更久大自然的洗礼。原始玉料中，料性欠缺的部位，在年复一年、物竞天择的自然选择中，被流水磨砺、冲刷殆尽，剩下的部位，则往往是原始玉料中最精华的部分，真正的“聚天地之精华，凝山川之灵气”。

精品和田籽玉把件料，玉质上佳，块度适宜，大小适中，一手把握，适于盘玩，整体白度也优于大块度的和田籽玉原料。得天独厚的条件，使之成为众多资深玉友争相追逐的对象。数十年来，有经验的藏友对于上好的和田籽玉把件原料都趋之如鹜。最近几年的玉器市场上，从玉龙喀什河矿脉上新开挖出精品把件籽玉原料已经非常少见，十多年来收藏在玉友手中的这些精品把件原料，市场价值翻了数十倍，投资回报比是非常惊人的。

那么，什么样的玉石把件料值得投资与收藏呢？

首先，玉料的选材，依然首选还是新疆和田籽玉。就精品和田籽玉把件料而言，“作料”和“玩料”都值得投资与收藏。

何为“作料”？何为“玩料”？下文详细阐述。

作料

原料先天就有不可避免的明显的瑕疵和缺憾，但是经过玉匠的设计，可以通过去除、巧雕、暗藏等方法巧妙借除，使成品雕件成为比较完美的玉雕作品。此类原料，市场上通常称为作料。所谓“玉不琢、不成器”，此类原料若不经过后天的加工处理，由于自身缺憾明显，不经后天琢磨处理难成大器。也正因为如此，相对无须雕琢的天然玩料来说，其档次略逊一筹，市场价格也低一个台阶。

在收藏“作料”时，建议藏友们从以下几个方面入手：

玉质方面，由于把件原料的块度适中，用聚光手电透光观察时，大部分光线能完全穿透。因此，把件原料内部如果有不足（例如裂、格、棉、僵、黑点、水线等），在聚光观察下则一目了然。所以首先我们要求瑕疵和缺憾要少，即便是有，也应该尽量选取那些能够很方便地通过设计和雕琢处理将瑕疵借除的作料，来进行投资与收藏。

除了瑕疵外，结构、油份和糯性自然也是必不可少的。把件料块度相对较小，强光观察下玉材结构也是一目了然。而且玉把件是藏友们随身携带把玩之物，若料性欠缺，久盘而糯性、油份不足，藏品的价值及其投资空间自然也大打折扣。

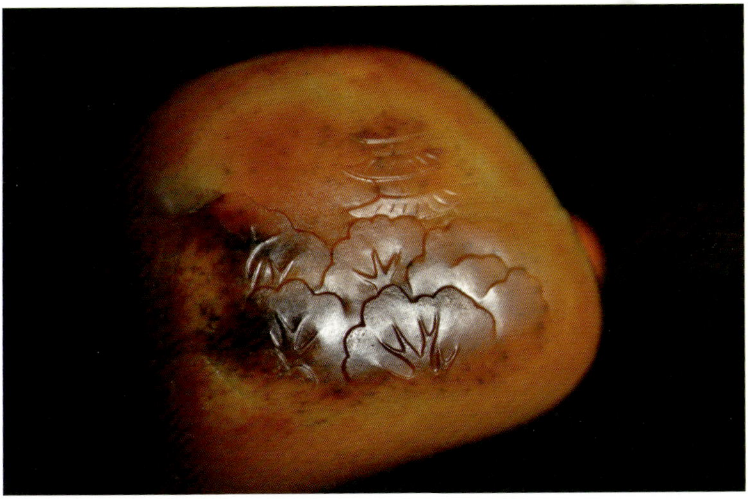

新疆和田籽玉，洒金把件料

另外，作为高档的精品玉石原料，其纯度也需要各位藏友关注。有些把件原料的阴阳面过重，同一块原料的不同部分，料性差异过大，一面可以侧光观察下肉眼几乎看不清结构，另一面却可以通过肉眼观察看到明显的内部云絮状纹理结构。此类原料在其价值及其投资上升空间方面，自然要比料性纯度好，阴阳面不明显的原料要低些。因此，藏友们在入手前，原料的每个面都要观察仔细，不要有遗漏，以免多花冤枉钱。

颜色方面，在保证原料结构、油份、糯性等料性上佳的前提下，原料的白度当然是越白越浑厚越好。和田玉自古以来，就推崇白色玉料为最，事实上，就像前文所表述过的一样，不管是何种颜色，只要其颜色能够纯到极致，都是千载难逢的罕见佳品，其价值并不在白玉之下，例如通体纯糯的熟栗黄玉料、漆黑如墨的墨玉料等。

料形方面，既然是作料，外形往往是不完美的。但即便如此，还是需要对其外形做一定的把握。原料的造型如果过于突兀，或者奇形怪状，设计和雕琢时，就需要花比较多的心思，若玉匠的功力不够，设计不出彩，常常无法展现原料在质地方面的神韵。这就大大增加了雕琢处理时的风险，毫无疑问这类风险是收藏原料的主人承担的。因此料形过于异怪的玉石原料，在投资与收藏时，出手要谨慎，同时对于性价比的要求自然也要相对高些。

皮色方面，要区分一下是“天然真皮色”还是“人工作伪皮色”？

对于值得投资与收藏的精品玉石原料而言，玉材的质地都是相对精选的上佳之品。在玉质上乘的前提下，原料上若能有天然皮色附着其上，其价值提升幅度之大是不言而喻的。尤其是在资深的玉匠手中，去粗取精，天然皮色通过巧妙设计、精细加工，构成一幅俏色而灵动的图案，更是美不胜收。就目前市场行情来看，带有天然皮色的精品和田籽玉把件原石，价值要比不带天然皮色的原石高上数倍甚至数十倍。就投资与收藏的升值空间来讲，带有天然皮色的精品和田籽玉原石上涨幅度也远大于不带天然皮色的光白原籽。

正是因为精品玉材的表面，一旦带有天然皮色便身价飙升，可谓是“一人得道，鸡犬升天”，市场上自然就到处充斥着人工作伪的皮色。人工作伪的皮色对精品玉石原料而言，是没有任何附加值的。有些和田籽玉把件原料，甚至因为做了明显的伪造皮色，反而还会负面影响原料的市场价格。

另外有一点，部分人工作伪的皮色料，也就是二上色的玉料，其假皮色下面常常掩藏有明显的瑕疵，例如僵点、黑点或碎性等瑕疵。这些难以借除的先天毛病，都是严重负面影响原料的市场价格和投资升值空间的，所以才会通过人工作伪皮色，用厚厚的假皮色将其掩盖，以期将利润空间增至最大。

“投资有风险，收藏需谨慎。”

玩料

所谓“玩料”，专指新疆和田籽玉。籽玉原石必须料型饱满，块度适中。这些精品籽玉原石自玉龙喀什河矿脉中开采出来伊始，便不曾经过任何人工处理，纯天然造型完美，无明显瑕疵和缺憾，整块料周正完全，甚至造型写意，百分之百是大自然鬼斧神工的杰作。无须经历任何后天的人工设计与雕琢加工，原料在原石阶段，就已经是一件成熟的精品和田玉藏品把件，市场上通常把这类高档籽玉原石称为“玩料”。

正所谓“天然去雕饰”，由于精品把件玩料原石的天然完美造型，不带一丝人工匠气，完全在天地间经历亿万年的自然风化、侵蚀的选择而磨砺成鹅卵形。玉材质地也是去粗取精、脱胎换骨。“玩料”，是独此一件的，也不可能在后天环境中人工仿造出一模一样的成品，真正的“不食人间烟火”，真正的唯一。

经过人工雕琢而成的玉器雕件，即便工艺再复杂再高深，只要找到合适的材料和技艺精湛的玉匠，就能做出类似的工艺品，而精品和田籽玉“玩料”，是大自然历时亿万年“雕琢”而成，仿无可仿。因而，玩料是精品软玉原石中最为抢眼，价格最为惊人，投资与收藏价值最高的一类原生玉料。

在收藏“玩料”时，建议藏友们从以下几个方面入手：

玉质方面，上文已经介绍过了，把件原料由于其块度大小的原因，聚光手电透光观察下，内部瑕疵一眼自明。而且因为是天然把件玩料，既然称得上“玩料”，自然是不经任何设计和雕琢处理，可以直接携带把玩的。原料若天然带瑕疵将无法避除，会负面影响投资与收藏的价值。因此，投资与收藏精品和田籽玉把件玩料，尽量避免挑选内部有明显瑕疵的玩料，尽量做到“既追求料形完美，又兼顾料性完美”。

当然，结构、油份、糯纯度和老结度肯定是必须要考虑的。软玉收藏最重要的原则——“首德而次符”，不管哪种玉材原石，都必须先注重玉质。如果玉料结构疏松，对其投资与收藏的价值，毫无疑问有不小的负面影响。既然是和田籽玉玩料，是接近完美，无须人工设计与雕琢的高档精品玩料，玉材的每一个指标都是藏友务必追求的，结构、油份、糯性、纯度和老结度缺一不可。同时精品籽玉玩料的阴阳面视觉效果上，差异应该尽量小，尽量浑然一体。

玉质的每一个指标，都对精品和田籽玉玩料的价值都有着不可忽视的影响。“一分价格一分货”，在投资与收藏籽玉玩料时，每一项指标都不容忽视。

颜色方面，籽玉玩料在保证料性上佳的前提下，理所当然，白度越高，色泽越浑厚，投资与收藏价值也越高。当然，精品玩料追求白度没有错，但是就如上文所述，其他颜色的和田籽玉玩料，只要料性上佳，颜色至纯，也是非常值得投资与收藏的。

料形方面，既然是“玩料”，原石的外形上自然要求尽量完美。常见的最佳玩料造型有圆圆的鹅卵形，扁方的年糕片形，长方的豆腐干形，正方的骰子形，甚至天然斧子的造型等。总之，不管是何形状，关键在于玩料的形状要完美，无须后天人工设计与雕琢。

皮色方面，既然是玩料，便无须人工雕琢。既然无法雕琢，一旦原料表面带有人工作伪的皮色，便成为无法去除的致命伤，严重影响投资与收藏价值。因此，精品和田籽玉原石玩料，表面不带皮色则罢，若带皮色，则务必追求所带皮色纯天然，不经任何后天加工！

上好的新疆和田籽玉，玩料，顶级橘红皮

“料型完美、玉质上佳、皮色天然且艳丽”，这所有的上佳指标集于一身，就构成了高档和田籽玉中的王者至尊——“极品玩料”。

除了外形、玉质等要求外，玩料的皮色最好是以红色或者黄色为主基调。若极品玩料表面被整张红色系或者黄色系的皮张所包裹，便是历来资深藏友推崇备至的籽玉极品——“金包银”了。所谓“金包银”，就是原籽内部玉质上乘，表面又被整张纯天然的皮色所包裹，外面金黄皮色，内部至纯白玉，犹如无瑕白银外裹至纯黄金，故而得名“金包银”。

极品玩料是所有软玉中最高档的，也是市场价格最高，投资上升空间最大的玉料。随着近几年玉龙喀什河矿脉几近干涸，和田玉收藏者的规模却急剧膨胀，此类“极品玩料”早已成为了可遇而不可求的价值连城的传世之宝。

新疆和田籽玉，聚红皮极品玩料

小原籽

本书讲的“小原籽”，专指天然精品和田籽玉原料中体积最小的一类玉材，就个体块度而言，小原籽只能做挂件，体积更小的只能做手串用。小原籽因为块度小，好坏都一目了然，所以原料本身的瑕疵和缺憾都无法遮掩，基本无赌性。

新疆和田籽玉，金包银

早些年小原籽因为体积较小，想象空间太小，设计和雕琢的局限性也很大，更加无法适手把玩，因而普遍不受玩家藏友所重视。但是近二十年，因为玉龙喀什河矿脉的急剧枯竭和入市玩家数量的急剧增加，精品把件原料数量远远供不应求，所以此类体积娇小的精品和田籽玉原料便进入了眼光独到的藏友的视线。虽然一个小原籽每克的单价可能比把件料和大料都要高，但是因为块度小，小原籽的总价相对较低，市场价格尚在大部分藏友能够接受的能力范围之内。正因为如此，短短十多年时间，精品和田籽玉中的小原籽，市场价值一路狂飙。

那么，什么样的精品和田籽玉小原籽值得投资与收藏呢？

本书中，分两类来介绍，“挂件料”和“手串料”。

挂件料

所谓“挂件料”，顾名思义，原料的大小适合佩戴于胸前的小原籽。通常挂件类小原籽的重量在十克到三十五克之间，藏友们可根据自身的身高和体型选择适合自己佩戴的挂件料。

新疆和田籽玉，金包银

玉质方面，由于挂件小原籽的体型小、无赌性，尤其是在聚光灯下观察，玉材的质地优劣非常容易判断。因此，对于挂件类小原籽，在投资与收藏时，应该尽量追求质地完美无瑕，追求结构细腻，油份上佳，糯性十足。由于是小型料，玉材如果阴阳面大，就更加一目了然了，因此，投资与收藏时，还应该注意观察料性纯度，原料的料性越纯，阴阳面越不明显，越值得投资与收藏。

颜色方面，要求与把件料基本相似，在玉材的质地上乘的前提下，小原籽的颜色通常以白色为佳，当然，白色也应该白的越浑厚越凝重越好。与此同时，也不要忽略对其他颜色的小原籽关注，不要过分偏颇一味地追求白。只要原料的质地上乘，颜色至纯，都是值得投资与收藏的。

新疆和田籽玉，金包银

料形方面，大自然中聚集天地灵气应运而生的“天地精华”，虽然材质美轮美奂，却少有外形完美无缺、罕见料形尽善尽美。自古以来，新疆和田玉籽料便有“十籽九裂”之说。这是由于和田籽玉的原料自昆仑上的母体剥离后，在亿万年的地质作用下，从山体被搬运到河流中并从河流上游搬运到下游的过程中，不断受到冲撞和碰击的结果。这现象在挂件类原籽上，视觉效果看尤其明显。

市场上常见的精品挂件原籽上，常见会带有绺裂，甚至造型奇特怪异。这类小原籽需要玉雕工匠后天设计和雕琢，才能成为一件完善的玉雕工艺品，是挂件类原籽中的“作料”。

此类原料由于料形上的先天缺憾，因此性价比相对较好，在投资与收藏时，也比较方便出手。但缺点是不经艺术加工则无法佩戴，置于手中把玩又因为块度小无法令藏友满意，在没有完成雕琢加工的工序之前，只能作为投资藏品，佩戴与实用性略欠。

与前文所述的和田籽玉中的把件类玩料一样，挂件类和田原籽也有一类上品玉材，就是品相周正、造型完美、质地上佳、数量稀少的挂件类“玩料”。

此类玉材因为天生造型完美，无须后天设计与雕琢，价值不菲也十分罕见。“物以稀为贵”，相比需要雕琢的作料类和田小原籽而言，玩料小原籽的投资与升值前景更加令人欣喜。玩料中带有天然皮色的“极品玩料”，自然也是颗颗天价、粒粒不菲。即便如此，精品和田挂件原籽的玩料还是供不应求，是众多资深藏友必争之宝。

目前的软玉市场上，诸多和田籽玉中，针对挂件类小原籽玩料的投资与收藏，有一点尤其要注意，就是“整过形的精品小原籽”与“天然造型小原籽玩料”，两者要注意区分。由于天生造型完美，无明显缺憾的小原籽数量稀少，价值不菲；而料型欠缺不完美的精品小原籽的市场保有量相对比较大，价格也相对低些。因此通过人工处理，把造型有欠缺的小原籽磨去其上的瑕疵和缺憾，进行整形处理，然后再通过高超的人为造假技术，在小原籽表面整过形的地方，做上足以乱真的“汗毛孔”。如此一来以次充好，整形后的小原籽按照天然原籽玩料的价格来销售，市场价格可以翻上数倍。藏友在投资与收藏此类小原籽时，需要格外小心，稍有不慎便有可能多花许多冤枉钱。

新疆和田籽玉，天然斧子造型，鬼斧神工

皮色方面，小原籽块度小，在投资与收藏时，应该尽量务求皮色纯天然，务求皮色原汁原味，务求皮色没有处理和加工过。小原籽因为块度太小，原本设计和雕琢时的想象空间就比较小，如果再带上一块后天人工加色的皮色，对于经典收藏的宝贝而言，这是不太能接受的。一句话，精品和田籽玉小原籽的投资与收藏，宁取不带皮色的光白料，不要人工加色的皮色料。

当然，与把件料类似，如果和田小原籽玩料的表面，还带有艳丽的纯天然的皮色，自然就是挂件中的王者——“极品玩料”了。玉质上佳、皮色天然，存世量稀少，可遇而不可求，此类挂件玩料从面世之初便集所有顶级和田籽玉应有的优点于一身，在精品和田籽玉收藏中是可遇而不可求的。当然，此类挂件玩料单价极高，价值亦不在把件类玩料之下，粒粒皆是收藏传世之瑰宝。

手串料

新疆和田籽玉，原石手串

所谓“手串料”，顾名思义，原料的块度小，只适合串联起来做手串，佩戴于手腕之上的小原料，通常手串类小原籽的分量在三克到七克之间，藏友们可根据自身手腕的粗细选择适宜自己手腕佩戴的手串原籽。当然，原籽如果再小一点的话，还可以打孔后串起来做原石项链。

玉质方面，由于手串小原籽基本都是聚光观察下毫无赌性的明料，质地优劣不言自明，因此质地好坏直接影响手串的价值。对于手串料小原籽，在投资与收藏时，应该考虑质地上乘，务求结构、油份、糯性俱佳。

颜色方面，手串类原籽的投资与收藏与其他原料大致相同，但又有所区别。在质地上佳的前提下，若所有的原籽都是白度一流，美则美矣，却因颜色过于单调而有所缺憾。因此，高档的和田原籽手串，常会加几颗不同颜色的原籽以作调色之用。

新疆和田籽玉，原石手串

料形方面，既然是串联起来做手串佩戴，自然需要每个原籽的造型大小都比较接近。手串类原籽由于块度小，找一颗相对完美的原籽并不难，难就难在要找一批大小类似、料型相似、品质相近的原籽。这些原籽犹如孪生兄弟一样，有时要花费九牛二虎之力，消耗很长一段时间，才能凑出一串完美的和田原籽手串。

和田原生籽玉手串的投资与收藏，有一点需要注意的，就是“原籽整形”。

由于凑齐一组玉质上乘，造型相似的手串非常困难，为了保证原籽手串的整体造型风格一致，很多原籽会被人工修整形状。这类原料在和田市场上被戏称为“被劳动过”的原料。此类手串与天然形状的和田原籽手串相比，价格上差异非常大，投资与收藏时，需要小心辨别、谨慎区别。

皮色方面，手串类小原籽块度小，在投资与收藏时，务求皮色纯天然，没有加色。手串类原籽体积已经很小了，如果还要加色，实在没有太大的收藏价值，因此精品和田原籽手串的投资与收藏，宁取不带皮色的光白料，不要人工加色的皮色料。

毛坯料

本书所阐述的“毛坯料”，指的是由原生大料上开下来的，已经初具所需要雕琢的物件的外形雏形的毛坯料，例如能开镯子的镯坯料，能雕琢成玉牌的牌坯料，还有能雕成手把件的把件料等。

为何本书要专门列一个章节来介绍精品和田籽玉的毛坯料呢？因为精品的和田籽玉毛坯料特有的优势，是其他玉料所不具备的。

相对整块的大块体积原石的赌性和不确定性来说，精品毛坯料因为是从大原料上剖切、分割下来的，因此，玉材的质地情况、瑕疵情况等都相对明了，基本上属于无甚赌性的明料，自然风险系数要小很多。

相对原生籽料而言，精品毛料因为是从大块度玉材原石上切割下来的。从单克的价格来说，精品大块度籽玉原石的每克单价比精品原生小籽料的每克单价要低，性价比要好。自然，精品毛坯料的性价比要比体积相近的精品原生籽玉的性价比好。

另外，相对已经雕好的成品而言，毛坯料的想象空间要大很多；可塑性强，自然受众面就广，举例来说：

新疆和田籽玉，牌坯料

相对已经雕好的玉镯子而言，成品镯子的内径是固定的，无法更改。从投资变现的角度来看，卖家就必须找到既喜欢该式样，能接受其价格，同时又正好合适手寸的买家，镯子才能转手变现。镯坯因为没有被加工过，内径可以按照需求定制，式样也可以根据客观要求来样加工。因此从纯投资的角度来讲，镯坯的想象空间就大很多了。

新疆和田籽玉，镯坯料

相对已经雕好的玉牌而言，成品玉牌题材、工艺和尺寸都是固定的，从投资变现的角度来看，买家必须对工艺和尺寸能够欣然接受，同时对玉牌的题材无异议，卖家才有可能转手变现。牌坯料因为还是毛坯，则完全可以根据客户的需要度身订造、量身定制。因此从纯投资的角度来讲，牌坯的想象空间就大很多了。

那么，什么样的毛坯料值得投资与收藏呢？

材质方面，建议藏友们还是优先考虑新疆和田籽玉。毕竟和田籽玉原材料相对稀缺，品质也好，收藏还是“物以稀为贵”的。

玉质方面，老狼之所以建议，在投资与收藏大块度精品和田籽玉原石与精品和田籽玉毛坯料之间，初学者更多考虑后者。因为后者的质地不言自明，赌性低、风险小。毫无疑问在选择精品时，玉材上佳、质地上乘是必需的，尤其是镯坯料和牌坯料，明眼的瑕疵（例如僵点、穿糖、绺裂和黑点等）在投资与收藏时是非常忌讳的，应该尽量避免。

颜色方面，与前文所述的各类原石一样，精品毛坯玉料的投资与收藏，颜色上也以浑厚凝重的白色玉料为佳；同时，也不要忽略其他颜色的玉料，只要玉材的颜色够纯够匀，不管是何颜色，一样价值不菲，投资升值空间巨大。

料形方面，既然是毛坯料，在玉材的外形上，自然要求比较严格，镯坯料是否大小充足，厚度是否足够？最小尺寸是否足以开料成形？牌坯料是否周正，厚度是否足够？总的来说，手把件毛坯料要求相对要宽松一些。

新疆和田籽玉，镯坯料

皮色方面，由于毛坯料是从大块度的玉材原石上切割下来的，自然皮色真假只能取决于被切开的原石的皮色。现在市场上的大块度籽玉原石，十有八九都是经过人工上色的，因此，在毛坯料收藏方面，对于原料皮色纯天然这一要求，相对难以做到。能碰上皮色纯天然的毛坯料固然是好，但是如果没有天然皮色，只要玉材的质地上佳，还是不要过于计较皮色真假了。

第八章 玉雕题材寓意介绍

人物类

如来：释迦牟尼佛，即《西游记》中的如来佛，有通天彻地之能。佛家理论中，他是娑婆世界的教主，乘愿来到我们娑婆世界，帮助众生、度化众生。佛可保佑平安，寓意有福（佛）相伴。

割肉喂鹰：缘自佛家的经典故事，释迦牟尼佛用自己的肉喂饥饿的老鹰，诠释佛家舍己为人的大爱。

阿弥陀佛：佛家经典记载，阿弥陀佛是西方极乐世界的教主，四十八大愿救拔众生。阿弥陀佛是佛中之王，光中极尊。当今社会，佛家修行净土宗盛行，阿弥陀佛在玉雕题材中，十分盛行。

佛头：佛教类题材原本就有辟邪、保平安之意。如果人物身体没有露出来只露了个人头：深(身)藏不露，也叫出人头地。

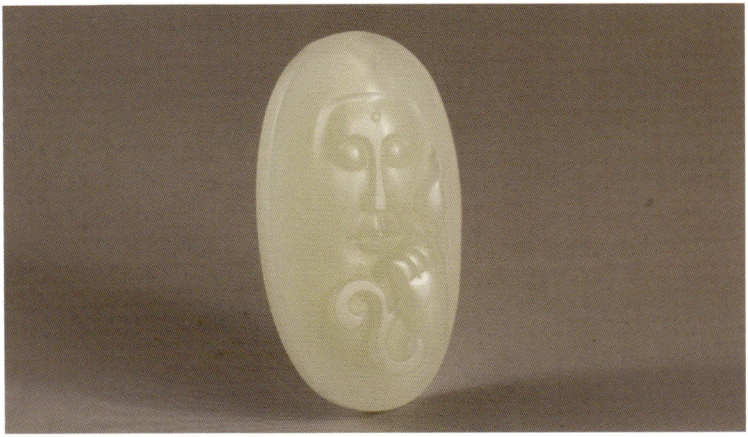

达摩：达摩是南北朝时期南天竺僧人，航海到中国，在洛阳、嵩山传教，曾在嵩山少林寺面壁九年。有“面壁九年成正果，风风火火渡江来”的说法。是中国佛家禅宗的初祖。常见相关题材有“一苇渡江”“只履西归”等。

济公：原名李修缘，南宋高僧，破帽破扇破鞋破僧衣，扶危济困，施医救人，赏善罚恶，在百姓中有很高的知名度。相传为降龙罗汉转世，后人尊为“济公活佛”。

布袋和尚，又称弥勒菩萨、弥勒佛：弥勒菩萨在五代以前的造型，与文殊、普贤等菩萨风格类似。五代后梁时期出了一名高僧，法名契此，又号长汀子。常以杖背布袋云游四方，能示人吉凶，消灾解难，除恶辟邪，十分灵验。后相传他为弥勒菩萨转世。

于是弥勒菩萨造型开始以契此法师为原型并逐渐流传至今。相传布袋和尚所背的八宝乾坤袋可装天地万物，也可装天下财宝，人们常佩戴或陈列家中，可消灾解难、招财进宝。弥勒菩萨相传又是释迦牟尼佛的接班人，未来世界的佛，因此也称“弥勒佛”。弥勒佛大腹便便，五短身材，笑容可掬的造型，又是解脱烦恼的化身，常有笑口常开，知足常乐，常乐佛，笑弥勒等说法。

观音：观音菩萨是西方三圣之一，是阿弥陀佛的左胁侍。大悲观世音菩萨普度众生，是救苦救难的化身，遇难众生只要念其名号，观音就前去拯救解脱。观音菩萨的道场在浙江普陀寺，诞辰日为阴历二月十九，成道日六月十九，涅槃日九月十九。

汉地多观音崇拜，观世音是最为常见的佛教玉雕题材，人们常佩戴或供奉在家中，祈求平安吉祥。常有慈悲观音，南海观音，净瓶观音，讼经观音，滴水观音，送子观音，千手千眼观音，佑安康观音，保平安观音、赐福观音等说法，都是保平安吉祥的意思。

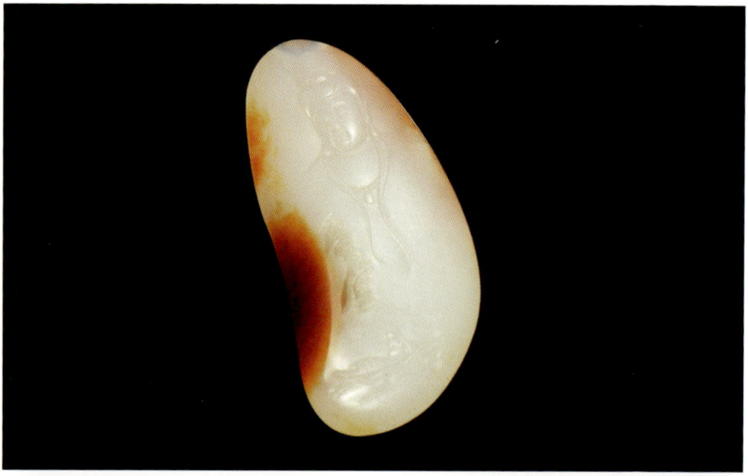

地藏菩萨：也称地藏王菩萨，以比丘造型示人，曾发下大愿“度尽众生、方证菩提，地狱不空、誓不成佛”。

文殊、普贤：文殊菩萨与普贤菩萨是与观音菩萨一样的大菩萨，是毗卢遮那佛的左右胁侍。文殊主智慧，坐骑为青狮，普贤

主行愿，坐骑为白象，都是各自生肖的本命佛，辟邪、保平安。民间有传和合二仙即为此二菩萨的化身。

钟馗：钟馗乃天师，扬善驱邪。

传说唐明皇患病时梦见大鬼吃小鬼，明皇问之，大鬼自称钟馗，生前应试武举获得会元，殿试时因其相貌丑而被黜，受到不公平对待，忿极便触石阶而身亡，为此决心消灭天下妖孽。睡梦

醒来，明皇召画工吴道子绘出钟馗图像，敕令于岁暮之时悬挂以祛邪魅。钟馗吃鬼、钟馗打鬼、钟馗嫁妹、钟馗役鬼、钟馗斩狐等均为镇邪除恶的内容。民间相传在屋内挂钟馗的画像，可以镇宅辟邪挡灾。

天中辟邪：天中指阴历五月初五的天中节，即端午节，画面由钟馗手持宝剑表示，寓意端午避除邪祟，保平安。

和合二仙："和合如意"，"和"与"合"均为唐代僧人，即"寒山"与"拾得"，后封为和仙与合仙，两人姓虽相异，但亲逾兄弟。两人同爱一女子而彼此不知，及至寒山临婚，始知拾得亦爱恋此女，于是断然弃家出走，至苏州枫桥削发为僧，结庐修行。拾得知悉此情后，亦舍女往觅寒山，探得寒山茅庐之所，乃折一盛开花荷前往礼见，寒山见拾得远道寻来，喜出望外，恐其饥馁，急捧一食盒出迎，二人喜甚，俱为僧侣，开山立庙，称"寒山寺"。"寒山""拾得"二仙形象，常出现于画幅及工艺品中，两人蓬首笑面，著绿衣，一持"荷花"，一捧"圆盒"，借"荷"、"盒"谐"和""合"，取其"和谐合好"之寓意。

财神：招财进宝之意，或者叫天降财神。财神是传说中给人带来财运的一位神仙．身佩玉财神，财源滚滚来。财神也有文武之分，文财神笑逐颜开，通常为文官造型；武财神则以武将造型示人。

罗汉：有十八罗汉、一百零八罗汉造型。均是驱邪镇恶的护身神灵。释迦牟尼佛曾令十六罗汉前往人世间普度众生，后增加到十八位罗汉。十八罗汉形态各异，各司其职。据说佩戴或供奉罗汉可以保平安，祛邪恶，是玉雕中的常见题材。

八仙：八仙分别是铁拐李、汉钟离、张果老、吕洞宾、韩湘子、何仙姑、蓝采和、曹国舅。有时用八仙持的神物法器寓意八仙或八宝。八种法器是葫芦、蒲扇、渔鼓、宝剑、横笛、荷花、花篮、阴阳板。八仙另有“上八仙”之说，分别是王母、杨戬、寒山、拾得、刘海、白猿、太白、寿星。

八仙过海：八仙过海各显其能，图案为八个神仙各持法宝在波涛汹涌的大海上各显法力。八仙故事多见与唐、宋、元、明文人的记载。“八仙庆寿”“八仙过海”的故事流传最广。

寿星公：寓意长寿，或者叫寿星高照，也叫“老来乐”。寿星公即南极仙翁；福、禄、寿三星之一。寿星玉饰送老人，即祝愿老人健康长寿。

天官赐福：道家以阴历正月十五为天官赐福的日子。天官是天上赐福人间的神仙。

“天官赐福”亦称“受天福禄”。旧历正月十五为上元节，民间传说是天官下降，赐福人间。通常由天官和展翅飞翔之蝙蝠（或长条的画幅卷轴）构成图纹。借“蝠”“幅”的谐音寓“福”。

三星高照：古称福、禄、寿三神为“三星”，传说福星司祸福、禄星司富贵、寿星司生死。“三星高照”象征幸福、富有和长寿。福、禄、寿三神，也称三官，天官赐福、地官赦罪、水官解厄，分别表示司福、司禄、司长寿的三星。亦有图案为一老寿星、一鹿、一飞蝠的，称之为“福禄寿”。

刘海：刘海原名叫刘海蟾，号海蟾子，五代后梁陕西人，燕王刘守光的丞相，后睹异人垒钱之危而悟道成仙化鹤而去。道家南宗奉其为祖，常现招财童子相，后人当作吉星福神。现今画面由刘海作童稚状，蓬发大口，身着博袖之衫，戏钓三足金蟾，寓意有福有钱。传说刘海每戏一次金蟾，金蟾就吐一个钱币，故有招财之意，整个画面取富贵幸福之吉祥寓意。

渔翁得利：传说中一位捕鱼的仙翁，每下一网，皆大丰收。佩戴渔翁，生意兴旺，连连得利，寓意福祥吉利。有些图案上则增加鹬、蚌的造型，“鹬蚌相争，渔翁得利”，寓意上无太大差别。

东方朔：汉代忠臣，长于文才。传说东方朔特别喜欢桃，常偷王母的寿桃吃。王母的桃要三千年才结一次果实，而东方朔偷了三次，意味着遇上了三次结桃，可见东方朔寿命之长，世人也视东方朔为长生不死的神仙。所以“东方朔偷桃”就成了民间祝寿图长盛不衰的题材。取长寿之寓意。

天使，丘比特：一箭(见)钟情。

关公：名羽，字云长，三国名将，文武双全、忠勇仁义，是家喻户晓、妇孺皆知的人物，后人尊其为“武圣”“武财神”，道教尊为“关圣帝君”，佛教尊为“护法伽蓝”。民间相传拜关公，能保佑仕途官运亨通、平步青云；能保佑生意兴隆、财源广进；保佑学业识文知书，学贯古今；保佑生活家业兴旺，人生平安。台湾“拜关公”尤为盛行，关帝庙达三千多座。

刘关张（桃园结义）：述说刘备、关羽和张飞三位志同道合、意气相投的仁人志士，为了共同干一番大事业的雄心壮志，于桃花盛开的季节，在一个桃花绽放的园林中举酒结义，对天盟誓，“有苦同受，有难同当，有福同享”，共同实现自己人生的美好理想。

西王母：又称王母、金母、王母娘娘，住在昆仑之巅的金宫玉殿，左有瑶池，右有翠水，每逢蟠桃成熟的三月三，王母就大摆寿筵，邀众仙赴会瑶池庆寿，为此人们将王母作为长生不老的象征。

玉跪人：“玉”与“遇”谐音，“跪”与“贵”谐音，玉跪人，即遇贵人之意。

群仙祝寿：图案为众多仙人各持礼物为王母娘娘祝寿的场面。传说三月三王母娘娘寿诞之日，各路神仙来祝贺，以此取其吉祥喜庆之意。

喜相逢：两个童子相遇，谈笑风生，意指彼此相见欣喜不已，称之为“喜相逢”。

童子：童子天真活泼，逗人喜爱。与童子有关的题材非常多，例如送财童子，欢喜童子，麒麟送子等。童子与蝙蝠一起，福气祥和，为童子纳福之意。

子承大业：画面常见一个笑逐颜开的童子手执 张造型夸张的大荷叶。“叶”与“业”同音，寓意子嗣兴旺发达，承前启后，家族昌盛。

福源善庆：老人带着童子，拿着蒲扇，童子拿着石磬玩耍，天空飞舞蝙蝠。“蝠”与“福”、“扇”与“善”、“磬”与“庆”同音，寓意福源善庆，善良、吉庆会带来福气。

吉庆有余：图案为一磬一鱼或一磬双鱼，一童子击磬一童子持鱼，意为“吉庆有余”，寓意吉祥、欢乐和富裕。

四喜人：横向与纵向都成喜笑颜开的四个手足相连的童子称“四喜人”。人们认为“久旱逢甘雨，他乡见故知，洞房花烛夜，金榜题名时”是四件喜事；也有人认为享有福气、高官、长寿和好运之人称为四喜人。

加官晋爵：画面以童子向官宦敬酒表示，过去酒杯称爵，敬即晋，意指升官晋级。

指日高升：画面由一个身穿官服之人指着高高升起的太阳构成。寓意在短时间里将晋升高官。

五子登科：画面以五个童子争夺一顶冠表示，夺魁是争取第一之意，科举分五经取士，每经第一名称经魁，殿试第一名称大魁。

百子图：由一百个形态各异的童子构成，表示子孙众多，人丁兴旺，家业辉煌。

三纲五常：君为臣纲、父为子纲、夫为妻纲为三纲。五常指仁、义、礼、智、信。也有人认为五常是：父义、母慈、兄友、弟恭、子孝。画面由五人在品尝三只缸中的酒表示。此题材古玉牌中较为多见，现今社会不太受欢迎，基本绝迹。

女娲补天：中华上古大神，是中华民族人始之初的三皇之一，相传是人类的始祖，“炼石补天，捏土造人，立极造物，别男女，通婚姻，造笙簧”。民间传说，水神共工与火神祝融作战落败，一怒之下头触不周山。不周山乃撑天之柱，天柱折断，于是山体崩塌，大地向东南倾斜，海水向陆地倒灌。水灾泛滥，猛兽肆虐，人类遭受了空前的灾难，面临着灭绝的危险。后女娲娘娘炼五色石补天，折断鳌足支撑四极，战洪水，驱野兽，使人类安居乐业。故而“女娲补天”有国泰平安、天下太平之意。

翁仲：秦代猛将，勇冠三军，名阮翁仲。相传秦始皇令翁仲领兵守临洮，威震匈奴。翁仲死后，秦始皇为其铸铜像，置于咸阳宫司马门外。匈奴来犯，远见铜像，以为是真，不敢靠近。后人将翁仲相立于宫阙庙堂和陵墓前。司马贞《索引》云：“各重千石，坐高二丈，号曰翁仲。”后世人以讹传讹，宋元时期成大胡子文官造型。

后羿射日：传说太阳是天帝的儿子，其母名羲和，生有十个

太阳。在日月图中一边羲和捧日，一边常羲捧月。太阳居住在汤谷的扶桑树上，由阳鸟每天驮载一个太阳升至天空，给人类带来光明。可是在尧帝时期，十日并出，使得庄稼晒死，草木焦灭，百姓无法生存，尧便命神箭手后羿射十日，连续射下九日，留下一日，保留至今。

夸父逐日：民间传说，夸父族首领，为挽救苍生，累死在追日途中。传说夸父为了追求光明，跟着太阳跑，终于在禺谷这个地方追上了太阳，但是夸父又累又渴，他喝干了黄河和渭河的水，又去喝北方大泽的水，但在半路渴死了。他的身躯变成了一座大山，他的手杖变成大片郁郁葱葱的桃树林。

嫦娥奔月：嫦娥，神话中后羿之妻，后羿从西王母处得到不死之药。嫦娥私自偷吃长生不老药后飘然飞天，住在月中广寒宫，与捣药的玉兔和砍树的吴刚为伴，人们将嫦娥称作月神。

状元及第："状元及第"、殿试第一名即称"状元"；第二名称"榜眼"，第三名称"探花"。殿试后列榜有甲、乙次第，通常前三名由天子赐进士及第，后七名赐进士出身。图案通常以戴冠童子乘龙构成。"冠"与"官"谐音，戴冠寓言为高中状元。鲤鱼跃龙门可以变成龙，童子乘龙寓意"独占鳌头"而喻"状元"及第。

麻姑献寿：麻姑，传说中的仙女，住在蓬莱岛，传说她能掷米成珠。三月三，王母寿辰，举办蟠桃盛会，麻姑在绛珠河畔用灵芝酿酒，携酒前去向王母献寿礼。祝贺女寿星时常用此语。图案多以仙姑手托酒盘或寿桃表示。

昭君出塞：王昭君，名嫱，字昭君，原为汉宫宫女。传说王昭君是天上的仙女，来平息汉匈长年的战乱。公元前54年，匈奴呼韩邪单于南迁至长城外的光禄塞下，同西汉结好，三入长安向汉元帝请求和亲，王昭君听说后请求出塞和亲。后来呼韩邪单于在西汉支持下控制了匈奴全境，从而使匈奴同汉朝和好达半个世纪，出现了久违的太平盛世。

苏武牧羊：苏武，西汉杜陵人。西汉天汉元年，苏武奉汉武帝之命出使北部匈奴被扣。匈奴王欲劝苏武投降，苏武威武不屈，最后持汉书到荒凉的贝加尔湖牧羊十九年，汉匈和亲，苏武才获释回汉，此时已须发皆白。苏武荒原牧羊十九年。始终威武不屈、正义凛然，表现出崇高的民族气节。

伯牙摔琴：一人举琴面对一墓，旁立一老人。伯牙，春秋人，善弹琴。伯牙学琴三年不成，一日随师父成连到蓬莱，闻听大海澎湃之声，受到启发，琴艺大进。传说俞伯牙一日乘舟游至汉阳江口，命童仆取琴焚香，调弦转轸，一曲未终而弦断，疑有人听琴，令左右搜之，遇樵夫钟子期。二人登舟促膝而谈，意合知音，结为兄弟，约定来年江边相见。当俞伯牙按期来到江边时，钟子期已病故。伯牙闻知，泪如涌泉，去子期坟前祭拜，并割断琴弦，双手举琴向祭石台上一摔，摔得玉轸摧残，金徽凌乱。老者惊问：“先生为何摔此琴？”伯牙道：“摔碎瑶琴凤尾寒，子期不在对谁弹？！春风满面自朋友，欲觅知言难上难。”故有俞伯牙摔琴谢知音之说。

红拂夜奔：也称风尘三侠。红拂原是隋朝末期权臣杨素的侍妾，卫公李靖以布衣身份拜见杨素时与红拂相识，彼此十分敬慕，红拂女扮男装随李靖私奔，并结为夫妻，途中在客店与侠士张仲坚结为兄妹，后来李靖在红拂帮助下为唐朝立下大功。

天女散花：佛经故事，描写佛界维摩室中有一天女，姿色绝美，她常以天花散在各菩萨和弟子身上，花散在菩萨身上时皆落下，散在大弟子身上花却不会落下，谓以天女散花试菩萨和声闻弟子的道行。宋之问《设斋叹佛文》："天女散花，缀山林之草树。"故取其"春满人回"之意，后寓意春到人间，万紫千红。

举案齐眉：东汉著名学者梁鸿，其妻孟光身胖面丑，但心地善良，品德高尚。婚后二人隐居山中，男耕女织，相敬如宾。相传孟光每次送饭给梁鸿时，总是将木盘举到与眉毛一样高，表示诚挚和敬爱之意。后人将此语形容夫妻相互敬重之意。

柳毅传书：传说洞庭龙女遭夫家虐待，在荒山野岭牧羊，书生柳毅落第回乡，途经泾阳，帮助龙女传书，使其脱离苦难，彼此也相互爱慕，终成眷属。

二乔：三国时吴国乔国的两个女儿，貌美如仙，叫大乔和小乔，分别嫁给吴国国君孙策和大都督周瑜。

牛郎织女：是人们熟知的一个美丽动人的爱情故事。

红线盗盒：红线，唐朝潞州节度使薛篙的使女，精通经史、音律和武艺，聪明过人。魏博节度使田承嗣募军养武，企图吞并潞州，红线夜探田府，趁田酣睡之际盗走其身前的金盒，一更动身，三更即回。第二天，薛篙将金盒送回，并修书一封。田大惊失色，明白当时要取其首级易如反掌，非常惧怕，不得不与薛篙修好。

十二金钗：红楼梦中的十二位女子，每人都有一个代表故事，黛玉葬花、宝钗扑蝶、元春省亲、迎春诵诗、探春结社、惜春作画、湘云拾麟、李纨课子、熙凤设局、巧姐避祸、可卿春困、妙玉奉茶等。

十二花神：一月梅花神寿阳公主，南朝宋武帝之女；二月杏花神杨贵妃，唐玄宗妃子；三月桃花神息夫人，息是西周分封的诸侯国；四月牡丹花神丽娟，汉武帝宫人；五月石榴花神卫夫人，东晋书法家；六月荷花神西施，春秋末年越国苎罗人；七月葵花神李夫人，汉代音乐家李延年之妹；八月桂花神徐贤妃；九月菊花神左贵妃；十月芙蓉花神蕊夫人，十国后蜀费氏，青城人；十一月茶花神王昭君，西汉湖北人；十二月水仙花神洛神，相传古帝伏羲之女。

红玉击鼓：梁红玉，南宋巾帼英雄，南宋名将韩世忠之妻。一日金兀术入侵中原，梁红玉击鼓助战，将金兵围困在黄天荡，终于打败金兵，一举成名。

洛神：传说伏羲之女宓妃，溺死洛水，后来人们称之洛神。屈原在《离骚》中讲述过洛神，曹植在《洛神赋》中赞美过洛神。

木兰从军：花木兰，南北朝的巾帼英雄，为了抵御外族入侵，木兰替代年老的父亲当兵，女扮男装十二年，终于胜利而归，被后人传为佳话。

盘古：上古传说中的开天辟地、创造世界的神，生于天地浑浊时期。初始天地黑暗，像一个鸡蛋，盘古挥动手臂打破鸡蛋般的世界，瞬间部分清和轻的东西上升为蓝天，部分浊而重的东西沉降为大地。天地分开后，盘古立于天地之间，支撑了一万八千年，直至天地巩固不再生长愈合。盘古死后，他呼出的气变成风云，声音变成雷霆，眼睛变成日月，头发变成星辰，四肢五体变成大地的四极和五岳，血液变成江湖海洋，经脉变成道路，肌肉变成土地，汗毛变成花草树木，汗水变成雨露，牙齿和骨骼变成地下矿石宝藏。

二十四孝：古人将虞舜等二十四人的孝道编成书流传下来。

孝感动天：虞舜对父母和后母非常孝敬，不计较后母和弟弟的不讲理，后被后母赶出家门，便在历山耕地，对人十分和气，做事非常认真，深受人们尊重。后来感动帝尧，不仅传位与他，还将两个女儿许配给他。

啮指心痛：曾参是春秋鲁国人，孔子的弟子，对母亲非常孝敬。一天他在山上砍柴，家里来了客人，母亲无法招待客人，很着急，便咬自己的手指。曾参突感心痛，便回家询问，母亲说咬手指盼望其早回待客。

单衣顺母：闵子骞是春秋鲁国人，孔子的弟子，后母对他不好，用芦花做衣给他穿，而用棉花做衣给自己的两个亲生儿子。父亲发现后要将后母赶出家门，闵子骞不同意，说："母在一子单，母去三子寒。"后母闻知后非常感动。

戏彩娱亲：讲老莱子年过七十仍穿彩衣讨老父老母喜欢的故事。

鹿乳奉亲：讲东周郯子扮鹿取鹿奶孝敬父母的事。

涌泉跃鲤：讲东汉广汉姜诗常到河边提水弄鲜鱼给父母吃，后来在房侧发现泉水味似江水，每天还跳出两条鲤鱼供其母吃的事。

为亲负米：仲由，鲁国卞人，孔子弟子，家贫以糠菜充饥，他从一百里之外背些米供养父母。

卖身葬父：汉代山东人董永家贫，父死后，其卖身贷钱葬父，在偿工路上遇见一女子，并结为夫妻。

刻木事亲：汉代丁兰，幼年父母双亡，念父母养育之恩，用木刻两个木像孝敬。

为母卖儿：晋朝郭巨，家贫，有子三岁，母甚爱，省吃给孙，郭对妻说："家贫难两全，不如卖子奉母，子可再有，母不复得。"

拾葚供亲：东汉广西人蔡顺，家贫，采拾桑葚食用，熟的供母，生的自己吃。

怀橘遗亲：三国吴郡吴县人陆绩，六岁时看望袁术，陆绩将待客的橘子拣两个放入怀里，为母带回。

行佣供母：东汉山东临淄人江革为供母亲衣食，出卖劳力赚钱的故事。

扇枕暖衾：东汉湖北人黄香夏天为父亲扇凉枕席，冬天为父亲暖和被褥。

哭竹生笋：三国吴江夏人孟宗，时值腊月，老母病危，想吃竹笋，孟宗抱竹痛哭，突然地裂出几个竹笋，母亲吃后病愈。

闻雷泣墓：晋山东人王裒母亲生前怕雷，死后每逢打雷下雨时王都去母亲墓前说："别害怕，儿子在此。"

扼虎救父：晋代人杨香，十四岁时随父收庄稼，父亲被老虎拖走之时，杨为救父亲手扼老虎，最后老虎被掐死，其父得救。

亲尝汤药：汉文帝对生母薄太后极其孝顺，太后生病三年，文帝不离病榻，汤药必先亲口尝后喂母。

卧冰求鲤：晋山东人王祥不顾后母的虐待，依旧孝敬，后母想吃鲤鱼，王卧在冰上，使冰融化得到两条鲤鱼。

乳姑不怠：唐代有位叫崔南山的人，他祖母唐夫人对婆婆非常孝敬，婆婆年老无牙，她用自己的乳汁喂养，她婆婆的身体健康。

尝粪忧心：南朝梁河南人庾黔娄，父病重，医生告诉他，你父病情好坏，须尝其粪便，若好则味苦。庾尝后甚忧，愿代父而死。

涤亲溺器：宋代书法家黄庭坚，曾任太史，为人孝顺，母亲饮食亲自侍奉，连便桶也自己冲洗。

恣蚊饱血：晋朝江西南昌人吴猛，家贫，床无蚊帐，夏日多蚊，恐双亲被蚊咬，每晚吴裸体任蚊咬也不驱赶。

弃官寻母：宋代安徽人朱寿昌，七岁时生母刘氏被迫出嫁他人，母子五十年没见，他辞官后寻找母亲，七十岁时得见其母亲。

无双谱：古书《无双谱》，记载汉代至宋代的四十位独一无二的名人，他们是：

张良：汉代的开国元勋。楚汉战争时期为刘邦重要谋臣，提出不立六国后代，联结英布等力量，重用韩信，追击项羽歼灭楚军等计谋，为刘邦立下大功，后封留侯。

项羽：秦末农民起义领袖。在巨鹿之战中摧毁秦军，自立西楚霸王。随后与刘邦争斗中败北，在乌江边上自杀。

严子陵：浙江桐庐人，少有高名，与光武同游学，及光武即位，其变姓名，隐身不见。帝思其贤，将其招入京师洛阳，任谏议大夫，他不肯受，归隐富春江，八十余卒。

曹孝女：东汉会稽上虞人。其父溺水而亡不见尸体，其女曹娥仅十四岁，沿江哭号寻找。她将瓜抛入江中，祝曰，瓜沉之处必为父亲所在。七日后瓜沉，曹娥跳入江中负父尸而出。

司马迁：西汉文学家和思想家，出任汉代太史令、中书令，写出我国最早的通史《史记》，开创经传体史书的形式。

董贤：西汉云阳人，为哀帝所宠幸，二十二岁官至大司马，操纵朝政。

焦孝然：他见汉室衰落，乃绝口不语，许多人看望他，仍然不说话，直到临死也没有说一句话。

赵娥：后汉酒泉人。其父被人杀害，而她的三兄弟相继病死。杀人者认为没人能报仇了。十多年后赵娥在都亭将杀父仇人杀死，随后自首。县官想替她解脱，她说何敢偷生，以枉公法。后遇赦免。

孙策：三国吴郡富春人，早期在江东建立孙氏政权，曹操任为讨逆将军，封吴侯。后遇刺身亡。

班超：东汉名将，陕西咸阳人。先后为汉代平定西域动乱三十余年，为稳定汉在西域的统治立下大功，先出任西域都护，后封定远侯。

班惠姬：扶西安陵人，史学家班彪之女，班固之妹。班固死后，她将其兄没完成的《汉书》的八表，《天文志》等继续撰写完成，并教人诵读，她还担任皇后和妃子的教师。

周处：西晋江苏宜兴人，少时横行乡里，与虎、蛟合称三害，后来他斩鲛射虎，发奋改过。吴时为东观左丞，晋时任新平太守，迁御史中丞，刚直不阿，得罪不少权贵。后镇压起义战死。

绿珠：西晋石崇用三斛珍珠买的一位美女叫绿珠，广西人，能歌善舞，与石崇居住在金谷园中，后石崇被人杀害，绿珠坠楼而死。

李白：唐代大诗人。

羊祜：西晋大臣，山东费县人。是晋武帝重要谋臣，都督荆州军事，出镇襄阳十年，为灭吴做好准备，但没有实现，临终举杜预自代之。

刘谌：三国蜀后刘禅之子，封北地王。邓艾入蜀后，后主奉书乞降 。刘谌倍感悲伤，先杀妻子，而后自杀。

陶渊明：东晋大诗人，江西九江人，曾任祭酒、镇军参军、鼓泽令等职。后辞官归隐，写下许多诗篇。

李泌：唐大臣，陕西西安人。玄宗时为皇太子供奉官，后在肃宗、代宗、德宗当官，位至宰相，封邺侯。

陈抟：后唐末举进士不第，遂隐武当山九室岩，周世宗召为谏议大夫，不受。宋太宗赐号希夷先生。抟好读《易》，自号扶摇子。

钱镠：五代吴越国建立者，杭州人。唐末镇压黄巢起义，出任镇海节度使，后击败董昌，尽得两浙十三州。后封为吴越王。在位期间修钱塘江海塘和太湖流域的堰闸，为当地农业发展做出贡献。

张承业：后唐人，唐僖宗时宦官。昭宗时使晋，为河东监军。晋王病危，以庄宗属承业，庄宗将即皇帝位，承业谏而不听，自绝食而亡。

陈东：北宋末年镇江丹阳人。徽宗时入太学，曾上书诛蔡京等六贼。并率太学生和民众十余万人伏厥上书，要求坚持抵抗金兵。后被高宗所杀。

岳飞：南宋抗金名将，河南人。多次收复失地，击败金兵，成为民族英雄。后被秦桧等奸臣所害，宁宗时被追封为鄂王。

文天祥：南宋大臣、文学家，江西吉安人。曾考进士第一名，历任刑部郎官、知瑞州，后任右丞相，前往元军谈判，被扣留，后逃出。仍坚持抗元，失败被俘，最后被杀害。他写的《正气歌》为世人传诵至今。

王猛：十六国时前秦大臣，山东寿光人。出身贫寒，后为苻坚谋士，累迁司徒、录尚书事。他整顿吏治，打击不法贵族，加强中央集权，发展农业增加财政收入，巩固政权。后统兵灭前燕，留镇邺，都督关东六州，不久又入朝为相。

冼夫人：隋高梁人，世为南越首领。后罗州刺使闻知其能行军打仗，压服众越人，就为子高凉太守宝聘为妻。刺史李迁仕反，冼夫人击之大捷。后罗夫宝死去，岭南大乱，冼夫人召集百越，数州安然奉之，号圣母。文帝拜其孙盎为高州刺史，封冼夫人为谯国夫人。

武则天：武后，自名曌，临朝称制后改国号周，徐敬业起兵讨伐，后其将权力还给李家。

苏若兰：晋朝人，秦州刺史窦滔之妻，其夫被徒流沙，苏氏思念，便织锦为回文璇玑图诗以赠送滔。明朝有人将其译出诗4206首之多。

谢安：东晋家，河南太康人。四十岁出仕，孝武帝时位至宰相，他指挥其弟谢石和侄谢玄力抗前秦，最后取得淝水之战胜利，并收复大片失地。

伏生：济南人，曾任秦博士，始皇焚书，伏生将《尚书》藏于屋内夹壁中，汉代建立后仅存二十九篇，汉文帝时派晁错向他学习《尚书》。今存《尚书》二十八篇均为他传授存留下来的。

诸葛亮：三国时蜀国丞相，河南南阳人。为西蜀政权立下大功，一生鞠躬尽瘁，尽而后已，成为后人的楷模。

狄仁杰：唐大臣，太原人。当过朔州刺史、都督，后当河北道副元帅和安抚大使，率兵追击突厥兵。武则天当政时不惧权势，并推荐张柬之等数十名臣。

安金藏：唐代长安人。当时睿宗为皇嗣，有人诬告其要谋反，武后命人审问，金藏说皇嗣不反，不信我剖心给你看，说完用刀将胸口剖开，肠子流出，后急令高医救治，复苏。至此武后便停止了审问。

冯道：五代时河北人。后唐、后晋历任宰相，契丹时任太傅，后汉时任太师，后周时任太师、中书令，曾作《长乐老自叙》。后人因其历事五朝，非议颇多。

安民：宋代石匠，长安人。蔡京当权时命其刻元祐党碑，安民不肯，遂杀死来使，并刻安民二字于石末。

五老图：北宋时期，杜祁公告老隐居河南商丘，与王涣、毕世长、朱贯、冯平一起称为五老会，年皆八十余，身体健康。

酒中八仙：唐代的八位诗人、文学家，即贺知章、李琎、李适之、崔宗之、苏晋、李白、张旭和焦遂等互为酒友、诗友，兴趣相投，性情豪放不羁，时人称之酒中八仙。

竹林七贤：三国时期魏国末年的七位名士：嵇康、阮籍、山涛、王戎、向秀、刘伶、阮咸。七人曾在河南修武的竹林聚会，肆意酣畅，说古论今，因此称为竹林七贤。嵇康，安徽宿县人，著名文学家、哲学家和音乐理论家，官中散大夫，因持不同政见，被杀，临刑弹奏《广陵散》而终；阮籍，河南开封人，曾任步兵校尉，七贤中其文学成就最高；山涛，河南武陟人；王戎，山东临沂人，七贤中最年轻的；向秀与山涛同乡；刘伶，安徽宿县人，嗜酒成性；阮咸，阮籍之侄，妙解音律，善弹琵琶。

十八学士：唐太宗时建文学馆，收聘贤士，以杜如晦，房玄龄、于志宁、苏世长、姚思廉、薛收、褚亮、陆德明、孔颖达、李玄道、李守素、虞世南、蔡允恭、颜相时、许敬亮、薛元敬、盖文达、苏（睐）十八人并为学士。

九方皋相马：九方皋，春秋人，善相马，伯乐推荐给秦穆公。一天九方皋报告发现一匹很好的黄色母马，秦穆公一看却是黑色公马，秦穆公对伯乐说："九方皋连马的颜色和公母都不分，你推荐他相马岂不笑话？"伯乐说："相马主要看骨骼和精神，其他都是次要的，看来九方皋相马技术比我高明。"随后伯乐把马牵来一看，果然是匹千里马。

二仙采药：传说刘晨、阮肇进天台山采药，迷失方向。后来遇上两位美丽女子，将他们留下，盛情款待。半年后返回家中时，他的子孙已是第七代了。

太白醉酒：李白，唐代大诗人，四十二岁被唐玄宗召进京，当上翰林供奉。他不肯阿谀奉承皇帝身边的权贵。传说李白喝醉酒后写诗，要杨贵妃捧砚，高力士脱靴。

文姬归汉：蔡文姬是东汉末年著名女诗人，嫁给匈奴左贤王十二年，后曹操以金璧赎回文姬。她写下《悲愤诗》，是一篇五言长篇叙事诗，具有强烈的感染力。

文君听琴：卓文君，汉代有才华的美女。司马相如弹琴吸引了文君，互相爱慕，恩爱无比，最后冲破封建束缚，结为夫妻。

公孙大娘：唐代著名舞蹈艺人，善舞剑，杜甫曾在诗中赞叹其剑舞得惊心动魄。书法家怀素、张旭从剑舞中得到启发，使书法有很大进步。

伯乐相马：秦代著名相马者，韩愈说："世有伯乐，然后有千里马。千里马常有，而伯乐不常在。"伯乐过虞坂见骐骥伏盐车下，马见伯乐而长鸣，伯乐见马而泣之，千里马拉盐车，真是大材小用。

梦笔生花：说的是江淹，南朝考城人，初仕宋，官至紫金光禄大夫，封醴陵侯。相传其少年时梦一老妪，送他一支五彩笔，至此文思大进，世称江郎。

带子上朝：唐朝大将郭子仪平叛安禄山有功，数次升官，后晋封汾阳郡王。郭子仪有七个儿子和八个女婿都在同朝做大官，故称带子上朝。表示家中官多地位高。

精打细算：账房先生手持元宝或者算盘，寓意财源广进，生意兴隆。

悟道：最近几年市场上出现的新兴题材，画面以出家比丘的形象为主，或站或坐，但是人物面部不做处理，素面不雕五官，寓意努力参悟人生，悟道，“吾将上下而求索”。

一念之间：最近几年市场上出现的新兴题材，画面为两个半张的脸合一块，一半为佛菩萨的脸，另一半为青面獠牙的脸，取佛家“一念善成佛，一念恶成魔”之意。

动物类

龙：神话传说中祥瑞的化身，能上天入地，行云布雨，利益万物，也能祛邪致福，是造福万物的神灵。佩戴龙坠象征顺风得利，龙腾富贵，尊贵显赫。后来。龙成为皇权象征，中国历史上的各个朝代，帝王也称呼自己为“真龙天子”，皇宫使用器物也以龙为装饰。龙被中国先民作为祖神敬奉，普遍尊尚“龙”。前人分龙为四种：有鳞者称蛟龙，有翼者称为应龙，有角者称虬龙，无角者称螭龙。还有一种说法是有两角为龙，独角为蛟，无角为螭，无脚为蠋。

四瑞兽：龙与凤凰、麒麟、龟一起并称“四瑞兽”。（也有许多典籍和史书著作中提到“四瑞兽”分别为：猰貐、居、貔貅、狻猊。）

龙生九子：传说龙生九个儿子，各有所好，有好水、好火、好斗、好负重、好钱财、好巡戒、好吼、好饮食、好守护者。

蒲牢形状似龙，性好吼，多作古铜钟的上钮；

饕餮好饮食，常立于鼎上；

睚眦性好杀，常立于刀环上；

椒图形似螺蚌，性好闭，常为门的铺首；

金猊形似狮子，性好烟火，故多立于香炉；

松蝮性好水，故多立于桥柱；

狴犴形状似虎，很有威严，常立于狱门；

赑屃形体像乌龟，喜欢驮重物，故常用于石碑下部龟趺(基座)；

螭吻形似兽，性好望，多作屋檐兽头。

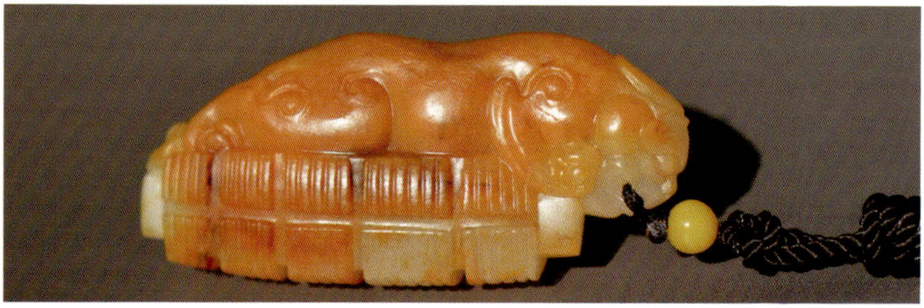

苍龙教子（望子成龙）：一大一小两条龙或鲤鱼跳龙门、龙头鱼等皆为此意。有时候是耗子和龙。

二（双）龙戏珠：图案为两条云龙、一颗龙珠，龙首相对，穿云驾雾。龙珠是一种宝珠，可避水火。有二龙戏珠也有群龙戏珠，还有云龙捧寿，都是表示吉祥安泰和祝颂平安与长寿之意。也叫

“双龙献瑞”“玉龙献瑞”，都是平安吉祥的象征。

鱼龙变化：也叫“鱼化龙”。古代传说有鲤鱼跳龙门的故事，凡是鲤鱼能跳过龙门的，就可变化成龙；不能跳过龙门的，点额而归，故黄河之鲤鱼多有红色的额头，都是没跳过龙门之鱼。鱼跃龙门表示青云得路、飞黄腾达之意。

画龙点睛：南朝画家张僧繇擅长画龙。一天张在金陵安乐寺墙壁上画了四条白龙，但没有点睛。众人要求他给龙点睛，张说给龙点睛，龙必飞走。众人不信，张即点睛，顷刻一条龙腾空而起，飞上云霄，其他三条龙尚在墙上。

鲲鹏：传说中的大鱼和大鸟。“北冥有鱼，其名为鲲。鲲之大不知其几千里也，化而为鸟，其名为鹏。鹏之大不知其几千里也。”鲲鱼化为鹏鸟，寓意一步千里，前途远大。

四神：也称四灵，指青龙、白虎、朱雀、玄武。青龙代表东方，为四神之首；白虎代表西方，为岁中凶神，人皆避之；朱雀代表南方，为吉祥威武之鸟；玄武代表北方，形似大蛇缠绕巨龟之状，又称龟蛇，位于北方为玄，身有鳞甲为武，故称玄武。

五毒图：蝎、蛇、蜈蚣、壁虎和蟾蜍为五毒，端午节时用五毒图挂在身上可以避邪免灾。

五瑞图：五瑞分异兽、珍草奇石和瑞器三类，异兽指“麟、凤、龟、龙、白虎”；珍草奇石有“松、竹、萱、兰、寿石”；瑞器有“笏、磬、鼓、葫芦、花篮”。代表五种祥瑞、吉祥之物。

螭龙：传说中没有角的龙，又叫螭虎（智龙）。为辟邪瑞兽。

凤：凤凰是中国古代传说中的百鸟之王，被认为是百鸟中最尊贵者，故有“百鸟朝凤”之说。凤凰的传说最早流传于东方，又有东方神鸟、长生鸟之称，羽毛美丽，雄的叫凤，雌的则叫凰，亦称为朱鸟、丹鸟、火鸟、鹍鸡等。凤是人们心目中的瑞鸟，天下太平的象征。古人认为时逢太平盛世，便有凤凰飞来。“凤”其甲骨文和“风”的甲骨文字相同，即代表具有风的无所不在，及灵性力量的意思；凰即皇字，为至高至大之意。凤凰也是中国皇权的象征，常和龙一起使用，龙凤呈祥是最具中国特色的图腾。

凤凰牡丹：凤凰是百鸟之王，象征吉祥美丽，牡丹是花中之魁，象征富贵。画面以凤凰和牡丹构成，表示祥瑞、富贵。

五凤朝阳：传说五种凤鸟是祥瑞之物，它们都似凤凰，但颜色有所不同，分别是赤者为凤、黄者为鵷雏、青者为鸾、紫者为鸑鷟、白者为鹄。五只凤凰朝着太阳，寓意荣誉和吉祥。

鸾凤和鸣：相传鸾是一种与凤凰同类的神鸟，后人多用来比喻男女婚姻美好，夫妻和睦，相亲相爱。

吹箫引凤：也称弄玉吹箫、箫史弄玉。相传秦穆公有一女，名弄玉，善吹箫，一日梦见一英俊青年戴羽冠、披鹤氅、骑彩凤，由天而降，自称是华山之主，要娶弄玉。秦穆公在华山寻得此人，名箫史，相貌出众，也善吹箫，弄玉十分喜欢。八月十五完婚后箫史乘龙、弄玉乘紫凤双双驾云而去。故此人们称佳婿为乘龙快婿，新娘为吹箫引凤。

龙凤呈祥：组合的龙凤呈祥图案寓意为尊贵、富足、祥瑞、杰出。旧时龙袍凤冠是皇家威严的象征，今日则成为民间的崇尚。龙凤呈祥辟邪去煞，保家平安，还可助事业稳步发展，防小人作乱。

玄武：是中国传统文化的四象之一。根据五行学说，它是代表北方的灵兽，形象是黑色的龟与蛇（或龟蛇），代表的季节是冬季。

熊、鹰：一鹰一熊做争斗状，“鹰”与“英”、“熊”与“雄”同音，寓意英雄斗智或者英雄得利，大智大勇，彰显霸气。英雄如意（增加一个如意）。

朱雀：朱雀在中国传统文化中是四象之一，上古四大神兽之一。它是一种红色的类似于鸟的生物，与凤凰形似，状如锦鸡，五彩羽毛不同，其身覆火焰，终日不熄。根据五行学说，它是代表南方的神兽，代表的颜色是红色，代表的季节是夏季。很多人认为朱雀就是凤凰，但其实两者并不是一样的。凤凰是百鸟之王(瑞兽)，朱雀是代表南方的神兽。

虾：也叫“弯弯顺”，平步青云、步步高升的意思。（前进）活力十足，节节高升；（后退）退一步，海阔天空。

龟：平安龟或长寿龟。取福寿归(龟)主之意。带角神龟即长寿龟。龟也代表了坚定，或者富甲天下。

龟鹤齐龄：图案为一龟一鹤。传说龟有万年寿，能预兆吉凶，鹤为千年仙禽，是祥瑞之鸟。两者在一起寓意“龟鹤同寿”，人们常用龟鹤寓意长寿和祥瑞。

龙头龟：龟被尊称“神灵之精”，能见有云，明于吉凶，主招贵人相助，得到上司的赏识，使工作进展顺利。同时玉龟还能化解煞气，祈富家人平安长寿。龙龟，长寿，谐音“荣归”。

金蟾：旺财瑞兽之一。金蟾长有三条腿，与普通的四腿蟾蜍不同，它是会吐金钱的神兽，没有肛门。传说原本为妖，后被刘海仙人收服，从此乐于帮助平民百姓，成了能吐金钱助人的神兽，后来成为旺财瑞兽之一。

蟾宫折桂：亦称“蟾宫桂兔”，传说月亮中有金蟾、桂树。古代科考夺魁即称“蟾宫折桂”。图案以“蟾蜍”“桂树”及“玉兔”等构成月中仙境。

太师少师：“大狮小狮”与“太师少师”谐音，太师为三公之首，位高权重，寓意是世世代代高官厚禄，象征步步高升，官运亨通。同时又能镇宅驱邪，消灾解祸，保阖家平安。两只狮子和如意一起，则寓意事事如意。

狮子：百兽之王，勇不可当，威震四方。狮子具有很强的驱邪除煞的威力，自唐代以来，常见在大门的两旁摆放石狮，用来镇宅治邪，使门外的邪魔妖怪不敢入屋肆虐。根据狮子的造型不同，也有各自的寓意和作用。

二狮舞球：汉代就有狮子玩绣球。一般由大小一对狮子相互逗乐戏要绣球构成图案，表示吉祥和喜庆。

双欢：雕两只首尾相连的獾（欢），寓意欢欢喜喜。

欢天喜地：图案为一獾一喜鹊，獾昂头向天看喜鹊，喜鹊在天上向地看獾，獾望天喜鹊看地故曰欢天喜地，表示诸事顺利，心情喜悦，也叫“欢喜图”。

喜鹊：是一种吉祥鸟，它的到来，必有喜事到，两只喜鹊寓意双喜，喜鹊和莲在一起寓意喜得连科，喜事连连。

同喜：画面梧桐树上站立一只喜鹊，“梧桐”与“同”音，喜鹊表示喜悦，寓意彼此共同喜悦。多有互相祝贺和客气之意。

喜报三元：图案为喜鹊与桂圆或元宝三件。“三元”是古代文人梦寐以求、升腾仕取之阶梯。喜鹊是报喜之吉鸟，以三桂圆或三元宝寓意“三元”，表示一种希望和向往升腾的图案。

喜报春早：喜鹊栖于蜡梅枝头，引颈唱鸣构成图纹。梅花耐寒，为冬季之花，通常于冬春之交开放，素有“报春花”之誉，故喻早春。俗以喜鹊为瑞禽，素有“喜鹊叫，喜事到”之民谚，以寓生机盎然，嘉庆之兆。

报喜图：报知欢喜之事。画面由一只金钱豹和一只喜鹊构成，“豹”与“报”同音，喜鹊乃欢喜之意。

双喜临门：图案多以两只喜鹊飞临家门，寓意喜事接踵而来，家事祥和安康。

喜报双安：画面以两只喜鹊和两只鹌鹑表示，寓意报知父母双亲安康。

喜上眉梢：梅花枝头站立两只喜鹊。古人认为鹊能报喜，故称喜鹊，两只喜鹊即双喜之意。梅与眉同音，借喜鹊登在梅花枝头，寓意“喜上眉梢”“双喜临门”“喜报春先”。

喜得连科，喜事连连：喜鹊站立在莲蓬上啄食颗颗莲子，借谐音表示考试连连取得佳绩。

竹梅双喜：画面以竹子、梅花和一对喜鹊表示。李白诗曰："郎骑竹马来，绕床弄青梅。"描写一对小儿女天真烂漫嬉戏之景。此语竹梅指夫妻，为新婚祝颂之词。

羲之爱鹅：王羲之，东晋大书法家，从家鹅入水的姿势中悟出写字行笔之法，于是养成爱鹅之癖。当代玉雕中，由于"鹅"与"我"谐音，所以常寓意"我"。

路路顺利：以两只或数只奔鹿构成图案。“鹿”在古代被视为祥瑞之兽，“鹿”不仅与“禄”谐音，而且与“路”谐音，数鹿并驰、畅行无阻，寓意为一帆风顺，四通八达。

加官受禄：一官宦手扶一只鹿，寓意晋升官爵，增加俸禄。

爵禄双全：以酒爵、鹿和两个铜钱表示，意指既有官爵，又有俸禄。

麒麟：上古神兽，乃仁义祥瑞之兽。雄为麒，雌为麟，只在太平盛世出现，是祥瑞降临、圣贤诞生与天下太平之兆。传说麒麟对存孝积善的人特别照顾，能辟邪、挡煞、赐福，化解三煞，化解白虎及流年凶星。

麒麟送子：亦称“玉麒天赐”，以童子跨骑麒麟构成吉祥图案。童子戴冠着袍，有祥云、仙鹤、蝙蝠相伴，一手持莲，一手持笙；以“莲”“笙”寓意为“连生”，是祈求或祝福早生贵子之意。

麒麟献书：麒麟是传说中的神兽。孔子在睡梦中看见一男孩用石头打一只麒麟，孔子非常生气，十分可怜受伤的麒麟，就用自己的长袍遮盖在麒麟身上，并为麒麟包裹好伤口。麒麟感激孔子，从口中吐出三卷书，孔子从书中得到许多知识，成为闻名于世的大圣人和思想家。

蝙蝠：“蝠”与“福”同音。五只蝙蝠寓意五福临门。红皮巧雕蝙蝠意洪福齐天。和铜钱在一起寓意福在眼前。与日出或海浪一起寓意福如东海、有福相伴；祝福（竹子和蝙蝠或者猪和蝙蝠）。另有护身符（蝠）的说法。五个福和寿字或寿桃，寓意五福献寿，五福临门，福气满满。

双福：用两只蝙蝠表示，意指福气多而长寿。

五福和合：五只蝙蝠一起从盒子里放出，和合意为和谐好合，此语为吉祥之词。

五福临门：常用五只蝙蝠飞近家门寓意，即五种福气就要来到了。

五福捧寿：五只蝙蝠围住寿桃和寿字表示，形容人有福气，寿命长，象征吉祥。所谓“五福”即指的五种福运。语出《尚书·洪范》：“五福：一曰寿，二曰富，三曰康宁，四曰攸好德，五曰考终命。”汉桓谭《新论》另有新解：“五福：寿、富、贵、安乐、子孙众多。”通常以五只“蝙蝠”围绕一个“寿”字，组成圆形或方形图案。按“蝠”与“福”谐音，其与“寿”字组合，含有“富贵”“长寿”之寓意。

五福祥云：五只蝙蝠飞翔在祥云之间，祥云是吉祥的象征，此语寓意福气和吉祥。

历元五福：旧历以冬至为一岁之始，平朔为一月之始，夜半为一日始。平朔、冬至同在夜半之一日称“历元”。借指新年。通常以“荔枝”“桂圆”或“铜钱”和五只“蝙蝠”构成；借“荔枝”寓“历”，借桂圆或铜钱和五只蝙蝠寓意“元”和“五福”。

福寿绵长：蝙蝠与寿字用盘长连接，表示福气常伴，健康长寿。主要对老人的祝福。

一路福星：也叫“一路有福”，画面由一只鹭和几只蝙蝠组成，寓意路途平安愉快。

福寿如意：多以蝙蝠、佛手、寿桃及林芝等构成吉祥图案。亦有以“寿”字代“桃”者，用“灵芝”代“如意”者。“蝠”、“佛”

均与“福”字谐音；“桃”亦称“寿桃”，象征长寿，合为图案，寓意幸福长久，又称心如意。

流云百福：图案为云纹与蝙蝠。云纹形似如意，表示绵延不断。流云百福，即百福不断之意。

福从天降：图案为一活泼可爱的胖娃娃正伸手抓一快到手的飞蝙蝠，或者蝙蝠从高处飞下来。画面以天空飞舞的蝙蝠即将落到手中，寓意为“福从天降”“福自天来”“天赐洪福”等。此外还有“五福临门”“引福入堂”“天宫赐福”等图案。

福如东海：东海之水，浩瀚无边，天空中蝙蝠飞舞，寓意福气像东海的海水一样多，是祝贺之词。

福禄寿喜：图案为蝙蝠，鹿，寿桃，“喜”字。用于表示对幸福、富有、长寿和喜庆之向往。

福禄寿：画面常采用蝙蝠表示“福”，梅花鹿或者灵芝表示

“禄”，寿桃表示“寿”。

福在眼前：蝙蝠与一枚古钱。古钱是孔方外圆，借“孔”为眼，钱与前同音。亦称“眼前是福”。也有玉件镂空成空，孔旁雕蝙蝠的画面。

福禄相连：“鹿”被视为古代之瑞兽，有千年为苍鹿，又五百年为白鹿，复五百年化为玄鹿之说。以“鹿”与“禄”谐意，故寓“官禄”“俸禄”及“禄位”等。“禄”即古代官吏俸给之谓。“鹿”与“蝙蝠”组成图案，组成首尾相连之环形图案，即谓“福禄相连”。其他还有与“寿桃”合为一体者。

多福多寿：图案以数只蝙蝠和桃，以及表示多的印度“万”字构成，常常还有福寿的字体出现，蝙蝠代表福，桃代表长寿，寓意福气多而长寿。

福寿三多：图案常为一蝙蝠、一桃、一石榴或莲子。古人因以“三多”（多福多寿多男丁）为祝颂之词。石榴取其子多之意，“莲子”乃连生贵子之意。

三多九如：图案为蝙蝠，寿桃，石榴和如意。多福、多寿、多子为三多，九如指如山、如阜、如冈、如陵、如川之方至、如月之恒、如日之升、如南山之寿、如松柏之茂。由桃、佛手和石榴表示三多，九只如意表示九如，取福寿延绵不绝之意。

福寿双全：蝙蝠象征“福”，寿桃象征“寿”，两枚古钱象征“双全”，以此既有福气又长寿，表示人们心底希望幸福、富有和长寿之意。

福至心灵：雕灵芝如意（灵），蝙蝠（福）。蝙蝠、寿桃、灵芝。桃为寿而其形似心，借灵芝之“灵”字，表示幸福的到来会使人变得更加聪明。

福寿齐眉：蝙蝠、寿桃、荸荠和梅花。

福寿延年：蝙蝠、桃、仙鹤寓意福气多、长寿。

福寿有余：蝙蝠、桃、鱼构成主要画面，表示多福多寿。

福图：由蝙蝠、桃、石头构成画面，寓意万福吉祥。

福星高照：古代称木星为岁星，又称福星。蝙蝠飞舞，星光闪烁表示福星高照，意指福运不断。

福运：蝙蝠飞舞在云里，蝠即福，云即运。意指有钱财、有地位的好运气。

福增贵子：桂花和蝙蝠的图案。桂与贵同音，寓意既有福气，又有贵子。

平和是福：画面以花瓶、蝙蝠、柿子组成，花瓶象征平和，柿子表示是，蝙蝠是福。寓意人生平平安安、和和睦睦就是幸福。

翘盼福音：画面一个童子昂首望着蝙蝠飞舞，寓意期待好消息到来。

添福添寿：天上飞舞的蝙蝠和飞翔绶带鸟，天蝠与添福同音，天上的绶带鸟表示添寿，寓意多加福气，多长寿命。

万福攸同：古人曰“和鸾雍雍，万福攸同”，以印度万字和蝙蝠以及鱼和桃表示，为祝贺之词。

纳福迎祥：图案以小孩抓蝙蝠装入缸中表示纳（抓）福（蝠）迎祥之意。

万寿无疆：意为生命永存不息，多作为皇帝祝颂之词。多以蝙蝠、灵芝、寿桃及吉祥文字、字符表示。

祝福节节高：竹子与蝙蝠在一起，寓意节节高，祝福。

寿山福海：来自“寿比南山，福如东海”之语。画面以岩石寓意寿山，大海和蝙蝠寓意福海，为祝寿之词。

大象：寓意吉祥或喜相。与瓶一起寓意太平有象，吉祥平安；与如意一起叫吉祥如意；走象叫走向成功。

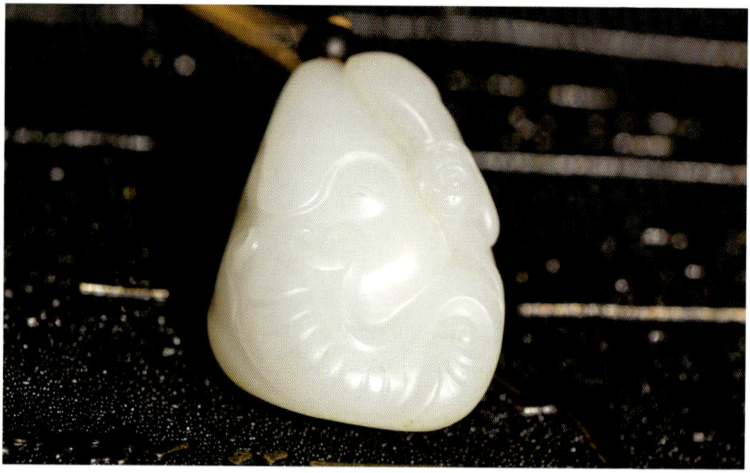

万象升平：图案为一象身上有万字花纹，腰背上负一瓶。万字在梵文中作 Snivatra（宝利抹磋），意为“吉祥之所集”。佛教以释迦牟尼胸部所现的“瑞相”，用作“万德吉祥”的标志。万象升平，寓意国泰民安、百业兴旺、国富民强之升平景象。

万象更新：大象驮一盆“万年青”构成图案，取国泰民安，欣欣向荣之吉祥寓意。

吉祥如意：图案上通作一童子手持如意，骑在大象背上戏耍；或在大象背上驮一宝瓶，瓶中插“戟”及“如意”，借“戟”与“吉”，“象”与“祥”音相谐，意为“吉祥如意”；亦有以汉字“吉祥”配如意构成纹样者，亦有公鸡与大象构成图案，“鸡”与“吉”谐音。

太平有象：表示太平盛世欣欣向荣，五谷丰登的吉祥征兆。多以大象背上托一花瓶来表示。

鲤鱼：连年有余，画面中鲤鱼与莲子、荷叶在一起，“莲”与“连”同音，“鱼”与“余”谐音，寓意年年有鱼。鲤鱼跳龙门，龙头鱼寓意高升一级。与渔翁一起寓意渔翁得利。

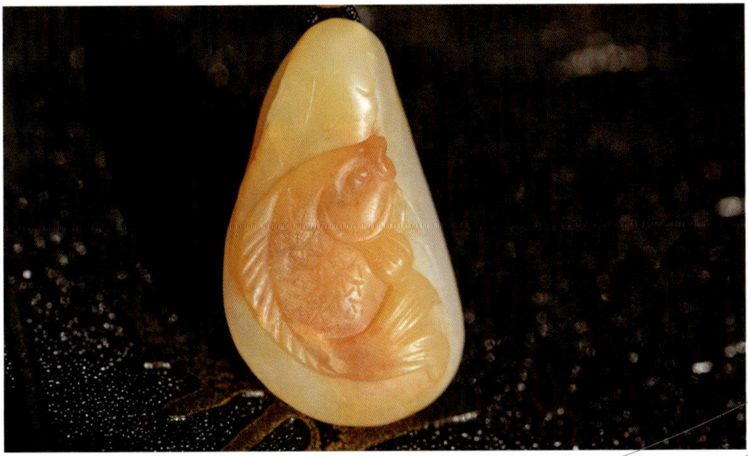

富贵有余：牡丹表示富贵，鱼表示有余，吉祥之词。也有一妇人手提鱼者，取“妇”与“富”同音。

龙头鱼（鳌鱼）鱼化龙：寓意独占鳌头、平步青云、飞黄腾达。鳌鱼，龙头鱼身，传说是鲤鱼误吞龙珠而蜕变成龙，后要升天，也叫“平步青云”，寓意独占鳌头。

独占鳌头：画面常以书生或者魁星骑在鳌背上表示。鳌头，最初指皇宫大殿前石阶上的鳌，考上状元的人可以踏上去。自古“学而优则仕”，考上状元就预示着为政为官，所以独占鳌头意指官运亨通，仕途辉煌。

平安如意：瓶、鹌鹑、如意。以瓶寓“平”，以鹌鹑寓“安”，加一如意，而称“平安如意”。

蜘蛛：知足常乐。喜从天降。主偏财。

喜从天降：一只蜘蛛从悬挂在天上的蜘蛛网上降下，象征意想不到的喜事由天而降。

壁虎："壁"与"必"同音，"虎"与"福"谐音，寓意必得幸福。也有说法"壁"与"避"同音，"虎"与"祸"谐音，寓意避祸。

金鱼：寓意金玉满堂。金鱼的眼睛如果为圆滚滚的也可叫财源滚滚。也有表示极富才学，常常用金鱼寓意。

海螺、蜗牛："牛"与"扭"谐音，寓意扭转乾坤。海螺、蜗牛身上背壳，壳只有一个出口，寓意钱财只进不出。

螃蟹：富甲天下，发横财或者八方来财。纵横天下，八方招财。“蟹”与“和谐”的“谐”是谐音，因此也有寓意和谐的意思。

黄甲传胪：亦称“二甲传胪”。明代称殿试第二、三甲第一名为传胪。至清则专称二甲第一名为传胪。“二甲传胪”即高榜中元。常用两只螃蟹和芦苇表示，螃蟹为二甲，芦苇的芦与胪同音。

鹌鹑：平安如意。和菊花、落叶一起寓意安居乐业。

鼠：代表了顽强生命力。传说老鼠是财神的帮手，帮助财神

数钱，其聚财的本领也是数一数二。因此老鼠和钱在一起，“鼠”与“数”谐音，寓意数钱，财源广进。如果有个窝，就代表数钱进家。还有老鼠爱大米等新兴题材。同时，老鼠机巧聪敏，积极乐观，若配有金钱图案，则为金钱鼠，象征富贵发财。

牛：牛市冲天（适合玩股票的人）、扭(牛)转乾坤。有购股票牛市的寓意，参与的人能赚钱。

虎：比喻威武勇猛，显示一种实力。猛虎下山，虎虎生威，虎啸南山，民间常有“上山虎奔仕途，下山虎取钱财”的说法。

虎虎生威：画面常见一只威猛雄浑的猛虎，虎啸天下，雄霸一方。寓意事业兴旺，官运亨通。

兔：人见人爱的动物，温雅美丽玉兔呈祥。“兔”与“途”“吐”谐音，寓意前途（兔）似锦，扬眉吐（兔）气。

蛇：蛇代表小龙，佩戴能顺风得利，有君子之德。灵蛇吐珠，寓意非凡的才能。灵蛇纳福，寓意富贵缠身，腰缠万贯。

李寄斩蛇：《搜神记》中的故事，传说山里有大蛇吃人，地方庸官害怕，每年用小孩喂蛇，许多幼孩童被吃掉。李家最小的姑娘李寄，非常聪明勇敢，自愿上山除恶，最后她持宝剑，带着狗将大蛇杀死，为民除害，成为英雄。

马：常见题材有马上发财、马上如意、马上有钱等，就是马背上有元宝、如意、钱等。马与猴子在一起，寓意有马到成功，马上封侯。还有马上赢，马上平安。

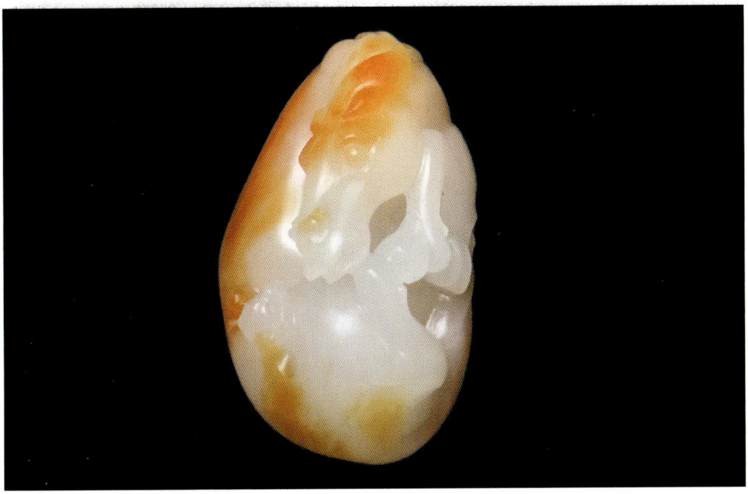

八骏图：传说周穆王有八匹骏马，以其毛色取名，分别是赤骥、盗骊、白义、逾轮、山子、渠黄、华骝、绿耳。还传说有另外不同的八骏，一曰绝地，足不踏地；二曰翻羽，行越飞禽；三曰奔宵，夜行万里；四曰超影，逐日而行；五曰逾辉，毛色炳耀；六曰超光，一形十影；七曰腾雾，乘云而奔；八曰挟翼，身有肉翅。

天马图：一飞马，马主两翼。天马素有“龙之友”“龙之媒”之称。天马似马又生翼，空中行走又似龙，马为龙友，故称为龙马，寓意龙马精神。

昭陵六骏：唐太宗李世民的陵墓为昭陵，其中北司马门内的浮雕六骏各有姿态，栩栩如生。它们分别称：青骓、什伐赤、特勒骠、白蹄乌、飒露紫、卷毛騧。

羊：寓意洋洋如意，“羊”与“样”“洋”“阳”“祥”都是谐音。洋洋得意，样样得意（雕刻羊和如意），样样如意（雕刻有如意），以表示美好的愿望或祝福。

三阳开泰：冬去春来，阴消阳长，有吉祥之象，俗称三阳开泰，为岁首称颂之词，亦作“三羊开泰”，又称“三阳交泰”。常见一方为太阳、流云，另一方为山石、竹、梅各种花草；中有三只羊。

以“羊”与“阳”、“太”与“泰”皆谐音，加之“羊”字又是“吉祥”之“祥”的古字。故表新年伊始，万物复苏之吉祥寓意。

猴：聪明伶俐，运气满满，“猴”与“侯”同音，也有封侯（猴）做官、升官发财之意，与马在一起寓意马上封侯。古代官爵主要有公、侯、伯、子、男。马上封侯意指马上要封官晋爵、立即升腾。猴子与印一起寓意封侯挂印。大猴背小猴寓意辈辈封侯。

洪福齐天：孙悟空为“齐天大圣”，旁边红皮巧雕蝙蝠，“洪福”与“红蝠”谐音，寓意洪福齐天。

代代封侯：猴子与布袋在一起，“袋”与“代”同音，“猴”与“侯”同音，侯爵是大官，借谐音寓意世世代代都封侯封爵。

猕猴献寿，灵猿献果：常见画面为一树一桃一猴，猴子蹲于树上，手捧仙桃，寓意献瑞拱寿，吉星高照。也有画面为一桃一猴，寿桃寓意长寿，白猿献瑞，福禄延绵。

封侯挂印：一枫树一印一猴或一峰一猴抱印者，称“封侯桂印”。侯，官职，印，官印，意指做官当权。用一只猴去取挂在树上的印表示。

辈辈封侯：大猴背小猴，“背”与“辈”同音，“猴”与“侯”同音，侯爵是大官，借谐音寓意世世代代都为侯爵。

五子登科：科考高中、官运亨通之意。图案常见五只精灵的猴子攀树登山来表示。

爵禄封侯：画面由酒爵、鹿、蜜蜂和猴构成，借谐音寓意敕封官爵、侯位和俸禄。亦有画面为林芝、猴构成，林芝为如意代表财禄，猴代表封侯。

封侯拜相：一猴一象，“猴”与“侯”同音，“象”与“相”同音，称“封侯拜相”。

鸡：“鸡”与“吉”谐音，常见题材有金鸡报晓，闻鸡起舞，金鸡独立，机（鸡）不可失，吉祥如意，金鸡报喜，大吉大利。图案若为锦鸡，则寓意锦绣前程之意。

四世三公：汉代杨震家族出多个大官，其子秉、秉之子赐、赐之子彪相继为三公。后人为记述这段故事用三只公鸡和四个柿子表示。

三公：三只公鸡表示。三公在周代时为司马、司徒、司空，也有人认为是太师、太傅和太保，西汉时期丞相（大司徒）、太尉（大司马）、御史大夫（大司空）称为三公，都是辅佐国君，掌握军政大权的最高官员。

长命百岁：图案为一雄鸡伸颈长鸣，“鸣”与“命”谐音，寓意长命百岁。

官上加官：常见图案为鸡冠花上站蝈蝈或雄鸡站立在鸡冠花下，“冠”与“官”同音，“冠”与“蝈”又是谐音，意指加官晋级。如果有动物头顶戴冠并与元宝钱币组成画面，则寓意“加冠受禄”，“兽”与“寿”同音（元宝或者钱币就代表禄）。

长命富贵：图案为雄鸡伸颈长鸣和一朵绽放的牡丹花。雄鸡长鸣，“长鸣”与“长命”谐音，牡丹乃富贵之花，寓意花开富贵。

教子成名：图案为一雄鸡引颈长鸣，旁有五只小鸡。以雄鸡教诲小鸡（子）鸣（名）叫，寓意“教子成名”。

室上大吉：常见图案为一只大公鸡站在石头上，“石”与“室”谐音，“大鸡”与“大吉”谐音。寓意表示室上大吉，即家庭大吉大利。

功名富贵：图中公鸡鸣啼表示“功名”之意，牡丹花为富贵之花，寓意富贵，功名富贵寓意升官发财。

功名利禄：图案以公鸡和鹿表示，“公”与“功”、“鸣”与“名”、“鹿”与“禄”同音，寓意官职、名位和俸禄。

五子登科：登科为科考高中、仕途亨通之意。相传五代后周的窦禹钧才学出众，治家严谨，教子有方，他五个儿子先后中了进士。图案常用一只大公鸡带着五只小鸡表示。

狗：“全”与“犬”谐音，因此有全年兴旺，旺财之意。“狗”与“苟”同音，又有一丝不苟，百业兴旺之意。

猪：常见题材有招财猪，若猪抱着“福”字也可叫祝福。若有如意在旁，“诸”与“猪”谐音，也叫诸事如意，同时又寓意步步高升，金榜题名。古时候金榜题名要用朱（猪）笔题写，而“蹄”与“题”又是同音。另外，猪还常常寓意龙，汉皇子刘彘的彘意思是猪。

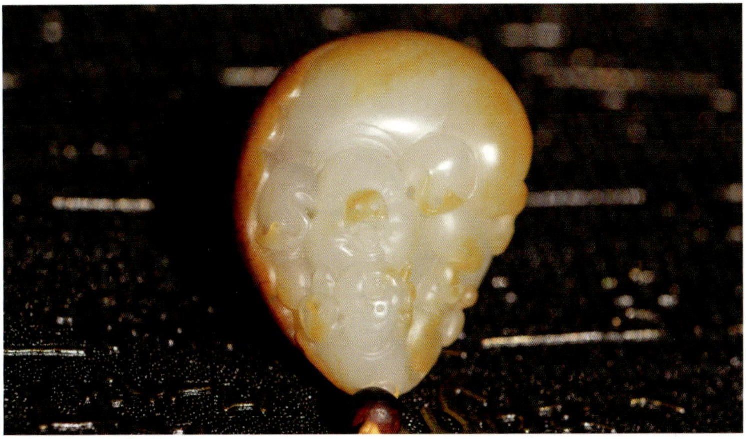

鹤：鹤为长寿之禽鸟，常用来寓意延年益寿。鹤有一品鸟之称，又寓意一品当朝或高升一品。仙鹤与松树一起寓意“松鹤延年”；仙鹤与鹿跟梧桐寓意“鹤鹿同春”。

松鹤遐龄：亦称“松鹤同春”、“松鹤长春”“鹤寿松龄”，画面多以青松、仙鹤构成。松树常青不老，恒久苍劲挺秀而延年；仙鹤传为千岁之禽，常翩翩起舞以遐龄。“松”“鹤”均为长寿永年之物，合为一体，寓意吉祥长寿。另外，松树与仙鹤还有夫妻长寿百岁，相伴永远的寓意。

鹤鹿回春：鹤鹿与松树。古人称鹿为“仙兽”，神话故事中有寿星骑梅花鹿；“鹿”与“禄”“陆”同音，“鹤”与“合”谐音，故有“六合同春”之意。六合指天、地和东、西、南、北四方，泛指宇宙；同春，谓共同庆贺、称颂之意，亦有富贵长寿之说。

蝉：居于高树之上，且食洁净之露水，声音响亮。用蝉来代表君子高瞻远瞩，一鸣惊人。蝉挂胸前，一鸣惊人；蝉挂腰间，腰缠万贯。

高升一品：画面多以仙鹤飞翔于云端来表示。仙鹤素有“一品鸟”的雅号，一品是旧时的最高爵位，意指官爵升到最高的地位。

一品当朝：一品意为最高的官位，当朝表示执掌朝政。鹤又被称为一品鸟，为此常用鹤站在潮水中礁石上望着太阳来寓意。

海屋添筹：传说海中有一楼，内贮世间人的寿数，如鹤衔一筹插入瓶中，人的寿命将增长一百年。用来祝寿之意。图案以海中有一楼阁，仙鹤嘴衔一支筹飞向楼阁表示。

灵仙祝寿：用灵芝、水仙、仙鹤、寿石等表示，灵芝被古人视为仙草，能使人驻颜不老及起死回生。借灵芝、仙鹤、水仙谐音寓意长寿和吉祥。

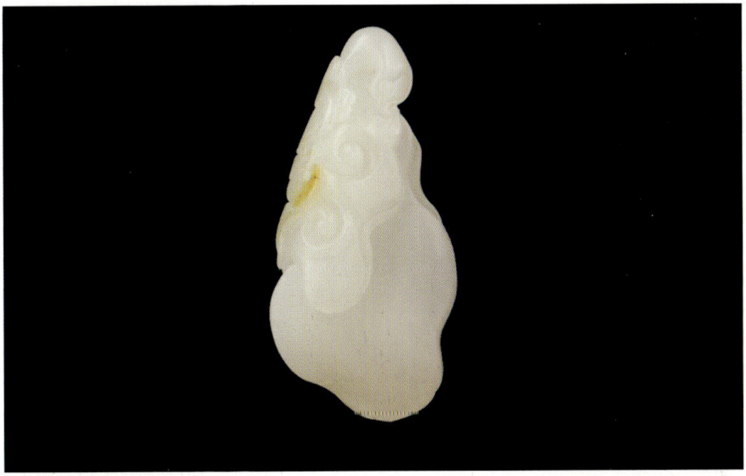

貔貅：上古神兽，是一种凶猛的招财瑞兽。貔貅曾为古代两

种氏族的图腾，传说因帮助炎黄二帝作战有功，被赐封为“天禄兽”，取“天赐福禄”之意。貔貅有二十六种造型，四十九个化身，口大，腹大，无肛门，只吃不拉，只进不出，象征揽八方之财，福大命大，稳坐江山。同时又因貔貅喜食猛兽邪灵，故又称“辟邪”，专为主人镇宅辟邪。

天禄：传说中的异兽，形似辟邪，但为单角，拔除不祥；永绥百禄，为天禄，天禄意指天赐福禄。

鹦鹉：成双成对，羽毛色彩美丽，有美满和睦之意。“鹦鹉”与“英武”二字谐音，因此又有“英勇威武”之意。

鹦鹉濡羽：相传一只鹦鹉飞到山上，与山中的禽兽有了交情，但鹦鹉不愿久留，就飞走了。数月后山中大火，鹦鹉见状，即入水濡羽，飞而洒之，欲救火。天神说："汝虽有志矣，何足云也！"鹦鹉答道："虽知不能灭火，然尝侨居是山，禽兽行善，皆昆弟，不忍见耳。"天神嘉其言，即为灭火。

一路连科：封建社会科考之中连连及第谓之"连科"。"一路连科”，意即闱场得意，一路顺风。图案中通常以“鹭鸶”（白鹭）、“莲花”“荷叶”及“芦苇”等构成一幅池塘小景。“一鹭”与“一路”同音，“芦”与“胪”同音，“莲”与“连”同音，寓意每次考试都考中，连连及第。

一路如意：图案通常由口衔灵芝的白鹭、荷叶等吉祥的物件构成。“一鹭”与“一路”同音，灵芝寓意如意，一路如意寓意万事顺利、心想事成。

一路平安：图案常见为鹭鸶、瓶、鹌鹑；另有图案为鹭鸶、太平钱的叫“一路太平”。以鹭鸶寓“路”，瓶寓“平”、鹌鹑寓“安”，祝愿旅途安顺之意。

白鹭含花：“鹭”与“路”同音，“花”与“发”谐音，寓意“一路发”。

一路荣华：以一鹭鸶、一叶芦苇与芙蓉共同构成画面，寓意荣华富贵。

甲壳虫（金龟子）：富甲一方，金龟女婿。三只甲虫与莲子在一起，寓意连中。

举家欢乐：图案常用菊花、花架和飞舞的鸟表示。“菊”与“举”谐音、“架”与“家”谐音，飞舞的鸟儿显示欢乐，寓意全家和睦、美满、幸福。

五客图：北宋文学家李昉，称五种鸟为五客：白鹇为闲客；

白鹭为雪客；白鹤为仙客；孔雀为南客；鹦鹉为西客。

八爪鱼：章鱼，八爪，寓意八方进财。

年年有余，连年有余：鲶鱼或者鲤鱼与莲叶或者莲子，“鲶”与“年”同音，“鱼”与“余”同音，表示年年有节余，生活富余。

年年如意：图案由两条鲶鱼和林芝如意构成图案。因“鲶”和“年”同音，寓意事事顺利，年年心想事成。

年年大吉：常以鲶鱼两条表示年年，“橘”与“吉”谐音，大的橘子表示大吉，代表年年都大吉大利。

蝴蝶：“蝴”与“福”谐音，寓意福气满满，“蝶”与“耋”同音，八十高寿为耄耋，寓意年老长寿。用蝴蝶送老人，祝愿老人健康长寿。

蝶恋花：蝴蝶与牡丹花。“蝶”与“耋”同音，寓意健康长寿，牡丹花寓意富贵，蝶恋花寓意富贵长寿。

富贵耄耋：“七十曰古稀，八十曰耄耋，百年曰期颐。”图案中常由牡丹、猫和蝴蝶构成，“猫蝶”与“耄耋”谐音，以此表示富贵长寿，常常用于老年人祝寿之词。

大业易成、今非昔比：图案常见叶子上面雕刻有蜥蜴，“蜴”与“易”谐音，“叶”与“业”同音。“蜥”与“昔”“息”同音，

也有寓意今非昔比、生生不息的意思。

鸭：“竹外桃花三两枝，春江水暖鸭先知”。“鸭”与“甲”谐音，因此，鸭乃状元及第之意。

一甲一名：殿试第一等的第一名称甲，意指考中状元。鸭子的偏旁为甲，鸭鸣的鸣为名，或鸭子嘴上夹一支草，甲与夹同音，故采用鸭子夹草表示。

鸳鸯：公为鸳，母为鸯，比喻为夫妻恩爱情笃，一生相随。

鸳鸯贵子：图案多为鸳鸯和荷叶、莲子构成。鸳鸯成双成对，形影不离，被视为爱情忠贞不渝，婚姻幸福美满的象征。

夫妻和合：由鸳鸯和荷花表示夫妻相处和好、相亲相爱之意。

鹅：鹅嘴中含灵芝，“鹅”与“我”谐音，灵芝代表如意，寓意我如意，佩戴之人事事如意，日日顺心。

燕子：燕子在古代被视为一种吉祥的鸟；“燕”与“宴”“晏”同音，表示平安的意思，有燕子归来报平安。

杏林春燕：以“杏树”数枝或“杏花”数朵，及“飞燕”一对构成图案。明清科举取士，每年二月进士考试，其时正值杏花开放，故“杏花”有“及第之花”的美誉。又殿试中第者，将受皇帝赐宴，“燕”与“宴”谐音，寓意科举顺利，及第有望。

燕喜同春：燕，古称玄鸟，为吉祥鸟，“天命玄鸟，降而生商”，传说商的祖先是其母简狄吞食燕卵而生。燕也为喜燕，是春天的象征；喜鹊也是报春鸟。燕子喜鹊同春表示同享春天欢乐，是祝贺之词。

翎顶辉煌：红顶花翎是清朝官吏帽上的装饰，也显示官职的高低，孔雀尾和珊瑚是官帽上的标志，象征爵位。画面上常以孔雀翎和珊瑚表示，寓意官运亨通，加官晋爵。

春长光寿：以山茶花和绶带鸟构成图案。山茶花寓意春光；绶带鸟，羽毛十分亮丽，“绶”与“寿”谐音，表长寿之意，意指长寿不老，永葆青春。

齐眉祝寿：画面由梅花、竹子和绶带鸟组成，“梅”与“眉”、“绶”与“寿”同音，“竹”与“祝”谐音，齐眉有夫妻相敬之意，寓意夫妻同长寿。

代代寿仙：画面常以绶带鸟、山石和水仙表示，绶带鸟的带与代谐音，水仙代表仙，石代表寿，寓意世代都健康长寿。

天仙拱寿：画面以天竹、水仙、绶带鸟和桃枝组成，借谐音表示祝寿之意。

天仙眉寿：年长者眉长视为长寿的“象征”，称为眉寿。以天竹、水仙、绶带鸟、石和梅花表示，象征长寿。

官居一品：常以牡丹、菊花和蝈蝈表示。牡丹是花中之王，“菊”与“居”、“蝈”与“官”谐音，寓意官爵达到最高位置。

白头富贵：图案是牡丹树上站着两只白头翁。牡丹寓意富贵，白头翁寓意白头高寿，两只白头翁寓意夫妻白头到老，富贵到老。

长春白头：长春花枝头站着白头翁，寓意夫妻和谐、长春不老，彼此相伴到白头。

植物类

踏雪寻梅：风雪中一老人头戴浩然巾，骑驴过桥，手持梅花。“踏雪寻梅”是根据唐代诗人孟浩然骑驴过渡桥，皑皑白雪中寻找傲冬之梅的故事流传而来。

青梅竹马：“郎骑竹马来，绕床弄青梅”，以“天竹”“蜡梅”构成吉祥图案。借“梅花”代“青梅”，“天竹”代“天马”，寓意夫妇两小无猜、相敬相爱。

喜上眉梢：喜鹊站在梅花枝头，“梅”与“眉”同音，形容喜事临门，幸运吉祥。

兰桂齐芳：亦称“桂子兰孙”“兰桂胜芳”，以“兰花”及“桂花”构成吉祥图案。寓意子孙兴旺发达。

露根兰：亦称“根草”，以露根之“兰花”构成图案。宋末诗人、画家郑思肖，笃于忠义，宋亡后隐居吴下，待客坐必南向，以示不忘故土。平生善画墨兰，入元之后画兰，疏花简叶必露根，谓：“土为番人所夺，忍著耶？”元朝官吏有求画者，答之以“头可断兰不可得”之语。后人感佩其高风贞节，亦多以“露根兰”为饰。

竹子：平安竹，富贵竹。寓意“竹报平安”或“节节高升”。竹子与蝙蝠一起构成图案，通过谐音寓意祝福。

天地同春：为祝寿之词，用天竹、瓜藤和盛开的花朵表示。

傲霜秋菊：以独窠或两窠菊花为图案。菊为秋霜之时开花，正值万花凋零之时，更显出其耐寒傲霜之凛然风骨。

杞菊延年：枸杞补肾壮阳，延年益寿，菊花清心益气，常用菊花和枸杞表示，意指长寿延年。

天仙寿芝：以天竹、水仙、山石和灵芝表示，象征长寿。

松树：代表老而弥坚，长寿挺拔，风骨非凡之意；寓意健康长寿，象征坚贞不屈。

松柏同春：松柏均为常青之树，意为长寿，画面均以松树和柏树表示，同时寓意夫妻永葆青春长寿。

松菊延年：松树视为百木之长，四季常青，菊花经霜不凋，独吐幽芳，意指长寿，常用松树和菊花表示。

嵩山百寿：五岳的中岳嵩山，传说是神仙居住的地方，图案中以石、松表示嵩山，柏树、桃枝、萱草、石表示百寿，寓意长寿百岁。

岁寒三友：亦称“三友会”。以松、竹、梅三种耐寒植物构成图案。松，贯四时而不改柯易叶，坚强不屈，寒暑不变；竹，清高而有节，高雅不俗，虚心自持；梅，不畏严寒，不惧风雪，品性高洁。寓意历经考验、生性贞静坚韧。也有“海、竹、石”为岁寒三友构成图案之说。

五清图：古人称“松、竹、梅、月、水”为五清，有清爽高雅、清白高洁之意。

群芳祝寿：由长春花、灵芝、梅花和竹子表示，为祝寿之词。

四君子：以“梅、兰、竹、菊”四种花卉构成图案，寓意为品德峻洁高尚。

灵芝：如意、长寿之意。群仙拱寿：画面以水仙花和松树构成。

水仙：水仙花型清雅高洁、飘逸隽秀，故有“凌波仙子”之誉。

群仙祝寿：以水仙、竹子和山石表示，水仙代表群仙，“竹”

与“祝”谐音，石为寿，寓意长寿安康，常用祝寿之词。

寿桃：桃是长寿果，佩戴能长寿，生活甜甜蜜蜜，长寿祝福。

蟠桃献寿：蟠桃是仙桃，凡人食之能长命百岁。据传蟠桃三千年才开一次花，再三千年才结一次果。王母三月三生辰也是蟠桃成熟之时，届时王母大摆寿筵，邀请众仙赴瑶池庆贺，此语表示祝福长寿。

玉堂富贵：玉兰花、海棠花、牡丹花构成图案。

必得其寿：由玉兰花和石头构成图画。玉兰又称木笔花，石头为寿石，“必”与“笔”谐音，表示健康长寿。

玉兰花：兰花清新雅致，常用玉兰寓意为人品性高洁，玉树临风。

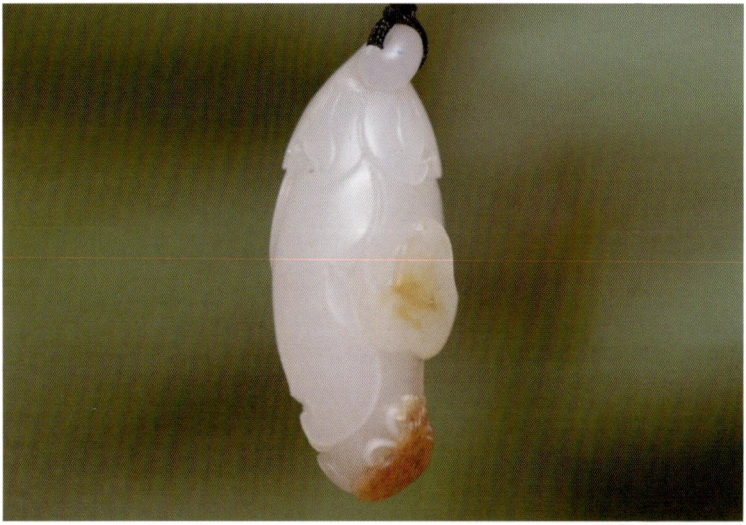

瓜：多子多孙多福气，发财瓜，富贵豆。

瓜瓞绵绵：图案通常以“蝴蝶”“瓜”和“瓜蔓”等构成。瓜瓞，大者曰瓜，小者曰瓞，籽多藤长，大小瓜结在绵长的藤上象征子

孙万代、世代绵长，寓意子孙昌茂，繁衍不息。又意指良缘之喜，常用累累的大小瓜和细长藤蔓表示。

豆角：“豆”与“斗”谐音，四季发财豆，四季平安豆，也称之为“福豆”“富贵豆”。常寓意日进万斗。

天长地久：古人曰：“天长地久，天地之所以长且久者，以其不自生，故能长生。”后人将此语引申为祝寿之词，祝生命像

天地一样长久。用天地瓜藤表示。

子孙万代：图案常见葫芦、花叶、蔓枝。“葫芦”为多籽植物，借喻为子孙繁衍；“蔓”与“万”谐音，藤蔓缠绕、盘曲绵长，寓意子孙万代，生生不息，天长地久。

万代长春：葫芦和“卍”表示万代，蔷薇花和金盏花为长春花，寓意永葆青春，长生不老。

葫芦：葫芦收纳财，防桃花，聚福气，自古就是吉祥福禄的象征。因葫芦果实里面有很多种子，所以葫芦还被视为繁衍生育、多子多孙的吉祥物。古代葫芦常用来装药，传说从葫芦里倒出来的药能医百病，使人健康长寿。在神话故事里，葫芦始终与神仙和英雄为伴，被认为是给人类带来福禄、驱魔辟邪的灵物。“葫芦”与“福禄”谐音，有福有禄，福禄双全。

麦穗：图案为麦穗，瓶，鹌鹑。“岁”与“穗”、“安”与“鹌”、“瓶”与“平”同音，寓意年年平安，岁岁吉祥

百合：寓意百年好合。百合与藕一起构成图案，寓意“佳偶天成、百年好合”，百合与柿子一起构成图案，寓意百事如意。

树叶、金枝玉叶：画面常见以茂盛的树叶或者竹叶构成，寓意事业有成、金枝玉叶。

玉米：玉米和钱币（玉米原来是有穗的）寓意岁岁有钱。金

黄的玉米，寓意金玉满堂。佩戴玉米寓意生意兴隆，玉米多子，子孙满堂，多子多福。

莲藕：藕中带丝并且中空，寓意情意绵绵、路路通。

连生贵子：图案画面多以一童子坐在荷叶上，一手抱笙，一手拿莲子表示。莲花是花中君子，其花和果同时生长，引申出连生贵子，寓意多子多福。

莲、荷：寓意“出淤泥而不染”。莲与梅一起，寓意和和美美；莲与鲤鱼一起，寓意连年有余；莲与桂花一起，寓意连生贵子。一对莲蓬，寓意并蒂同心。“莲花”又与“连发”谐音，寓意连连发财。

和合如意：图案常由荷、盒、灵芝构成，寓意和谐美好，称心如意。

一品清廉：图案常由一茎莲花或一茎荷叶或一朵莲子与一只蜻蜓构成。寓意官居高位却高风亮节。

并蒂同心：亦称“芙蓉同心”，以并蒂莲构成吉祥图案。并蒂莲为荷花之一品种，两花出自一蒂。一段白藕生出若干莲叶及莲花，藕上有孔，表示通心，而“通”与“同”谐音，寓意夫妻恩爱，形影相随，同心到老。

柿子：事事如意。百事大吉。

百事大吉：“柏”与“百”、“事”与“柿”同音，“大橘”与“大吉”谐音，表示事事都吉祥，样样都称心，寓意百事大吉。

万事大吉：图案常用卍字、柿子和橘子构成，表示诸事都圆满顺利。“卍”是佛教相传的吉祥的标志，与“万”字读音一样。来自梵文，义为“吉祥万德之所集”。

事事如意：常由柿子、如意构成。相传柿树有七德：一为长寿；二为树荫大；三无鸟巢秽物；四无虫蚀；五叶彤而美艳，可供赏玩；六硕果累累；七落叶肥大可供书写。“柿”与“事”同音，加之如意，融入诸多吉庆美善内涵，寓意“事事如意”或“百事如意”“万事如意”，表示称心如意的愿望。

万事如意：图案中通常以“万年青”“柿子”和“如意”等物象组成。

五世同堂：常由五个柿子和海棠花构成图案。图案以谐音寓意，表示古人期望升官、富贵、五代团聚的美好愿望。

四季如意：画面以柿子、枇杷、葡萄、西瓜、石榴、荔枝、白藕等四季瓜果或梅、兰、竹、菊等四季花卉配合“如意”构成纹样。

榴开百子：亦称“百子同室”。石榴一果多子，民间借以喻“多子”，榴开百子，寓意多子多福多富贵。石榴多籽，古人认为积善之家方得多子，佩戴象征早得贵子，家业兴旺，子孙繁衍，绵延不断之吉祥寓意。

葡萄：因葡萄结实累累，用来比喻丰收；象征为人事业及各方面都成功。

长命富贵：画面以山石、桃花和牡丹构成。石与桃花寓意长寿，牡丹象征富贵荣华。

富贵平安：画面常由花瓶插牡丹，盘中盛苹果构成，寓意富有安康。

花好月圆：常由牡丹花和月亮构成图案。有词曰：“莫思身外，且斗尊前，愿花长好，人长健，月长圆。”后来成祝贺新婚的贺词，常用圆月和盛开的花朵表示。

满堂富贵：海棠花与牡丹共存，海棠表示满堂，牡丹表示富贵，表示全家富有荣华。

荣华富贵：画面中芙蓉花与牡丹花共存，“蓉花”与“荣华”谐音，牡丹表示富贵。以此称颂富有位尊。

神仙富贵：画面由水仙花和牡丹花构成，水仙表示神仙，牡丹表示富贵，寓意长寿、富贵。

正午牡丹：画面由一只猫和牡丹构成。猫眼睛在正午时分变成一条垂线，恰如时钟指针指向十二点；正午也是牡丹盛开之时，牡丹表示富贵荣华，寓意富贵运气正好达到顶峰。

国色天香：牡丹花为中国特有的花卉，古代被尊为“花中之王”。因其花型端庄艳丽、仪态万方，被视为雍容华贵的象征，有“国色天香”之誉。

玉堂富贵：玉堂是翰林院的雅称。图案由玉兰花、海棠花和牡丹花组成。玉兰和海棠表示玉堂，牡丹表示富贵，意指家庭富有，官高位尊。

菱角：寓意伶俐。菱角和葱在一起，寓意聪明伶俐；菱角与蝙蝠在一起，寓意福至心灵。

花生：俗称长生果，因它永远保持永不腐烂的青春生命，常有长生不老、生生不息之意。又有开心果的说法。

笋：常有出类拔萃，节节登高的寓意。

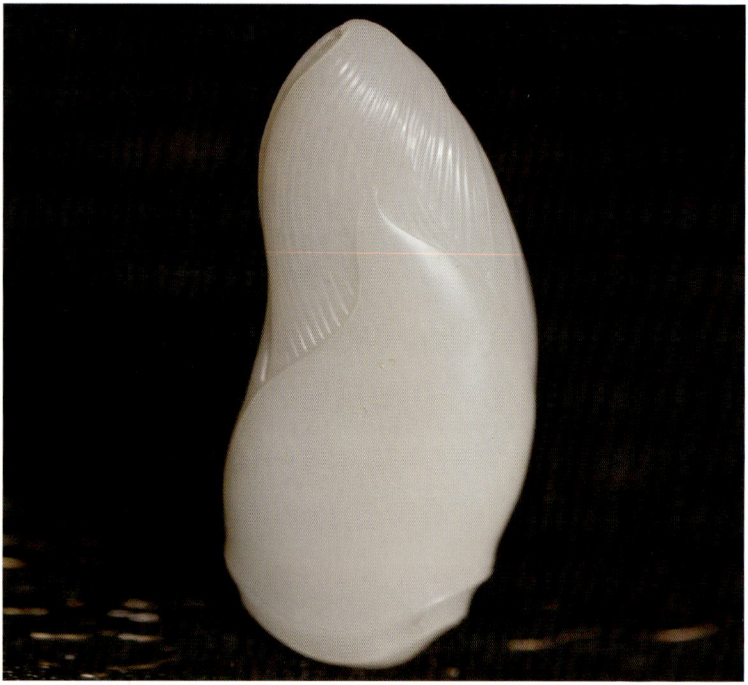

辣椒：“椒”与“交、招”谐音，即红红火火、交运发财、招财进宝之意。

佛手：一种果名，俗称佛手，寓意发财就手，财运亨通。“佛手”与“福寿”谐音，寓意福寿延年，长命安康。

白菜：“白菜”与“百财”谐音，好彩头，包生财，百财聚来。随身佩戴白菜，财源滚滚来；厅堂摆设白菜，顿生豪华气派。

萱草：即忘忧草，又名“黄花草”“金针菜”。古代传说妇女妊娠期佩其花可生男，故“萱草”又名“宜男花”，为宜子孙之意。所谓“宜子孙”，为吉祥语，谓妇人宜于生育、子嗣不断。

宜男多子：亦称“宜男萱寿”“萱寿延龄”，常以“萱草”“石榴”构成吉祥图案。另亦有以“寿石”“萱草”配合成吉祥纹饰者。除上述寓意为子孙满堂外，还兼吉祥长寿之意。

“忍冬”亦称“金银花”。藤生枝蔓形植物，多于三月间开花，花色黄白，因不畏严寒，故名“忍冬”。

连中三元，三元及第：画面常用荔枝、桂圆、桃核三种圆形瓜果表示“连中三元”。寓意考试连连得手。

人参如意：画面由人参和如意构成，“人参”与“人生”谐音，寓意人生顺利，事事如意。

大吉大利：常用橘和荔枝图案来表示，取谐音，吉祥顺利之意。

早生贵子：画面常以“红枣”或“枣树”“桂圆”构成吉祥图案。“枣”与“早”，“桂”与“贵”同音，寓意早生贵子，新婚祝颂之词。

聪明伶俐：以葱和荔枝表示，寓意孩子聪明伶俐。

夫荣妻贵：由芙蓉和桂花组成画面，寓意丈夫荣耀，妻子位置也随之优越。

其他类：

平升三级：图案为一只瓶上插三支短戟，以谐音“瓶升三戟”，又有吉庆有余之意。还有另外一种雕法，就是雕一花瓶，另雕一芦笙在旁。“瓶”与“平”、“笙”与“升”、“戟”与“级”同音，寓意官位连升三级。

四海升平：常由四个娃娃抬起一瓶构成图案。“孩”与“海”谐音，“瓶”与“平”同音，表示四海升平，人民厌恶战乱、热爱和平之善民愿望。

宝瓶："瓶"与"平"同音，寓意平安。瓶与鹌鹑、如意在一起，寓意平安如意；瓶与钟在一起，寓意众生平安、终生平安。

平安吉庆：图案为花瓶之中插三支利戟，戟上悬挂一磬（一种古代乐器）。"瓶"与"平"，"戟"与"吉"，"磬"与"庆"谐音。瓶中安插"戟""磬"，谐音吉庆平安，寓意吉祥、平安。

八音图：指钟、磬、琴、萧、笙、埙、鼓祝、圉等八种乐器，其涵盖了中国古代所有乐器。

春风得意：画面常以春天放风筝为主要内容来构成。"春风得意马蹄疾，一日看尽长安花。"后人用"春风得意"称进士，也表示官场腾达或事业有成。

平安扣：平平安安(尤其适合在外的人)。最常见的玉饰品之一，平安玉扣，祝愿好人一生平安，时来运转，圆圆满满，平平安安。

磬：“磬”与“庆”同音，寓意喜庆。

勒子，也叫路路通：各路畅通，寓意事业生活顺顺利利。

洞天一品：太湖石造型。宋朝书法家米芾喜爱的一块太湖石名洞天一品。寓意书香门第，品性高远。

米芾拜石：米芾，山西太原人士，北宋著名的书画家和诗人，酷爱石头。相传米芾在河边收集到一块精美的石头，兴奋不已，并沐浴更衣拜石于庭前，还说道："我想石兄有二十年了。"后又把此石称为洞天一品。

谷钉纹：青铜器和古玉器常用的纹饰，寓意五谷丰登、生活富足。

粽子："粽"与"中"谐音，寓意包中，智慧增长，科举、考试必定高中。

古钱：钱滚钱。"钱"与"前"谐音，同时铜钱又呈圆形，中间有孔，寓意为“眼前”。寓意发财致富，就在眼前，财源滚滚赚不停。

十全图：钱在古代又称泉，“全”与“泉”同音，所以图案常用十个吉祥的古钱表示“十全十美”，十全即：一本万利、二人同心、三元及第、四季平安、五谷丰登、六合同春、七子团圆、八仙上寿、九世同居、十全富贵。

木鱼：佛家法器，寓意平安。

鞋子：出入平安，步步高升。白头偕(鞋)老。

同偕到老：古人曰“君子偕老，死则同穴”，以“铜盆”“铜镜”和“绣花鞋”等构成吉祥图案。因“铜”与“同”、“鞋”与“偕”皆为谐音，寓意夫荣妻贵，琴瑟和谐，相伴终生。

八卦：《周易》之八种图形，其中心有阴阳鱼形图，不同图形分别为乾、坤、震、巽、坎、离、艮、兑，表示天、地、雷、风、水、火、山、泽等八种自然现象。八卦有占卜诸事吉凶，预知天地万象的功能，又是避邪化煞之神物。

长命百岁：多在长命锁上刻“长命百岁”四字，多用于祝愿孩子平安，聪明伶俐；老人百岁之时也用于祝颂。

必定如意：图案为毛笔、银锭、如意。“笔”与“必”谐音，“锭”与“定”同言，再加如意，寓意心想事成、必定如意。

八宝：古人认为有八件物品是宝贝，可以避邪气和保平安。如宝珠、古钱、玉磬、犀角、红珊瑚、铜鼎、灵芝、如意等。

暗八宝：道家八宝，即八仙护身法宝，分别是铁拐李的葫芦、吕洞宾的宝剑、汉钟离的扇子、张果老的渔鼓、何仙姑的笊篱、蓝采和的阴阳板、韩湘子的花篮和曹国舅的横笛，据说可以避邪气、呈吉祥，也称“暗八仙”。

八宝连春，八宝吉祥：图案为相连的八件宝器，是佛家常用的八件供器，包括“法轮、法螺、宝伞、白盖、莲花、宝罐、金鱼、盘长”八件宝器，俗称“轮螺伞盖、花罐鱼长”。法轮代表大法圆转，万劫不息之物；法螺代表菩萨妙音吉祥之物；宝伞表示张弛自如，曲复众生；华盖代表遍复三千净一切药；莲花表示出五浊世，无所染着；宝瓶代表智慧圆满，具完无漏之意；金鱼代表坚固活泼，解脱坏劫之意；盘长代表回环贯彻，一切通明之意。

寿比南山：图案为山水松树或海水青山，亦称“寿山福海”。寿比南山，古文记载：“如南山之寿，不骞不崩。”南山，即终南山，和“福如东海”是福寿最为常用之颂词。

如意：如意如意，如人心意，佩戴事事如意，心想事成。

图章（官印）：权力的象征，彰显才学，家道，生意，官运。

一帆风顺：图案常见一叶帆船顺流于水面之上，意喻事业一帆风顺，顺顺利利，能得大利。

四合如意：即以如意头为基本纹样，作四向对称连续即“四方连续”图案。

钥匙：“匙”与“时”谐音，即时来运转，寓意能转好运。

寿字：表达或祝贺长寿之意，若将寿字拉长，长寿之意；若把寿字作圆形，圆满长寿之意。

百寿图：摹写一百个不同形体的“寿”字，组成一个大的“寿”字，称百寿图。

壶：“壶”与“和”同音，寓意打麻将赢钱。

百富图：用一百个古今不同字体的“福”字构成一个大“福”字，表示福气和吉祥。

长春寿喜：长春不老，长寿百岁，心情喜悦，多用“喜”和“寿”字表示。

寿图：上寿百岁，中寿八十，下寿六十，过去均为长寿。男人庆寿时挂“南极老人图”，女人庆寿时挂“西王母图”或“麻姑献寿”图。

喜字：表示喜庆之意，双喜用于婚礼，表示好事成双。

卍：唐代武则天把它定为“万”字，被视为吉祥、清净、圆满，佛教常用的标志。

五福：梅花五瓣代表福、禄、寿、喜、财五福。

四艺图：琴、棋、书、画。琴棋书画是我国古代文人雅士的日常生活中必不可少的文玩，用以增进学识，提高雅兴。图案中“四艺”的造型设计古朴、优雅，富有韵律感。

博古图：由《宣和博古图》一书而得名。《宣和博古图》共三十卷，书成于宣和五年（1123）后，著录当时皇室在宣和殿所藏的古代铜器，共二十类八百三十九件，集宋代所出青铜器的大成，故谓“博古”。鼎彝钟磬、瓷瓶玉件、书画盆景等各种器物造型，种类繁多。博古图给人以古色古香之感。

如意连云：亦称“如意云”，以浮动相连之流云构成图纹，或曰以“如意”之首端，或灵芝，或祥云纹饰，与“如意”之柄相互连结，构成祥云流动连结的图案。

江山万代：以江水和高山表示江山，许多彩带和卍字表示万代，意指国家政权代代相传下去。

旭日东升：初升的太阳从东方升起，常见画面以太阳从大海中浮出表示。寓意升官。

精卫填海：传说炎帝的女儿在东海溺死后变成精卫鸟，衔西山之石，要填平东海。

五谷丰登：由北宋灯笼锦（别名庆丰年）演变而来，于莲花中安置灯笼（或宫灯），灯旁悬挂谷穗，四周有蜜蜂飞动。“灯”与“登”，“蜂”与“丰”皆谐音，取其风调雨顺，丰收吉庆寓意。

吉星高照：人们认为天上有显示吉兆的星星，这种吉星出现会给人带来吉祥，图案多是云端中有一灯笼或五角星，中间有一吉字，地面或人或山川。

同心结方胜：亦称“同心永结”，以“方胜”“双喜”构成吉祥图案。“方胜”为两个菱形互相联结，寓意“同心”。取“良缘喜结”“琴瑟和谐”之吉祥蕴意。

山河九鼎：传说夏禹曾铸造九鼎，象征九州。上古时期中国分为九州，后来九州成为中国的代称。

九锡：古代皇帝赐给有功者和诸侯的九种物品：即车马、衣服、乐则、朱户、纳陛、虎贲、弓矢、铁钺、秬鬯。虎贲为勇士之意。秬鬯是古代以黑黍和郁金香草酿造的酒，用于祭祀降神及赏赐有功的诸侯。

紫气东来：紫气为祥瑞之气，多显示帝王、神仙、宝物出现的先兆。

红色在上方：鸿（红）运当头；

红色在旁边：鸿（红）运相伴。

图书在版编目（CIP）数据

玉英撷粹 / 彭凌燕著 .-- 上海：文汇出版社，
2017.7
ISBN 978-7-5496-2233-7
I. ①玉 ... II. ①彭 ... III. ①玉石 – 收藏 – 和田地区
②玉石 – 鉴赏 – 和田地区 IV. ① G894 ② TS933.21

中国版本图书馆 CIP 数据核字（2017）第 166543 号

玉英撷粹
——老狼教你玩转和田玉

著作权人 / 彭凌燕
责任编辑 / 熊　勇
特约编辑 / 金晓燕　张国栋　蒋鸣珠
装帧设计 / 叶玉萍
图文整理 / 蒋鸣珠　强徐刚　王　洁
出版发行 / 文匯出版社
上海市威海路 755 号
（邮政编码 200041）
印刷装订 / 上海安兴汇东纸业有限公司
版　　次 / 2017 年 8 月第 1 版
印　　次 / 2017 年 8 月第 1 次印刷
开　　本 / 889 × 1194　1/32
字　　数 / 350 千
印　　张 / 15
印　　数 / 1–5000

ISBN 978-7-5496-2233-7
定　　价 / 98.00（全二册）